Recht –
schnell erfasst

Peter Höflich
Frank Weller

Strafrecht

Schnell erfasst

Zweite, vollständig überarbeitete Auflage

 Springer

Reihenherausgeber
Dr. iur. Detlef Kröger
Dipl.-Jur. Claas Hanken

Autoren
Prof. Dr. Peter Höflich
Ministerialrat a. D.
Lipezker Str. 47
03048 Cottbus
brunnerhoeflich@aol.com

Frank Weller
Dillisstraße 1
80802 München
frank.weller@rae-dr-fischer.de

Graphiken
Stefan Dinter

ISSN 1431-7559
ISBN 3-540-00127-1 Springer Berlin Heidelberg New York
ISBN 3-540-58632-6 1. Aufl. Springer Berlin Heidelberg New York

Bibliografische Information Der Deutschen Bibliothek
Die Deutsche Bibliothek verzeichnet diese Publikation in der Deutschen Nationalbibliografie; detaillierte bibliografische Daten sind im Internet über <http://dnb.ddb.de> abrufbar.

Dieses Werk ist urheberrechtlich geschützt. Die dadurch begründeten Rechte, insbesondere die der Übersetzung, des Nachdrucks, des Vortrags, der Entnahme von Abbildungen und Tabellen, der Funksendung, der Mikroverfilmung oder der Vervielfältigung auf anderen Wegen und der Speicherung in Datenverarbeitungsanlagen, bleiben, auch bei nur auszugsweiser Verwertung, vorbehalten. Eine Vervielfältigung dieses Werkes oder von Teilen dieses Werkes ist auch im Einzelfall nur in den Grenzen der gesetzlichen Bestimmungen des Urheberrechtsgesetzes der Bundesrepublik Deutschland vom 9. September 1965 in der jeweils geltenden Fassung zulässig. Sie ist grundsätzlich vergütungspflichtig. Zuwiderhandlungen unterliegen den Strafbestimmungen des Urheberrechtsgesetzes.

Springer ist ein Unternehmen von Springer Science+Business Media

springer.de

© Springer-Verlag Berlin Heidelberg 1995, 2005
Printed in Germany

Die Wiedergabe von Gebrauchsnamen, Handelsnamen, Warenbezeichnungen usw. in diesem Werk berechtigt auch ohne besondere Kennzeichnung nicht zu der Annahme, dass solche Namen im Sinne der Warenzeichen- und Markenschutz-Gesetzgebung als frei zu betrachten wären und daher von jedermann benutzt werden dürften.

Umschlaggestaltung: design & production GmbH, Heidelberg

SPIN 10555594   64/3153/DK-5 4 3 2 1 0 – Gedruckt auf säurefreiem Papier

Vorwort zur 2. Auflage

Über Strafrecht reden alle, Kenntnis davon haben nur wenige. Dabei ist Kriminalität für viele das Fehlverhalten anderer. Den »Balken im eigenen Auge« übersieht man gerne: die millionenfach begangenen Ladendiebstähle, Versicherungsbetrügereien, Videopiraterie, Steuerhinterziehungen, Erschleichen von Sozialleistungen, Trunkenheitsfahrten werden gerne als »Kavaliersdelikte« verniedlicht, obwohl sie Straftaten darstellen*. Obwohl nur relativ wenige Straftaten angezeigt und verfolgt werden (Hellfeld), das Dunkelfeld also beträchtlich ist, ist erstaunlich, dass es fast jeder zweite männliche Bundesbürger – mindestens einmal in seinem Leben – zu einem Eintrag im Strafregister, dem Bundeszentralregister, schafft. Freilich: der Gesetzgeber ist auf dem besten Wege, ein »Volk von Vorbestraften« zu schaffen, wie die – erst nach großer öffentlicher Erregung fallengelassenen – Pläne aus dem Bundesfinanzministerium Anfang des Jahres zeigen, jede Schwarzarbeit – auch die der »nicht-angemeldeten« Putzfrau im Privathaushalt – zu kriminalisieren. Wer – beispielsweise in unserem Buch – liest, welche menschlichen Verhaltensweisen in den letzten Jahren zu Straftatbeständen aufgebaut wurden, kommt aus dem Staunen nicht heraus. Dagegen gibt es seit vielen Jahren kaum ein Beispiel, dass ein Straftatbestand gänzlich gestrichen oder zu einer Ordnungswidrigkeit herabgestuft wurde.

In vielen Studien- und Ausbildungsgängen (zum Juristen, Rechtspfleger, Verwaltungsbeamten, Sozialarbeiter, Polizisten, Strafvollzugsbeamten usw.) ist Strafrecht Pflicht- oder Wahlpflichtfach. Dieses Buch will Studierende, Lernende und interessierte Laien in die »ganz eigene Welt« des Strafrechts einführen. Dies geschieht in übersichtlicher Form, in leicht verständlicher Sprache, locker, aber ohne dass die Genauigkeit leidet, und ohne, dass ein Gesetzestext zusätzlich herangezogen werden muss. Strafrechtliche Begriffe werden definiert und mit Beispielen verdeutlicht, Strukturen und Zusammenhänge – u.a. durch viele Prüfungsschemata – veranschaulicht. Das Ganze wird durch zwei Klausurfälle abgerundet, die im Gutachtenstil verfasst sind. Die Konzeption der Reihe »Recht-schnell erfasst« bringt einige Zwänge mit sich: um das Buch handlich zu machen, muss der Umfang begrenzt werden. Deshalb wird auf weiterführende Literatur- und Rechtsprechungshinweise weitgehend verzichtet. Quellenangaben werden jedoch der wissenschaftlichen Redlichkeit halber dann vorgenommen, wenn eine enge Anlehnung an andere Autoren erfolgt.

Die von Frank Weller erarbeitete 1. Auflage ist von Peter Höflich – dem dabei besonders seine Erfahrungen als Prüfer im schriftlichen und mündlichen Teil des ersten juristischen Examens – zugute kamen, gründlich überarbeitet und erweitert worden. Gleichwohl sind Fehler und Missverständnisse nicht auszuschließen. Für entsprechende Hinweise und Verbesserungsvorschläge sind wir dankbar. – Wir wünschen Ihnen Spaß beim Lesen und Erfolg in der strafrechtlichen Prüfung!

Berlin/Cottbus und München, im Dezember 2004　　　　　Peter Höflich　　　　Frank Weller

---

* Wer sich näher dafür interessiert, dem sei das Buch von Christian Bommarius »Wir kriminellen Deutschen« (Berlin 2004) empfohlen.

Verzeichnis der abgekürzt zitierten Literatur
- Gropp, Walter: Strafrecht, Allgemeiner Teil, 2. Aufl., Berlin, Heidelberg, New York 2001
- Küpper, Georg: Strafrecht, Besonderer Teil 1, 2. Aufl., Berlin, Heidelberg, New York 2001
- Rengier, Rudolf: Strafrecht, Besonderer Teil 1, 6. Aufl., München 2003
- Schwind, Hans-Dieter und Hassenpflug, Helwig: StGB, Allgemeiner Teil, 22. Aufl., Berlin 1999
- Schwind, Hans-Dieter, Hassenpflug, Helwig u.a.: Strafrecht, leicht gemacht, 13. Aufl., Berlin 2000

Verzeichnis nicht allgemein gebräuchlicher Abkürzungen

a.l.i.c.	actio libera in causa
AT	Allgemeiner Teil
BAK	Blutalkoholkonzentration
B-S	Besserung und Sicherung
BT	Besonderer Teil
hL	Herrschende Lehre
hM	Herrschende Meinung
hRspr	Herrschende Rechtsprechung
idR	in der Regel
iRd	im Rahmen des/der
iSd	im Sinne des/der
iSv	im Sinne von
iVm	in Verbindung mit
Rspr	Rechtsprechung
StA	Staatsanwalt(schaft)
SV	Sicherungsverwahrung
ZVR	Zeugnisverweigerungsrecht

Inhaltsübersicht

Einführung 1
• Einordnung des Strafrechts in das Rechtssystem, Funktionen des Strafrechts • Rechtsquellen des Strafrechts, Normenhierarchie • Unterscheidung materielles – formelles Strafrecht • Abgrenzung Ordnungswidrigkeitenrecht – Strafrecht • Allgemeiner und Besonderer Teil des Strafgesetzbuches, Nebenstrafrecht • Die Rechtsanwendung, die Methodik • Der Geltungsbereich des deutschen Strafrechts • Sprachgebrauch und Unterscheidung der Straftaten •

Allgemeiner Teil: Die Straftat 27
• Grundsätzliches zur Tat • Die Handlung (Vorprüfung) • Objektive Tatbestandsmerkmale • Subjektive Tatbestandsmerkmale • Rechtswidrigkeit • Schuld • Spezielle Strafbarkeitsvoraussetzungen und Strafbarkeitshindernisse (Nachprüfung) • Ergebnis • Die unterschiedlichen Deliktsformen •

Allgemeiner Teil: Spezielle Deliktsformen 69
• Fahrlässigkeit • Versuch (und Rücktritt vom Versuch) • Täterschaft und Teilnahme •

Allgemeiner Teil: Irrtum, Rechtsfolgen der Tat, Strafzumessung und Konkurrenzen 93
• Irrtum • Rechtsfolgen der Tat • Strafzumessung • Konkurrenzen •

Besonderer Teil: Straftaten gegen den Staat 119
• Staatsschutzdelikte • Widerstand gegen die Staatsgewalt • Straftaten gegen die öffentliche Ordnung • Geld- und Wertzeichenfälschung • Falschaussage und Meineid • Falsche Verdächtigung • Straftaten gegen Personenstand, Ehe und Familie •

Besonderer Teil: Straftaten gegen Personen 143
• Sexualdelikte • Ehrdelikte und Verletzung des persönlichen Lebensbereichs • Tötungsdelikte • Körperverletzungsdelikte • Freiheitsdelikte •

Besonderer Teil: Straftaten gegen Eigentum und Vermögen 179
• Diebstahl und Unterschlagung • Raub und Erpressung • Anschlussstraftaten: Begünstigung, Strafvereitelung und Hehlerei • Betrug und Untreue •

Besonderer Teil: Sonstige Straftaten 219
• Urkundenstraftaten • Insolvenzstraftaten, Strafbarer Eigennutz und Straftaten gegen den Wettbewerb • Sachbeschädigung • Gemeingefährliche Straftaten (Brandstiftung u.a.) • Verkehrsdelikte • Vollrausch • Unterlassene Hilfeleistung • Umweltstraftaten • Amtsdelikte •

Lösung von Klausurfällen 253
• Hinweise zur Bearbeitung von Klausurfällen • Fälle •

Register 273

Zivilrecht		Öffentliches Recht	
Bürgerliches Recht Das Recht des täglichen Lebens. Es regelt die privaten Lebensverhältnisse aller Personen untereinander	**Arbeitsrecht** Das Sonderrecht der Arbeitnehmer. Es regelt die Beziehungen zwischen Arbeitnehmer und Arbeitgeber	**Verfassungsrecht** Die Verfassung legt die Grundordnung des Staates und die Grundsätze des gesellschaftlichen Zusammenlebens fest	**Europarecht** In West- und Zentraleuropa geltendes inter- und supranationales Recht mit teilweise erheblichen innerstaatlichen Wirkungen
	Insolvenzrecht Es regelt die Gesamtbereinigung aller Schulden durch gleichmäßige Befriedigung aller persönlichen Gläubiger eines Schuldners	**Verwaltungsrecht** Es bestimmt die Beziehungen zwischen staatlichen Organen (Behörden) sowie zwischen Staat und Bürgern	**Strafrecht** Es regelt Umfang und Inhalt der Strafbefugnisse des Staates gegenüber den seiner Hoheitsgewalt unterstellten Personen
	Gesellschaftsrecht Das Recht der privatrechtlichen Personenvereinigungen, die zur Erreichung eines bestimmten gemeinsamen Zwecks durch Rechtsgeschäft begründet werden		**Steuerrecht** Es regelt die staatlichen Befugnisse (Finanzamt) der Steuererhebung gegenüber allen steuerpflichtigen Personen

Vom Überblick zum Durchblick!

Das Geheimnis des Lernens ist nicht, wie häufig praktiziert, möglichst viel Wissen in sich hineinzuschaufeln, sondern Zusammenhänge zu verstehen. Alle Bücher dieser Reihe liefern einen schnellen Einstieg in die Methodik und die Anwendung des juristischen »Handwerkszeuges« eines jeden Rechtsgebietes.

Einführung

1. Einordnung des Strafrechts in das Rechtssystem, Funktionen des Strafrechts — 2
2. Rechtsquellen des Strafrechts, Normenhierarchie — 9
3. Unterscheidung materielles – formelles Strafrecht — 11
4. Abgrenzung Ordnungswidrigkeitenrecht – Strafrecht — 13
5. Allgemeiner und Besonderer Teil des Strafgesetzbuches, Nebenstrafrecht — 14
6. Die Rechtsanwendung, die Methodik — 16
7. Der Geltungsbereich des deutschen Strafrechts — 18
8. Sprachgebrauch und Unterscheidung der Straftaten — 21
9. Wiederholungsfragen — 26

1. Einordnung des Strafrechts in das Rechtssystem, Funktionen des Strafrechts

1.1. Strafrecht ist »klassisches« und doch untypisches öffentliches Recht

Straftag ist die Gesamtheit aller Rechtsnormen, die Inhalt und Umfang der staatlichen Strafbefugnis bestimmen.

Zuordnung des Strafrechts zum öffentlichen Recht

Das Strafrecht – als Teil des Rechtssystems – gehört systematisch zum öffentlichen Recht. Denn der Staat wird hoheitlich tätig, wenn er bspw. einen dringend Tatverdächtigen, bei dem Fluchtgefahr besteht, in Untersuchungshaft nimmt, die Wohnung und die Geschäftsräume des Verdächtigen durchsucht, eine Person zu Geldstrafe oder Freiheitsstrafe verurteilt, ihr die Fahrerlaubnis entzieht. Dieser Strafgewalt des Staates kann sich der Einzelne nicht entziehen, er ist ihr unterworfen.

Gleichwohl ordentliche Gerichtsbarkeit zuständig

Gleichwohl unterscheidet sich das Strafrecht vom übrigen öffentlichen Recht – insbesondere vom Verwaltungs- und Steuerrecht – erheblich. Beispielsweise werden Verwaltungsvorgänge regelmäßig durch einen Verwaltungsakt abgeschlossen, während Strafsachen durch Urteil oder Beschluss beendet werden. So gelten denn auch die für das Verwaltungsrecht bedeutsamen Verfahrensgesetze – wie das Verwaltungsverfahrensgesetz oder die Verwaltungsgerichtsordnung – nicht im Strafverfahren; hier gilt die Strafprozessordnung.

Folgerichtig sind für Strafsachen nicht die allgemeinen Verwaltungsgerichte zuständig, sondern – auch aus historischen Gründen – ist die ordentliche Gerichtsbarkeit (Amtsgericht, Landgericht, Oberlandesgericht, Bundesgerichtshof) zuständig. Bei dieser gibt es Einzel- oder Kollegialgerichte, die jeweils für Zivil- oder Strafsachen zuständig sind. Näheres dazu im Strafprozessrecht!

Eine Straftat hat neben den strafrechtlichen Konsequenzen häufig auch zivilrechtliche Ansprüche (meist Schadenersatzansprüche nach §§ 823 ff. BGB) zur Folge. Trotzdem ist die strafrechtliche von der zivilrechtlichen Seite streng zu trennen.

1.2. Straftheorien

STRAFEN

Als Funktionen von Strafrecht und Strafe werden genannt:

- **Vergeltung und Sühne:**

Vergeltung für begangenes Unrecht, Sühne für die Schuld, die der Täter auf sich geladen hat; die Strafe dient dem Schuldausgleich (absolute Straftheorien, weil losgelöst von einem bestimmten Zweck). Nur der Gerechtigkeitsgedanke zählt (besonders von den Philosophen des deutschen Idealismus Kant und Hegel vertreten).

Strafzwecke: Vergeltung / Sühne

- **Generalprävention:**

durch das Strafrecht und die Strafe soll auf die Allgemeinheit im Sinne der Verhütung von Straftaten eingewirkt werden (Begründer ist der Philosoph und Jurist Anselm v. Feuerbach).
 - positive: die »rechtstreue« Bevölkerung soll in ihrer Auffassung bestärkt werden
 - negative: potentielle Straftäter sollen von der Begehung von Straftaten abgeschreckt werden.

Generalprävention

- **Spezial- oder Individualprävention:**

auf den einzelnen Täter soll eingewirkt werden, damit er künftig keine weiteren Straftaten begeht (Begründer ist der Kriminologe Franz v. Liszt).

Spezial-/Individualprävention

- positive: dem Täter soll auf den gesetzestreuen Weg verholfen werden; ihm sollen Fähigkeiten für ein straffreies Leben vermittelt werden (Resozialisierung)
- negative: der Täter soll durch die Strafe von der Begehung neuer Straftaten abgeschreckt werden; bei Inhaftierung: der Täter soll – auf Zeit – gesichert werden, die Allgemeinheit soll vor diesem Täter geschützt werden.

Täter-Opfer-Ausgleich, Schadenswiedergutmachung

Die letztgenannten Theorien werden – im Gegensatz zu den absoluten – relative Straftheorien genannt, weil sie einen bestimmten Zweck verfolgen. Neuerdings werden auch der Täter-Opfer-Ausgleich und die Schadenswiedergutmachung als Strafzwecke genannt.

1.3. Vereinigungstheorie

Jetzt gilt: Vereinigungstheorie

Im Gegensatz zum ursprünglichen Text des Strafgesetzbuches von 1871 finden wir im jetzt geltenden StGB alle Strafzwecke berücksichtigt (Vereinigungstheorie). Die »Schuld des Täters ist Grundlage für die Zumessung der Strafe«, § 46 I 1, also: bei schwerer Schuld *(bspw.: Täter hat den Tod eines Menschen vorsätzlich herbeigeführt)* härtere Strafe, bei geringer Schuld milde Strafe. »Die Wirkungen, die von der Strafe für das künftige Leben des Täters in der Gesellschaft zu erwarten sind, sind zu berücksichtigen«, § 46 I 2 (= spezialpräventive Aspekte); *bspw.: das Gericht muss mitberücksichtigen, inwieweit die beabsichtigte Freiheitsentziehung bzw. Entziehung der Fahrerlaubnis zur wirtschaftlichen Existenzvernichtung des Täters führt.* »Zur Einwirkung auf den Täter« (spezialpräventiv) »oder zur Verteidigung der Rechtsordnung« (generalpräventiv) kann ausnahmsweise eine kurze Freiheitsstrafe verhängt werden, § 47 I, *bspw.: der Täter, der bereits zweimal wg. Trunkenheit im Verkehr zu einer Geldstrafe verurteilt worden ist, steht erneut wg. eines einschlägigen Delikts vor Gericht.* Auch der Täter-Opfer-Ausgleich und die Schadenswiedergutmachung spielen bei der Strafzumessung eine Rolle, § 46a: das Gericht kann ggf. die Strafe mildern oder von Strafe absehen.

1.4. Rechtsgüterschutz

Die wesentliche Legitimation erhält das Strafrecht durch die Funktion des Schutzes von Rechtsgütern. Bestimmte menschliche Handlungen sind mit Strafe bedroht, wenn sie Rechtsgüter verletzen. Als Rechtsgut bezeichnet man ein rechtlich anerkanntes, besonders schützenswertes Interesse des Einzelnen (Individualrechtsgut) oder der Allgemeinheit (Universalrechtsgut).

Legitimation: Rechtsgüterschutz

- Beispiele für Rechtsgüter der Allgemeinheit
  (sie werden im Besonderen Teil des StGB zuerst genannt):
    - der Bestand des demokratischen Rechtstaats
    - die Gewährleistung der äußeren Sicherheit
    - die öffentliche Ordnung
    - die Funktionsfähigkeit der Rechtspflege.

Universalrechtsgüter

- Beispiele für Individualrechtsgüter
    - die sexuelle Selbstbestimmung
    - die persönliche Ehre
    - der persönliche Lebens- und Geheimbereich
    - das Leben
    - die körperliche Unversehrtheit.

Individualrechtsgüter

1.5. Erfüllt das Strafrecht diese Zwecke?

Ob diese Strafzwecke »greifen«, ihren Zweck erfüllen, ist in der Gesellschaft nicht unumstritten. Insbesondere die Erwartung des Gesetzgebers, mit immer neuen Straftatbeständen und Strafverschärfungen – etwa bei Gewalt- oder Sexualdelikten – lasse sich Kriminalität verhüten, muss bezweifelt werden. Kaum jemand wird sich von einer geplanten Straftat deshalb abbringen lassen, weil ihm jetzt fünf statt vorher drei Jahre Freiheitsstrafe drohen; von den Affekttaten ganz zu schweigen. Deshalb wird diese Tendenz des Gesetzgebers auch häufig als »symbolische« Kriminalpolitik kritisiert. Wirksamer zur Prävention von Kriminalität sind: die gesellschaftliche Missbilligung, die »informelle Sanktion«: wenn etwa enge Freunde dem Täter deutlich machen, dass sie für sein Verhalten kein Verständnis haben und ihn im Wiederholungsfall »schneiden« werden. Auch die Wahrscheinlichkeit, »erwischt« zu werden (Sanktionswahrscheinlichkeit) hat abschreckende Wirkung: wir sehen dies – etwa im Bereich des Ordungswidrigkeitenrechts – täglich vor den »Starenkästen«, dass die ortskundigen Fahrer alle vorschriftsmäßig fahren (um gleich danach wieder »auf das Gaspedal zu drücken«). Wenn die hohe Wahrscheinlichkeit besteht, an

Wirksamkeit des Strafrechts umstritten

Informelle Sanktion

Sanktionswahrscheinlichkeit

Karneval in Köln in eine Verkehrskontrolle zu geraten, schreckt dies die meisten einheimischen »Jecken« nach dem Genuss von einigen Kölsch von der Benutzung des eigenen Pkw ab. Weiter wichtig ist die Reaktionsschnelligkeit: »die Strafe muss auf dem Fuße folgen«, sonst (wenn die Hauptverhandlung erst nach einem Jahr stattfindet) nehmen viele Täter die staatliche Sanktion nicht als selbst verschuldete, gerechte Reaktion auf eigenes Fehlverhalten wahr. Auch Rechtsfolgen, die an den Ursachen der Straffälligkeit ansetzen, sind förderlich: etwa die Bewährungsweisung an den erheblich alkoholgefährdeten Straftäter, sich »einer Entziehungskur zu unterziehen«, § 56c III Nr. 1.

Reaktionsschnelligkeit

Ansetzen an Ursachen der Straffälligkeit

1.6. Strafrecht als letztes Mittel staatlichen Handelns

Unter Geltung des Rechtsstaatsprinzips (Art. 20 III, 28 I GG) und der daraus abgeleiteten Grundsätze der Verhältnismäßigkeit und des Übermaßverbotes darf Strafrecht, weil es den schwerwiegendsten Eingriff in die Grundrechte darstellt, ohnehin nur das letzte Mittel, »ultima ratio« staatlichen Handelns zum Schutz eines Rechtsgutes sein. Der Staat muss prüfen, ob nicht weniger einschneidende Mittel ausreichen: wenn etwa Regelungen im Privatrecht, Verwaltungsrecht (Verpflichtung zum Einbau von Sicherungssystemen) oder Steuerrecht (Förderung bestimmter Schutzmaßnahmen) – allein – zum Schutz eines Rechtsgutes genügen, ist der zusätzliche strafrechtliche Rechtsschutz verfassungsrechtlich zumindest fraglich.

Strafrecht: letztes Mittel staatlichen Handelns

1.7. Moral und Strafrecht

Auch nicht alles, was als moralisch verwerflich von einem Teil oder der Mehrheit der Bevölkerung angesehen wird, darf bestraft werden. Nur das »ethische Minimum« soll durch das Strafrecht gewährleistet werden. So standen etwa bis zur Strafrechtsreform 1969 Ehebruch, Sodomie (sexuelle Handlungen mit Tieren) oder Sexuelle Handlungen unter Männern (der einst berüchtigte § 175) unter Strafe. Heute wird diskutiert, ob geringfügige Rechtsverstöße wie »Schwarzfahren« (Leistungserschleichung, § 265a) nicht besser zu Ordnungswidrigkeiten heruntergestuft werden sollten.

Gewährleistung des ethischen Minimums

1.8. Erste Übersicht zur Struktur der Straftat

Antwort auf die Frage, ob ein bestimmtes menschliches Verhalten strafbar ist, kann ein Richter, Staatsanwalt, Kriminalbeamter, Polizist oder Rechtsanwalt nur dann geben, wenn er das Gesetz genau studiert. Wann ein Verhalten strafbar ist, ist im Strafrecht geregelt. Wichtigstes Gesetz im Strafrecht ist das Strafgesetzbuch (StGB). Der zentrale Begriff im Strafrecht ist die »Straftat«. Eine Straftat begeht ein Mensch, wenn er den Tatbestand eines Strafgesetzes verwirklicht und dieses Verhalten rechtswidrig und schuldhaft ist.

Die Fragestellung der meisten Klausuren, aber auch die der Richter und Staatsanwälte lautet entsprechend: »Hat sich eine Person oder haben sich mehrere Personen durch eine bestimmte Handlung strafbar gemacht?«

Die Struktur der Straftat lautet:

- Tatbestand
- Rechtswidrigkeit
- Schuld

Aufbau Straftat:
- *Tatbestand*
- *Rechtswidrigkeit*
- *Schuld*

Damit haben Sie schon den Aufbau, der für sämtliche Delikte im Strafrecht gilt. Dieser Grundaufbau wird in den einzelnen Deliktsformen noch stärker differenziert, aber diese Säulen bleiben. Das hört sich zugegebenermaßen hier einfacher an, als es sich in der juristischen Praxis beim Arbeiten mit dem Strafrecht gestaltet. Zwar macht das Strafgesetzbuch – StGB – zumindest im Vergleich mit anderen Gesetzeswerken einen durchaus übersichtlichen Eindruck, das Problem ist jedoch, richtig damit umzugehen und seine Systematik sowie die strafrechtliche Terminologie zu verstehen und anwenden zu können. Die Sprache der Juristerei erscheint oft wie eine Fremdsprache, die nur diejenigen verstehen, die sie auch sprechen können. Sie werden merken, dass hinter vielen »aufgeblasenen« termini technici eine einfache, leicht verständliche deutsche Definition steht. Die Definition zu kennen, lässt so manchen gordischen Knoten platzen.

Wichtige Begriffe im Strafrecht

- **Straftat** – ist eine tatbestandsmäßige, rechtswidrige und schuldhafte Handlung, an die das Gesetz eine Strafe knüpft
- **Handlung** – ist ein willensgetragenes menschliches Verhalten, das in einem aktiven Tun oder Unterlassen liegen kann
- **Tatbestand** – besteht aus den im Strafgesetz festgelegten Merkmalen
- **Rechtswidrigkeit** – liegt vor, wenn ein tatbestandsmäßiges Handeln nicht gerechtfertigt ist
- **Schuld** – ist die Vorwerfbarkeit des tatbestandlichen und rechtswidrigen Handelns
- **Vorsatz** – ist das Wissen und Wollen aller Tatumstände
- **Fahrlässigkeit** – ist das Außerachtlassen der in der jeweiligen Situation erforderlichen Sorgfalt
- **Täter** – ist, wer eine Straftat selbst oder durch einen anderen begeht
- **Schutzgut** – ist das Schutzobjekt der einzelnen Straftatbestände z.B. Freiheit, Eigentum, Gesundheit, Körperliche Unversehrtheit
- **Vergehen** – ist jede rechtswidrige Tat, die mit Freiheitsstrafe im Mindestmaß von weniger als einem Jahr oder mit Geldstrafe bedroht ist
- **Verbrechen** – ist jede rechtswidrige Tat, die mit Freiheitsstrafe von mindestens einem Jahr bedroht ist
- **Rechtswidrige Tat** – ist eine tatbestandsmäßige und rechtswidrige Tat
- **Kausalität** – ist die Ursächlichkeit eines Verhaltens für einen bestimmten Erfolg

2. Rechtsquellen des Strafrechts, Normenhierarchie

2.1. Überstaatliche Regelungen

In der Normenhierarchie stehen an der Spitze überstaatliche Regelungen, d.h. diese gehen »nachgeordneten« Regelungen vor. Überstaatliche Regelungen, das Strafrecht betreffend, wurden regelmäßig per Bundesgesetz in nationales Recht transformiert und stehen im Range eines Bundesgesetzes (s.u.).

Rechtsquellen; Normenhierarchie:
- Überstaatliches Recht: im Strafrecht vornehmlich Bedeutung als nationales Recht im Rang eines Gesetzes

2.2. Verfassung

An zweiter Stelle folgt die Verfassung – das Grundgesetz für die Bundesrepublik Deutschland. Demgegenüber haben die Landesverfassungen für das Strafrecht nur untergeordnete Bedeutung: bspw. ist in der Hessischen Landesverfassung noch heute die Todesstrafe für besonders schwere Verbrechen vorgesehen; Art. 102 GG lautet jedoch: »Die Todesstrafe ist abgeschafft.« Art. 31 GG regelt ebenso schlicht und klar: »Bundesrecht bricht Landesrecht.« – Besondere Bedeutung für das Strafrecht haben die folgenden Grundrechte im Grundgesetz:

- Verfassung

- Art. 10, Brief-, Post- und Fernmeldegeheimnis
- Art. 13, Unverletzlichkeit der Wohnung

Grundrechte

Wichtig ist auch das Rechtstaatsprinzip (Art. 20 III, 28 I GG), aus dem der Grundsatz der Verhältnismäßigkeit der Mittel und des Übermaßverbotes bei belastenden staatlichen Maßnahmen, die Grundsätze des Vorrangs des Gesetzes (vor anderen staatlichen Willensäußerungen) und des Vorbehalts des Gesetzes (für Eingriffe in Grundrechte) hergeleitet werden.

Rechtsstaatsprinzip

Für das Strafrecht zentrale Bedeutung haben die sog. Justizgrundrechte

Justizgrundrechte

- Art. 101, Verbot von Ausnahmegerichten (wie etwa dem Volksgerichtshof während der NS-Diktatur), Garantie des gesetzlichen Richters (der Beschuldigte darf nur vor das Gericht gestellt werden, dessen sachliche und örtliche Zuständigkeit für ihn sich aus den Gesetzen iVm dem Geschäftsverteilungsplan des Gerichts ergibt)
- Art. 102, Abschaffung der Todesstrafe
- Art. 103, Anspruch auf rechtliches Gehör; die »Tat kann nur bestraft werden, wenn die Strafbarkeit gesetzlich bestimmt war, bevor die Tat begangen wurde« (nulla poena sine lege); »Nie-

mand darf wegen derselben Tat auf Grund der allgemeinen Strafgesetze mehrmals bestraft werden« (ne bis in idem).
- Art. 104, Rechtsgarantien bei Freiheitsentziehung, u.a.: alleinige richterliche Entscheidungszuständigkeit, Benachrichtigungspflicht von Angehörigen.

2.3. Gesetze

Formelle Gesetze

Danach folgen formelle Gesetze (vom Gesetzgeber beschlossen) wie das Strafgesetzbuch (StGB), die Strafprozessordnung (StPO), das Jugendgerichtsgesetz (JGG), das Strafvollzugsgesetz (StVollzG), das Straßenverkehrsgesetz (StVG). Hier ist auch die Konvention zum Schutz der Menschenrechte und Grundfreiheiten vom 4.11.1950 (MRK) zu nennen, insbesondere deren

- Art. 3, Verbot der Folter: »Niemand darf der Folter oder unmenschlicher oder erniedrigender Strafe oder Behandlung unterworfen werden.«
- Art. 6, Recht auf ein faires Verfahren, Unschuldsvermutung bis zur rechtskräftigen Verurteilung
- Art. 7, Keine Strafe ohne Gesetz.

Die Konvention sieht die Errichtung eines Europäischen Gerichtshofes für Menschenrechte vor, der nach Erschöpfung des innerstaatlichen Rechtsweges angerufen werden kann.

Die MRK steht – wie das BVerfG am 14.10.2004 (2 BvR 1481/04) betont hat – im Range eines Bundesgesetzes.

Unterhalb dieser Ebene kommen Rechtsverordnungen (auf Grund einer gesetzlichen Ermächtigung von der Exekutive erlassen) wie die Straßenverkehrsordnung (StVO), die zwar für das Ordnungswidrigkeitenrecht (s.u.), wegen der o.a. verfassungsrechtlichen Grundsätze aber nicht für das Strafrecht Bedeutung haben.

3. Unterscheidung materielles – formelles Strafrecht

3.1. Grundsätze

Man unterscheidet das materielle und das formelle Strafrecht.

- Das materielle Strafrecht regelt
  - die Voraussetzungen der Strafbarkeit (stellt ein bestimmtes menschliches Verhalten eine Straftat dar?) und
  - die Rechtsfolgen der Straftat (wie reagiert der Staat auf die Straftat?).

Das materielle Strafrecht

- Das formelle Strafrecht regelt
den Gang des Strafverfahrens mit den fünf denkbaren Verfahrensabschnitten:
  1. Ermittlungs- (Vor-) Verfahren
  2. Zwischenverfahren
  3. Hauptverfahren
  4. Rechtsmittelverfahren
  5. Vollstreckungsverfahren.

Das formelle Strafrecht

Wichtigste Gesetze sind für
- das materielle Strafrecht: das StGB
- das formelle Strafrecht: die StPO.

Wichtigste Gesetze: StGB – StPO

3.2. Beispiele

Materielles Strafrecht

Ob das menschliche Verhalten: »Aufbrechen der Tür einer fremden Wohnung und Mitnahme von Geld und Schmuck« eine Straftat darstellt, ist zunächst anhand des § 242 (Diebstahl) zu prüfen. Dazu ist erforderlich, dass der Täter »eine fremde bewegliche Sache einem anderen in der Absicht wegnimmt, die Sache sich oder einem Dritten rechtswidrig zuzueignen«. Es könnte auch die »Steigerungsform« des § 244 I Nr. 3 (Wohnungseinbruchdiebstahl) vorliegen, wenn der Täter »zur Ausführung der Tat in eine Wohnung einbricht...« Dies wird zu bejahen sein. Der Gesetzgeber droht dafür Freiheitsstrafe von sechs Monaten bis zu zehn Jahren an (§ 244 I). Der Gesetzgeber hat dabei dem Richter einen breiten Ermessensrahmen vorgegeben; Regeln für die Strafzumessung im Einzelfall sind in den §§ 46 ff. enthalten. Ob

Materielles Strafrecht regelt: Voraussetzungen der Strafbarkeit und Rechtsfolgen.

die Freiheitsstrafe zur Bewährung ausgesetzt werden kann und welche Bewährungsweisungen und -auflagen zulässig sind, ergibt sich aus den §§ 56 ff.

Formelles Strafrecht

Formelles Strafrecht regelt: Gang des Strafverfahrens vom Ermittlungsverfahren bis zum Vollstreckungsverfahren.

Das Ermittlungsverfahren kommt idR durch eine Strafanzeige bei der Polizei oder Staatsanwaltschaft (StA) in Gange (§§ 158 I, 163 StPO). Die StA – als »Herrin des Vorverfahrens« – ist danach verpflichtet, »den Sachverhalt zu erforschen« (§ 160 I StPO). Ob die Wohnung des Tatverdächtigen durchsucht wird, ob Haftbefehl gegen ihn erlassen wird usw., richtet sich ebenfalls nach der StPO. Mit der Anklageerhebung durch die StA endet das Vorverfahren und beginnt das Zwischenverfahren: hier prüft das Gericht seine Zuständigkeit und die »Schlüssigkeit« der Anklage. Mit dem Eröffnungsbeschluss endet das Zwischenverfahren und beginnt das Hauptverfahren (Vorbereitung der Hauptverhandlung und Durchführung der Hauptverhandlung). Die Hauptverhandlung endet idR mit einem Urteil, in dem der Angeklagte freigesprochen oder zu einer Strafe bzw. Maßregel der Besserung und Sicherung verurteilt wird. Gegen das Urteil können StA und Angeklagter/dessen Verteidiger Rechtsmittel (Berufung bzw. Revision) zu einem höheren Gericht einlegen. Nach Rechtskraft des Urteils (es sind keine Rechtsmittel mehr möglich) beginnt die Vollstreckung der Strafe durch die StA als Vollstreckungsbehörde (anders im Jugendstrafrecht: Vollstreckungsleiter ist der Jugendrichter). Ist Freiheitsstrafe zu verbüßen, erfolgt der Strafvollzug in einer Justizvollzugsanstalt (JVA).

3.3. Die Bedeutung des Jugendstrafrechts

Jugendstrafrecht enthält Abweichungen vom materiellen und formellen Strafrecht: geregelt im JGG.

Das Jugendstrafrecht enthält Sonderregelungen für – zur Tatzeit – Jugendliche (14 bis unter 18 Jahre) und Heranwachsende (18 bis unter 21 Jahre) in teilweiser Abweichung vom

- materiellen (etwa bei den Rechtsfolgen) und
- formellen (etwa was den Ausschluss bestimmter Verfahrensarten angeht) Strafrecht. Wichtigstes Gesetz ist das Jugendgerichtsgesetz (JGG).

§ 10 StGB

Sondervorschriften für Jugendliche und Heranwachsende

Für Taten von Jugendlichen und Heranwachsenden gilt dieses Gesetz nur, soweit im Jugendgerichtsgesetz nichts anderes bestimmt ist.

In diesem Buch befassen wir uns im Wesentlichen nur mit dem materiellen (Erwachsenen-)Strafrecht.

4. Abgrenzung Ordnungswidrigkeitenrecht – Strafrecht

Straftaten sind nicht mit Ordnungswidrigkeiten zu verwechseln. Der Gesetzgeber wertet bestimmte leichtere Verstöße gegen Rechtsgüter häufig als Ordnungswidrigkeiten, schwerere Verstöße häufig als Straftaten, wobei die Bewertung des Gesetzgebers verbindlich ist. Der »qualitative Sprung« zwischen Ordnungswidrigkeit und Straftat ist jedoch teilweise nur schwer nachzuvollziehen; nach BVerfG liegt der wesentliche Unterschied in dem Unwerturteil, das die Strafe darstellt.

Abgrenzung: Straftaten von Ordnungswidrigkeiten

Ordnungswidrigkeit	Straftat
geringerer Unrechtsgehalt	höherer Unrechtsgehalt
geringere Gefährdung eines Rechtsgutes	größere Gefährdung eines Rechtsguts
gesetzliche Grundlage: OWiG	gesetzliche Grundlage: StGB, StPO
Zuständigkeit der Verwaltungsbehörde	Zuständigkeit des Strafrichters
Ahndung: Verwarnungsgeld, Geldbuße, Fahrverbot	Ahndung: Geldstrafe, Freiheitsstrafe, Maßregeln der Besserung und Sicherung
stellt keine Vorstrafe dar	ist bei Verurteilung Vorstrafe
Keine Eintragung ins Bundeszentralregister	Eintragung ins Bundeszentralregister

Beispiele: Ordnungswidrigkeit	Beispiele: Straftat
Führen eines Kfz mit 0,5 Prom. BAK: § 24a StVG	Trunkenheit im Verkehr (ab 1,1 Prom.): § 316 StGB
Verbotene Ausübung der Prostitution: § 115 OWiG	Ausübung der verbotenen Prostitution (wenn Prostituierte/r beharrlich gegen Verbot – im »Sperrbezirk« – verstößt): § 184a StGB
Betreuung eines Kindes ohne Pflegeerlaubnis: §104 SGB VIII (KJHG)	Betreuung eines Kindes ohne Pflegeerlaubnis und dadurch Gefährdung des Kindes: § 105 SGB VIII (KJHG)

5. Allgemeiner und Besonderer Teil des Strafgesetzbuches, Nebenstrafrecht

5.1. Allgemeiner Teil

Allgemeiner Teil des StGB: enthält Regelungen, die »vor die Klammer gezogen« sind.

Das StGB ist in einen Allgemeinen Teil (§§ 1 – 79b) und einen Besonderen Teil (§§ 80 – 358) gegliedert. Der Allgemeine Teil enthält Bestimmungen, die »vor die Klammer gezogen sind«: in ihnen sind Regeln für die Anwendung der Straftatbestände im Besonderen Teil und im Nebenstrafrecht enthalten, bspw.: wann eine fahrlässige Tatbegehung strafbar ist (§ 15), was den Versuch einer Straftat darstellt und wann ein Versuch strafbar ist (§§ 22 f.).

5.2. Besonderer Teil, Nebenstrafrecht

Besonderer Teil des StGB und Nebenstrafrecht enthalten Staftatbestände.

Der Besondere Teil des StGB enthält – nicht abschließend – einen Katalog der einzelnen Straftaten, bspw.: Mord (§ 211), Körperverletzung (§ 223), Diebstahl (§ 242). Straftatbestände sind jedoch auch im sog. Nebenstrafrecht enthalten, bspw.: im Waffengesetz, im Betäubungsmittelgesetz, im Wirtschaftsstrafgesetz und sogar – wie oben aufgezeigt – im SGB VIII (KJHG). Das Nebenstrafrecht »ergänzt« den Besonderen Teil des StGB. Die Regeln des Allgemeinen Teils des StGB sind auch auf das Nebenstrafrecht anzuwenden!

Wie man die einschlägigen Strafrechtsnormen des StGB findet, sie auf den vorliegenden Sachverhalt überträgt und richtig anwendet, genau das lernen Sie mit diesem Buch. Zunächst aber noch einen Blick auf den Inhalt des StGB.

Die Gliederung des StGB stellt nun nicht die Straftatbestände an den Anfang, sondern führt von den allgemeinen zu den besonderen Vorschriften. Bei der Falllösung muss man immer wieder auf allgemeine Vorschriften zurückgreifen, um bei der Prüfung der besonderen Vorschriften weiterzukommen.

Sie lernen Schritt für Schritt, wie bei der Lösung eines materiell-strafrechtlichen Falles vorzugehen ist. Nur mit einem grundsätzlichen Verständnis der Regelungen im StGB und der Methodik der Falllösung ist an eine problemorientierte Lösung eines konkreten Falles zu denken.

Aufbau und Inhalt des StGB

Allgemeiner Teil:
1. Das Strafgesetz, §§ 1-12
2. Die Tat, §§ 13-37
3. Rechtsfolgen der Tat, §§ 38-76a
4. Strafantrag, Ermächtigung, Strafverlangen, §§ 77-77e
5. Verjährung, §§ 78-79b

Besonderer Teil:
1. Friedensverrat, Hochverrat und Gefährdung des demokratischen Rechtsstaats, §§ 80-92b
2. Landesverrat und Gefährdung der äußeren Sicherheit, §§ 93-101a
3. Straftaten gegen ausländische Staaten, §§ 102-104a
4. Straftaten gegen Verfassungsorgane sowie bei Wahlen und Abstimmungen, §§ 105-108e
5. Straftaten gegen die Landesverteidigung, §§ 109-109k
6. Widerstand gegen die Staatsgewalt, §§ 110-122
7. Straftaten gegen die öffentliche Ordnung, §§ 123-145d
8. Geld- und Wertzeichenfälschung, §§ 146-152a
9. Falsche uneidliche Aussage und Meineid, §§ 153-163
10. Falsche Verdächtigung, §§ 164-165
11. Straftaten, welche sich auf Religion und Weltanschauung beziehen, §§ 166-168
12. Straftaten gegen den Personenstand, die Ehe und die Familie, §§169-173
13. Straftaten gegen die sexuelle Selbstbestimmung, §§ 174-184c
14. Beleidigung, §§ 185-200
15. Verletzung des persönlichen Lebens- und Geheimbereichs, §§ 201-210
16. Straftaten gegen das Leben, §§ 211-222
17. Straftaten gegen die körperliche Unversehrtheit, §§ 223-233
18. Straftaten gegen die persönliche Freiheit, §§ 234-241a
19. Diebstahl und Unterschlagung, §§ 242-248c
20. Raub und Erpressung, §§ 249-256
21. Begünstigung und Hehlerei, §§ 257-262
22. Betrug und Untreue, §§ 263-266b
23. Urkundenfälschung, §§ 267-282
24. Insolvenzstraftaten, §§ 283-283d
25. Strafbarer Eigennutz, §§ 284-297
26. Straftaten gegen den Wettbewerb, §§ 298-302
27. Sachbeschädigung, §§ 303-305a
28. Gemeingefährliche Straftaten, §§ 306-323c
29. Straftaten gegen die Umwelt, §§ 324-330d
30. Straftaten im Amt, §§ 331-358

6. Die Rechtsanwendung, die juristische Methodik

Juristische Methodik

Für die Lösung eines konkreten Falles spielt die juristische Methodik – neben der juristischen Fachsprache – eine zentrale Rolle. Das ist mit dem Golfspielen vergleichbar. Wenn man die Technik des Schlages verstanden hat und diese gut beherrscht, kann das Loch noch so schwierig liegen, »machbar« ist es auf alle Fälle. Nun heißt es, am juristischen Handikap zu arbeiten.

6.1. Die Vier-Schritte-Methode (Vier-Takt-Methode)

»Vier-Takt-Methode«:
- *Normsuche, Fragestellung*
- *Rechtliche Voraussetzungen, Definitionen*
- *Subsumtion*
- *Ergebnis*

- Normsuche, Fragestellung
- Rechtliche Voraussetzungen, Definitionen
- Subsumtion
- Ergebnis

Die juristische Methodik besteht Beim Gutachten darin, zunächst klarzustellen, insbesondere bei mehreren Handlungsabschnitten (Tatkomplexen) und/oder mehreren Tatbeteiligten, »was« geprüft wird, d.h.: welches bestimmte Verhalten welcher Person geprüft wird (Vorklärung, Sachverhalt). Dann ist im Gesetz eine Norm zu suchen, die »passen« könnte, und mit der Fragestellung zu verbinden (Normsuche, Fragestellung). Anschließend benennen Sie die rechtlichen Voraussetzungen des Tatbestandes abstrakt und definieren Begriffe, soweit notwendig (Rechtliche Voraussetzungen, Definitionen). Danach vergleichen Sie den konkreten Sachverhalt mit dem Vorhergehenden, d.h.: Sie stellen fest, ob der konkrete Sachverhalt dem in der Norm abstrakt formulierten Tatbestand entspricht, ordnen ihn darunter (subsumieren). Sodann treffen Sie eine Schlussfolgerung (Ergebnis, Rechtsfolge). Zur Vereinfachung wird dies im folgenden Beispiel nur mit dem objektiven Tatbestand »durchexerziert«.

Sachverhalt

Den Sachverhalt braucht der »Rechtslehrling« nicht selber zu ermitteln, er wird »geliefert«. Der Praktiker hingegen muss – etwa aus einer Strafanzeige – das strafrechtlich Relevante »herausfiltern«. *Beispiel: Zu prüfen ist das Verhalten von A am 20.5.2003 um 20.15 Uhr in Nürnberg, Dürerplatz, als er im Laufe eines zunächst verbal ausgetragenen Streits mit einem Baseballschläger zweimal auf den Kopf des B einschlug, der dadurch Platzwunden am Kopf und eine Gehirnerschütterung erlitt.*

6.2. Normsuche, Fragestellung

Verbinden Sie den rechtlich relevanten Sachverhalt mit der Fragestellung im Konjunktiv!

Beispiel: A könnte durch das Einschlagen mit dem Baseballschläger auf B wegen gefährlicher Körperverletzung nach §§ 223 I, 224 I Nr. 2 strafbar sein.

Bitte immer alle genannten Paragrafen des Besonderen Teils nachlesen!

Normensuche, Fragestellung

6.3. Rechtliche Voraussetzungen, Definitionen

Hier werden die gesetzlichen Voraussetzungen – abstrakt, d.h. noch nicht auf den konkreten Fall bezogen – dargelegt. Dabei sind diejenigen Varianten/Alternativen nicht zu prüfen, die erkennbar nicht zutreffen, in unserem Fall also bei § 224 nicht die Alternativen Nr.1, 3-5. Zunächst wird das Grunddelikt (§ 223) geprüft, danach das qualifizierte Delikt (§ 224). Hier werden beide Prüfungen verbunden, weil offensichtlich Qualifizierung vorliegt. Fangen Sie mit den Voraussetzungen an, dann kommen – soweit nötig – die Definitionen!

Abstrakt: rechtliche Voraussetzungen, Definitionen

Beispiel: Dies setzt eine körperliche Misshandlung oder Gesundheitsschädigung mittels eines gefährlichen Werkzeugs voraus. Körperliche Misshandlung bedeutet eine üble, unangemessene Behandlung, die das körperliche Wohlbefinden oder die körperliche Unversehrtheit nicht nur unerheblich beeinträchtigt (idR mit nicht nur geringem Schmerz verbunden). Gesundheitsschädigung bedeutet das Herbeiführen oder Steigern eines pathologischen Zustandes (einer Krankheit). Gefährliches Werkzeug (= Oberbegriff für Waffe und Messer) ist jeder Gegenstand, der nach seiner konkreten Verwendung im Einzelfall geeignet ist, erhebliche Verletzungen herbeizuführen.

6.4. Subsumtion

Sie vergleichen jetzt den konkreten Sachverhalt mit den vorhergehend abstrakt formulierten Voraussetzungen und Definitionen!

Konkret: Unterordnung des Sachverhalts unter die Norm

Beispiel: Die Schläge mit dem Baseballschläger auf den Kopf des B waren für diesen sehr schmerzhaft und völlig unangemessen, also liegt eine körperliche Misshandlung vor. Sie haben auch zu Platzwunden und einer Gehirnerschütterung geführt, also einen Krankheitszustand herbeigeführt. Der Baseballschläger, auf den Kopf eines Menschen geschlagen, ist geeignet, erhebliche Verletzungen herbeizuführen.

6.5. Ergebnis

A hat den objektiven Tatbestand der gefährlichen Körperverletzung erfüllt. (Es folgen dann die Ausführungen zum subjektiven Tatbestand, zur Rechtswidrigkeit und zur Schuld, sowie zum Gesamtergebnis.)

7. Der Geltungsbereich des deutschen Strafrechts

7.1. Keine Strafe ohne Gesetz

§ 1 StGB

Keine Strafe ohne Gesetz
Eine Tat kann nur bestraft werden, wenn die Strafbarkeit gesetzlich bestimmt war, bevor die Tat begangen wurde.

Rückwirkungs- und Analogieverbot

Die Bedeutung von § 1 liegt darin, dass ein menschliches Verhalten nicht rückwirkend unter Strafe gestellt werden kann, sondern das Verhalten muss bereits zur Tatzeit unter Strafe gestellt gewesen sein (Rückwirkungsverbot, Gesetzlichkeitsprinzip). Dieses Prinzip verbietet auch die Berufung auf Gewohnheitsrecht: die Strafrechtsnorm muss schriftlich geregelt sein. § 1 enthält auch ein Analogieverbot: Richter sind streng an den Wortlaut des Gesetzes gebunden; ein Verhalten darf nicht bestraft werden, weil ein ähnliches Verhalten unter Strafe gestellt ist.

Beispiel: Erich Rüpel fährt mit seinem Auto aus Unvorsichtigkeit den Yorkshire-Terrier »Charity« von Frau Müller an. Der Hund ist eine fremde Sache iSd § 303 (beachte aber im Zivilrecht: § 90a BGB!). Hier ist die Sachbeschädigung jedoch nicht vorsätzlich erfolgt, sondern fahrlässig. Eine fahrlässige Sachbeschädigung ist aber nicht strafbar. Nun könnte man auf die Idee kommen, § 229, Fahrlässige Körperverletzung, zu prüfen, weil ein Hund als oft treuester Freund des Menschen auch die Behandlung wie ein Mensch verdiene. In § 229 heißt es jedoch ausdrücklich: »Wer durch Fahrlässigkeit die Körperverletzung einer anderen Person verursacht...«. Dem Richter ist wegen des Analogieverbots eine entsprechende Anwendung auf den Hund verwehrt.

7.2. Zeitliche Geltung

Zeitliche Geltung § 2 StGB
(1) Die Strafe und ihre Nebenfolgen bestimmen sich nach dem Gesetz, das zur Zeit der Tat gilt.
(2) Wird die Strafdrohung während der Begehung der Tat geändert, so ist das Gesetz anzuwenden, das bei Beendigung der Tat gilt.
(3) Wird das Gesetz, das bei Beendigung der Tat gilt, vor der Entscheidung geändert, so ist das mildeste Gesetz anzuwenden.
...
(6) Über Maßregeln der Besserung und Sicherung ist, wenn gesetzlich nichts anderes bestimmt ist, nach dem Gesetz zu entscheiden, das zur Zeit der Entscheidung gilt.

Grundsätzlich ist vom Gericht das Gesetz anzuwenden, das zur Tatzeit galt. Wird das Gesetz zwischen Tatbeendigung und gerichtlicher Entscheidung geändert, ist das mildeste Gesetz anzuwenden.

Zeitliche Geltung

7.3. Anwendung des deutschen Strafrechts auch bei Auslandstaten?

Die §§ 3-7 werden – irreführend – häufig auch als »internationales Strafrecht« bezeichnet. Geregelt ist darin, wann das nationale (deutsche) Strafrecht anwendbar ist, auch in Fällen mit »Auslandsbezug«. Zunächst bestimmt § 3, dass das deutsche Strafrecht für Inlandstaten gilt (Territorialitätsprinzip). § 4 erweitert den Anwendungsbereich auf Straftaten, die auf deutschen Schiffen und Luftfahrzeugen begangen werden (Flaggenprinzip). § 5 bestimmt, dass bestimmte »Auslandstaten gegen inländische Rechtsgüter« in Deutschland verfolgt werden können, bspw.: der deutsche »Sextourist«, der im Ausland Kinder sexuell missbraucht, §§ 176, 5 Nr. 8b). § 6 gibt die Möglichkeit, »Auslandstaten gegen international geschützte Rechtsgüter« in Deutschland zu verfolgen, *bspw.: ein Ausländer, der sich im Bundesgebiet aufhält und im früheren Jugoslawien Völkermord begangen haben soll, §§ 220a, 6 Nr. 1.* § 7 enthält das Prinzip der stellvertretenden Strafrechtspflege, *bspw.: wenn der Deutsche, der in China einen anderen Menschen ermordet haben soll, § 211, nach Deutschland flieht, wg. Art. 16 II GG aber nicht an China ausgeliefert werden darf.*

Anwendung deutschen Strafrechts in bestimmten Fällen mit Auslandsbezug

§ 3 StGB	**Geltung für Inlandstaten**
	Das deutsche Strafrecht gilt für Taten, die im Inland begangen werden.

§ 4 StGB	**Geltung für Taten auf deutschen Schiffen und Luftfahrzeugen**
	Das deutsche Strafrecht gilt, unabhängig vom Recht des Tatorts, für Taten, die auf einem Schiff oder in einem Luftfahrzeug begangen werden, das berechtigt ist, die Bundesflagge ... zu führen.

§ 5 StGB	**Auslandstaten gegen inländische Rechtsgüter**
	Das deutsche Strafrecht gilt, unabhängig vom Recht des Tatorts, für folgende Taten, die im Ausland begangen werden:
	1. Vorbereitung eines Angriffskrieges (§ 80);
	...
	8. Straftaten gegen die sexuelle Selbstbestimmung
	a)...
	b) in den Fällen der §§ 176 bis 176b und 182, wenn der Täter Deutscher ist;
	...

7.4. Tatzeit und Tatort

§ 8 StGB	**Zeit der Tat**
	Eine Tat ist zu der Zeit begangen, zu welcher der Täter oder der Teilnehmer gehandelt hat oder im Falle des Unterlassens hätte handeln müssen. Wann der Erfolg eintritt, ist nicht maßgebend.

§ 9 StGB	**Ort der Tat**
	(1) Eine Tat ist an jedem Ort begangen, an dem der Täter gehandelt hat oder im Falle des Unterlassens hätte handeln müssen oder an dem der zum Tatbestand gehörende Erfolg eingetreten ist oder nach der Vorstellung des Täters eintreten sollte.
	(2) ...

Zeit und Ort der Tat

Beispiel: Der Generalbundesanwalt hat im Sommer 2003 ein Ermittlungsverfahren wegen Mordes gegen den irakischen Ex-Diktator Saddam Hussein eingeleitet, nachdem Ende März 2003 eine 39-jährige Kurdin in Nürnberg – an den Spätfolgen eines Senfgasangriffes auf ein Bergdorf im Nordirak im Juni 1987 – verstorben war (Tod = Erfolg bei Tötungsdelikten).

8. Sprachgebrauch und Unterscheidung der Straftaten

8.1. Legaldefinitionen

Personen- und Sachbegriffe § 11 StGB

(1) Im Sinne dieses Gesetzes ist
1. Angehöriger:
wer zu den folgenden Personen gehört:
a) Verwandte und Verschwägerte gerader Linie, der Ehegatte, der Lebenspartner, der Verlobte, Geschwister, Ehegatten der Geschwister, Geschwister der Ehegatten, und zwar auch dann, wenn die Ehe oder die Lebenspartnerschaft, welche die Beziehung begründet hat, nicht mehr besteht oder wenn die Verwandtschaft oder Schwägerschaft erloschen ist,
b) Pflegeeltern und Pflegekinder;
2. Amtsträger:
wer nach deutschem Recht
a) Beamter oder Richter ist,
b) in einem sonstigen öffentlich-rechtlichen Amtsverhältnis steht oder
c) sonst dazu bestellt ist, bei einer Behörde oder bei einer sonstigen Stelle oder in deren Auftrag Aufgaben der öffentlichen Verwaltung unbeschadet der zur Aufgabenerfüllung gewählten Organisationsform wahrzunehmen;
...
5. rechtswidrige Tat:
nur eine solche, die den Tatbestand eines Strafgesetzes verwirklicht;
6. Unternehmen einer Tat:
deren Versuch und deren Vollendung;
7. Behörde:
auch ein Gericht;
8. Maßnahme:
jede Maßregel der Besserung und Sicherung, der Verfall, die Einziehung und die Unbrauchbarmachung;
9. Entgelt:
jede in einem Vermögensvorteil bestehende Gegenleistung.
(2) Vorsätzlich im Sinne dieses Gesetzes ist eine Tat auch dann, wenn sie einen gesetzlichen Tatbestand verwirklicht, der hinsichtlich der

Handlung Vorsatz voraussetzt, hinsichtlich einer dadurch verursachten besonderen Folge jedoch Fahrlässigkeit ausreichen lässt.

(3) Den Schriften stehen Ton- und Bildträger, Datenspeicher, Abbildungen und andere Darstellungen in denjenigen Vorschriften gleich, die auf diesen Absatz verweisen.

Bedeutung der Definitionen:

Beispiele für die Bedeutung der Definitionen:

- Angehöriger
- Angehöriger: Der Diebstahl oder die Unterschlagung wird nicht – wie normalerweise – von Amts wegen, sondern nur auf Strafantrag des Geschädigten verfolgt, wenn dadurch »ein Angehöriger, der Vormund oder der Betreuer verletzt« wird, § 247. Darüber hinaus haben Angehörige ein Zeugnis- und Auskunftsverweigerungsrecht, §§ 52, 55, 56 StPO.

- Amtsträger
- Amtsträger: Der Begriff spielt insbesondere im 30. Abschnitt »Straftaten im Amt«, §§ 331 ff. (Vorteilsannahme, Bestechlichkeit usw.) eine Rolle.

- rechtswidrige Tat
- rechtswidrige Tat: wie schon oben kurz dargelegt, setzt die Verhängung einer Strafe regelmäßig Schuld des Täters voraus, § 46 I 1. Die meisten Maßregeln der Besserung und Sicherung, §§ 61 ff. (Unterbringung in einem psychiatrischen Krankenhaus, in einer Entziehungsanstalt, Entziehung der Fahrerlaubnis, Berufsverbot) können dagegen auch verhängt werden, wenn der Täter nur tatbestandsmäßig und rechtswidrig, aber nicht schuldhaft gehandelt hat. Zu unterscheiden also: rechtswidrige Tat – Straftat! Bitte denken Sie bei der Falllösung an diese Legaldefinitionen!

8.2. Verbrechen und Vergehen

§ 12 StGB

Verbrechen und Vergehen

(1) Verbrechen sind rechtswidrige Taten, die im Mindestmaß mit Freiheitsstrafe von einem Jahr oder darüber bedroht sind.

(2) Vergehen sind rechtswidrige Taten, die im Mindestmaß mit einer geringeren Freiheitsstrafe oder die mit Geldstrafe bedroht sind.

(3) Schärfungen oder Milderungen, die nach den Vorschriften des Allgemeinen Teils oder für besonders schwere oder minder schwere Fälle vorgesehen sind, bleiben für die Einteilung außer Betracht.

Unterscheidung: Verbrechen – Vergehen

Jede Straftat ist entweder Verbrechen oder Vergehen. Beispiele:
- § 242 Diebstahl: »... wird mit Freiheitsstrafe bis zu fünf Jahren oder mit Geldstrafe bestraft.« = Vergehen.
- § 249 I Raub: »wird mit Freiheitsstrafe nicht unter einem Jahr bestraft.« = Verbrechen.

- § 249 II: »In minder schweren Fällen ist die Strafe Freiheitsstrafe von sechs Monaten bis zu fünf Jahren.« Diese Milderung ändert nichts an der Einteilung: der minder schwere Fall des Raubes bleibt Verbrechen.
- § 249, 27 I, II Beihilfe zum Raub: obwohl sich das Mindestmaß der Strafe für Beihilfe zum Raub auf drei Monate reduziert, § 49 I Nr. 3, bleibt die Beihilfe zum Raub Verbrechen.

Die Unterscheidung zwischen Verbrechen und Vergehen hat besonders Bedeutung für die Strafbarkeit eines Versuchs.

Bedeutung der Unterscheidung insbesondere für die Frage, wann Versuch strafbar

Strafbarkeit des Versuchs

§ 23 StGB

(1) Der Versuch eines Verbrechens ist stets strafbar, der Versuch eines Vergehens nur dann, wenn das Gesetz es ausdrücklich bestimmt.
(2) ...

Vergleichen wir vorherige Beispiele, so lesen wir in:

- § 242 II: »Der Versuch ist strafbar.«
- § 249: nichts! – Der Versuch des Raubes ist »automatisch« strafbar, weil Raub ein Verbrechen ist. Dagegen heißt es in:
- § 123, Hausfriedensbruch: »..wird mit Freiheitsstrafe bis zu einem Jahr oder mit Geldstrafe bestraft.« Von der Strafbarkeit des Versuchs lesen wir nichts, also ist der versuchte Hausfriedensbruch nicht strafbar.

Strafbarkeit des Versuchs?

Weitere Bedeutung hat die Unterscheidung zwischen Verbrechen und Vergehen bei § 30.

Versuch der Beteiligung

§ 30 StGB

(1) Wer einen anderen zu bestimmen versucht, ein Verbrechen zu begehen oder zu ihm anzustiften, wird nach den Vorschriften über den Versuch des Verbrechens bestraft. ...

Der Versuch der Beteiligung ist nur beim Verbrechen strafbar, bspw.: jemand versucht einen anderen erfolglos zu einem Mord anzustiften. Die §§ 153, 153a StPO ermöglichen die Einstellung des Strafverfahrens nur bei Vergehen, nicht bei Verbrechen. Das Strafbefehlsverfahren (abgekürztes, diskretes, schriftliches Verfahren ohne Hauptverhandlung) ist nur bei Vergehen, nicht bei Verbrechen möglich, §§ 407 ff. StPO. Der Strafrichter am Amtsgericht ist als Einzelrichter (anders beim Schöffengericht) nur für Vergehen sachlich zuständig, § 25 GVG.

Weitere Bedeutung der Unterscheidung Verbrechen – Vergehen bei § 30 sowie in der StPO und im GVG

8.3. Tätigkeitsdelikte, Erfolgsdelikte und erfolgsqualifizierte Delikte; Grunddelikt, Qualifizierung und Privilegierung

<small>Tätigkeitsdelikte: Es kommt nur auf die im Tatbestand beschriebene Handlung an.</small>

Bei bestimmten Delikten kommt es nur auf die im Tatbestand beschriebene Handlung an. Beispiele: § 153, Falsche uneidliche Aussage, § 154, Meineid, § 316, Trunkenheit im Verkehr. Bei den ersten beiden Delikten reicht es aus, dass ein Zeuge oder Sachverständiger falsch aussagt bzw. falsch schwört. Es kommt nicht darauf an, ob das Urteil darauf beruht (bspw. der Angeklagte infolge des Meineids freigesprochen wird). Bei § 316 (wie bei den abstrakten Gefährdungsdelikten insgesamt) kommt es nur darauf an, dass der Fahrzeugführer eine BAK von mindestens 1,1 Promille hat; es kommt nicht auf eine konkrete Gefährdung anderer Verkehrsteilnehmer an (dafür gibt es das konkrete Gefährdungsdelikt § 315c Gefährdung des Straßenverkehrs).

Diese Delikte nennt man Tätigkeitsdelikte.

<small>Erfolgsdelikte: Es kommt auf das im Tatbestand beschriebene Ergebnis, den Erfolg, an.</small>

Im Gegensatz dazu kommt es bei den Erfolgsdelikten darauf an, dass ein im Tatbestand beschriebener Zustand, Erfolg herbeigeführt wird, bspw. bei § 212 Totschlag: der Tod eines anderen Menschen, bei § 223 Körperverletzung: die körperliche Misshandlung oder die Gesundheitsschädigung eines anderen Menschen, bei § 303 Sachbeschädigung: der Eingriff in die Sachsubstanz oder die Einschränkung der Gebrauchstauglichkeit einer fremden Sache. Zu den Erfolgsdelikten s. auch unten!

<small>Erfolgsqualifizierte Delikte verlangen vorsätzliches Grunddelikt und – zumindest fahrlässig verursachte – qualifizierende Folge</small>

Bei den erfolgsqualifizierten Delikten (Unterfall der Erfolgsdelikte), bspw. § 227 Körperverletzung mit Todesfolge, handelt es sich um ein vorsätzlich begangenes Grunddelikt – hier: Körperverletzung – und eine zumindest fahrlässig verursachte qualifizierende Folge – hier: den Tod eines anderen Menschen.

Innerhalb eines Anschnitts bildet meist der erste Straftatbestand das Grunddelikt, dessen Tatbestandsmerkmale auch in allen anderen Tatbeständen enthalten sind. Hat ein Tatbestand dieses Abschnitts erhöhten Unwertcharakter, handelt es sich um eine strafschärfende Qualifizierung. Hat ein Tatbestand dagegen verringerten Unwertcharakter, liegt eine strafmildernde Privilegierung vor.

Beispiel: Innerhalb des Abschnitts »Straftaten gegen die körperliche Unversehrtheit« stellt § 223, Körperverletzung, das Grunddelikt dar, §§ 224, Gefährliche Körperverletzung, § 225, Misshandlung von Schutzbefohlenen usw. die (unselbständigen) Qualifizierungen.

Beispiel: Innerhalb der Straftaten gegen das Leben bildet § 212, Totschlag, das Grunddelikt (str.), § 216, Tötung auf Verlangen, die Privilegierung.

Dieser Zusammenhang von Grunddelikt, Qualifizierung und Privilegierung hat insofern Bedeutung, als ergänzende Vorschriften für alle Tatbestände gelten.

Beispiel: Das Strafantragserfordernis beim Haus- und Familiendiebstahl nach § 247 bezieht sich sowohl auf das Grunddelikt, als auch auf die Qualifizierung in §§ 244, 244a Diebstahl mit Waffen usw.

Etwas anderes gilt für das (selbständige) delictum sui generis.

Anders beim delictum sui generis

Beispiel: § 249, Raub, wird als (selbständiges) delictum sui generis im Verhältnis zum Diebstahl angesehen. Folge: beim Raub gegen Familienangehörige ist § 247 nicht anwendbar.

9. Wiederholungsfragen

- 1. Zu welchem größeren Rechtsgebiet gehört das Strafrecht? Lösung S. 2
- 2. Welche Gerichtsbarkeit ist für Strafsachen zuständig? Lösung S. 2
- 3. Welche Funktionen hat das Strafrecht? Lösung S. 3
- 4. Was bedeutet die Vereinigungstheorie? Lösung S. 4
- 5. Wie unterscheiden sich materielles und formelles Strafrecht? Lösung S. 11
- 6. Wodurch unterscheiden sich Ordnungswidrigkeiten von Straftaten? Lösung S. 13
- 7. Was ist im Allgemeinen Teil, was im Besonderen Teil des StGB geregelt? Lösung S. 14
- 8. Was ist das Nebenstrafrecht? Lösung S. 14
- 9. Was bedeutet die Vier-Schritte-Methode (4-Takt-Methode)? Lösung S. 16
- 10. Was versteht man unter Subsumtion? Lösung S. 16
- 11. Was bedeutet das Analogieverbot im Strafrecht? Lösung S. 18
- 12. Was bedeuten Territorialitätsprinzip und Flaggenprinzip? Lösung S. 19
- 13. Wodurch unterscheiden sich Verbrechen von Vergehen? Lösung S. 22
- 14. Wodurch unterscheiden sich Tätigkeitsdelikte von Erfolgsdelikten? Lösung S. 24

Allgemeiner Teil: Die Straftat

1. Grundsätzliches zur Tat   28
2. Die Handlung (Vorprüfung)   29
3. Objektive Tatbestandsmerkmale   31
4. Subjektive Tatbestandsmerkmale   37
5. Rechtswidrigkeit   39
6. Schuld   48
7. Spezielle Strafbarkeitsvoraussetzungen und Strafbarkeitshindernisse (Nachprüfung)   55
8. Ergebnis   57
9. Die unterschiedlichen Deliktsformen   58
10. Wiederholungsfragen   68

1. Grundsätzliches zur Tat

1.1. Der Schein trügt, oder: zur Straftat gehört »einiges«!

Wer als Anfänger »unbefangen« das Gesetz liest, könnte meinen, auch die nachfolgenden Handlungen seien unter Strafe gestellt:

<small>Strafbarkeit menschlicher Verhaltensweisen?</small>

a) Arne schlägt in Narkose um sich und bricht der Krankenschwester das Nasenbein. Strafbarkeit wg. Körperverletzung, § 223 I?

b) Beate gibt ihrem Mann, der um vier Uhr morgens stark angetrunken nach Hause kommt, eine leichte Ohrfeige. Strafbarkeit wg. Körperverletzung, § 223 I?

c) Christoph stößt durch Unachtsamkeit die Meißner Kaffeekanne seiner Tante um, die zerbricht. Strafbarkeit wg. Sachbeschädigung, § 303?

d) Dieter nimmt ohne Erlaubnis seines Mitbewohners den Schlüssel für dessen Porsche, um mit seiner Freundin eine vierstündige »Spritztour« zu unternehmen. Strafbarkeit wg. Diebstahls, § 242 I?

e) Erich schlägt seinem Zechkumpanen, der mit einem Fleischmesser in der Hand auf ihn zustürzt, einen Stuhl über den Kopf. Strafbarkeit wg. gefährlicher Körperverletzung, §§ 223 I, 224 I Nr. 2?

f) Facharzt Frieder amputiert dem schwer verunglückten, bewusstlosen Motorradfahrer das zerquetschte Bein. Strafbarkeit wg. schwerer Körperverletzung, §§ 223 I, 226 I Nr. 2?

g) Der 13jährige Gero ersticht die Nachbarin, als sie ihn beim Einbruch in ihre Wohnung erwischt. Strafbarkeit wg. Mordes, § 211 II?

h) Heinz erschießt in volltrunkenem Zustand seine Ehefrau. Strafbarkeit wg. Totschlags, § 212 I?

Obwohl man nach dem »reinen Gesetzestext eigentlich« annehmen müsste, dass in allen Fällen Strafbarkeit vorliegt, warnt uns unser Gerechtigkeitsgefühl! Wir werden sehen, dass in keinem Fall die gestellte Frage zu bejahen ist. – Nur das willensgetragene menschliche Verhalten, das kausal ist für die Verwirklichung eines Unrechts (bei den Erfolgsdelikten), den objektiven und subjektiven Tatbestand eines Strafgesetzes erfüllt, rechtswidrig und schuldhaft erfolgt ist, stellt eine Straftat dar.

1.2. Bestandteile der Straftat: tatbestandsmäßige, rechtswidrige und schuldhafte Handlung

- Handlung im strafrechtlichen Sinn (Prüfung nur: wenn Vorliegen fraglich)
- Tatbestand (objektiver und subjektiver)
- Rechtswidrigkeit (es liegen keine Rechtfertigungsgründe vor)
- Schuld (Schuldfähigkeit, Unrechtsbewusstsein, es liegen keine Entschuldigungsgründe vor)

Straftat:
- Handlung im strafrechtlichen Sinn
- Tatbestand
- Rechtswidrigkeit
- Schuld

Nur wenn alle Bestandteile erfüllt sind, können wir von einer Straftat sprechen. Prüfen Sie unbedingt in dieser Reihenfolge! Fehlt ein Bestandteil, können Sie die Prüfung abbrechen!

DIE TAT

2. Die Handlung (Vorprüfung)

In der Regel ist diese Vorprüfung entbehrlich, weil hier »keine Probleme« auftauchen. Sind die nachfolgenden Punkte (2.1. und 2.2.) jedoch problematisch, müssen sie zunächst geklärt werden.

2.1. Willensgetragenes menschliches Verhalten

Strafrechtlich relevant ist nur willensgetragenes menschliches Verhalten. Keine Handlungen im strafrechtlichen Sinne sind Reflexbewegungen, nicht steuerbare Krampfanfälle, Verhaltensweisen während Schlaf oder Bewusstlosigkeit, Verhalten, das durch absolute Gewalt erzwungen ist.

Beispiel: Anton stößt an einer Bushaltestelle den vor ihm stehenden Bernd auf den am Bordstein wartenden Chris, der auf die Straße fällt und vom einfahrenden Bus überfahren wird. Bernd hat im strafrechtlichen Sinn nicht gehandelt.

Auch »böse Gedanken«, soweit sie nicht in der »Außenwelt« realisiert werden, stellen keine Handlung dar.

Beispiel: Wünscht der Schwiegersohn seiner Schwiegermutter insgeheim den Tod und wird diese – ohne sein Zutun – tot aufgefunden, liegt keine strafrechtliche Handlung des Schwiegersohns vor.

2.2. Abgrenzung: Aktives Tun (Begehen) und Unterlassen

Eine strafrechtliche Handlung ist möglich als

- aktives Tun (Begehen). *Beispiel: Mafiaboss Marco erschießt seinen Gegner.*
- Unterlassen (eines gebotenen Tuns, d.h. wenn eine rechtliche Verpflichtung zum Aktivwerden besteht). *Beispiel: Unfallzeuge Udo holt keine ärztliche Hilfe, obwohl dies notwendig und möglich ist (= unterlassene Hilfeleistung, § 323c).*

Ob eine Handlung als aktives Tun oder Unterlassen zu bewerten ist, richtet sich nach dem Schwerpunkt des zu beurteilenden menschlichen Verhaltens.

Beispiel: Der Arzt gibt dem Patienten an der Beatmungsmaschine keine große Chance mehr;

a) er gibt dem Patienten eine zum Tod führende Spritze = aktives Tun

b) er stellt die Maschine ab; der Schwerpunkt liegt im Unterlassen weiterer Behandlung, nicht im Tun »Abstellen der Maschine«; = Unterlassen.

3. Objektive Tatbestandsmerkmale

3.1. Funktion des Tatbestands

Die Handlung muss nun den objektiven Tatbestand erfüllen, bspw. muss bei der Körperverletzung eine körperliche Misshandlung oder Gesundheitsschädigung vorliegen. Der Tatbestand in einem Gesetz ist die abstrakte Beschreibung strafrechtlich relevanter Handlungsweisen; er hat aus verfassungsrechtlichen Gründen u.a. die Funktionen, genau zu bestimmen, welches Handeln wie einzuordnen ist (Bestimmungs-, Einordnungsfunktion). In der Rechtsanwendung/Falllösung wird in dieser Station geprüft, ob das konkret zu beurteilende menschliche Verhalten der abstrakten Beschreibung entspricht, der Täter den gesetzlichen Tatbestand realisiert/verwirklicht, »den Tatbestand des §... erfüllt«.

Objektiver Tatbestand ist die abstrakte Beschreibung strafrechtlich relevanter Handlungsweisen.

3.2. Tatsubjekt und Tatobjekt

Täter kann im deutschen Strafrecht nur eine natürliche Person, ein Mensch sein; nicht dagegen können juristische Personen und Personenvereinigungen Straftäter sein: insoweit können sich nur ihre Organe, bspw. der Vorstandsvorsitzende, strafbar machen. Bei den Amtsdelikten (Vorteilsannahme, Bestechlichkeit, §§ 331 f.), die zu den Sonderdelikten (Tatsubjekt kann nur jemand sein, der über bestimmte Eigenschaften verfügt) gehören, kann Täter nur ein Amtsträger oder ein für den öffentlichen Dienst besonders Verpflichteter bzw. ein Richter oder Schiedsrichter sein. Bei den Sonderdelikten kann ein anderer weder Mittäter noch mittelbarer Täter sein. Bei den eigenhändigen Delikten (bspw. falsche uneidliche Aussage, § 153; Meineid, § 154; Straßenverkehrsgefährdung, § 315c) kann Täter nur derjenige sein, der das tatbestandsmäßige Verhalten »eigenhändig«, d.h. in eigener Person erfüllt: bei diesen Delikten gibt es die Beteiligungsformen »Mittäterschaft« und »mittelbare Täterschaft« nicht!

Prüfung im objektiven Tatbestand:
- *Tatsubjekt und*
- *Tatobjekt*

Besondere Deliktsformen:
- *Sonderdelikte*
- *Eigenhändige Delikte*

Das Tatobjekt als Ziel der tatbestandlichen Aktivitäten ist bspw. beim Widerstand gegen Vollstreckungsbeamte, § 113, der Vollstreckungsbeamte; bei der Körperverletzung, § 223, der Körper eines anderen Menschen; beim sexuellen Missbrauch von Schutzbefohlenen, § 174, der Schutzbefohlene.

3.3. Tathandlung

Nach der Vorprüfung, ob ein willensgetragenes aktives Tun oder Unterlassen vorliegt, besteht die Tathandlung in der Erfüllung der Merkmale des Tatbestands eines Strafgesetzes des Besonderen Teils oder des Nebenstrafrechts. Bspw. ist bei der Körperverletzung, § 223, die »körperliche Misshandlung« oder »Gesundheitsschädigung« Tathandlung; beim Diebstahl, § 242, besteht die Tathandlung in der »Wegnahme«; bei der Unterschlagung, § 246, in der »Zueignung«; beim Betrug, § 263, in der »Täuschung«.

3.4. Kausalität zwischen Handlung und Erfolg bei den Erfolgsdelikten

Kausalität zwischen Handlung und Erfolg

Der schon mehrfach verwendete Begriff »Erfolg« ist für den juristischen Anfänger befremdlich: ist der Begriff doch normalerweise positiv besetzt; im Strafrecht steht der Begriff für Unrecht, oft menschliches Leid. Gleichwohl müssen Sie sich mit dem Begriff »anfreunden«! Gemeint ist, dass durch die Tathandlung – bei den Erfolgsdelikten – ein bestimmter Zustand, ein bestimmtes Ergebnis, ein Erfolg herbeigeführt wird; etwa bei den Tötungsdelikten: der Tod eines anderen Menschen. Bei den Erfolgsdelikten kann fraglich sein, ob die betreffende Handlung kausal, d.h. ursächlich für den eingetretenen Erfolg ist. Kau-

Äquivalenztheorie: conditio-sine-qua-non-Formel

sal ist nach der im Strafrecht geltenden Äquivalenztheorie oder conditio-sine-qua-non-Formel: jedes Handeln, das nicht hinweggedacht werden kann, ohne dass der Erfolg in seiner konkreten Gestalt entfiele. »Äquivalenz« bedeutet, dass alle Faktoren, die zur Herbeiführung des Erfolgs beigetragen haben, gleichwertig sind. Im Strafrecht gilt also nicht die Adäquanztheorie: danach müsste eine Handlung »typisch«, d.h. erfahrungsgemäß geeignet sein zur Herbeiführung dieses Erfolgs. Bei den Unterlassungsdelikten gilt die umgekehrte conditio-sine-qua-non-Formel: kausal ist jedes Unterlassen, das nicht hinzugedacht werden kann, ohne dass der konkrete Erfolg entfiele.

Probleme können sich bei der Prüfung der Kausalität ergeben, wenn sich mehrere Handlungen verschiedener Personen überschneiden.

• **Alternative Kausalität/Doppelkausalität**

Beispiel: A und B schießen gleichzeitig mit jeweils tödlicher Wirkung auf C. Wenn von mehreren Handlungen zwar eine alternativ, für sich alleine genommen, hinweggedacht werden kann, jedoch die Handlungen nicht kumulativ, zusammen hinweggedacht werden können, ist jede der beiden Handlungen kausal. A und B werden wg. vollendeter Tötung bestraft.

- **Kumulative Kausalität**

D und E vergiften unabhängig von einander das Essen und den Wein von F, der durch den Genuss von Essen und Wein – zusammen – stirbt. Jede der Giftmengen hätte allein zum Tod nicht ausgereicht. Hier kann von beiden Handlungen keine hinweggedacht werden, ohne dass der konkrete Erfolg entfiele. Beide sind wg. vollendeter Tötung strafbar.

- **Überholende Kausalität**

G gibt Gift in den Tee von I; bevor dieses wirkt, wird I von H erschossen. Hier kann die Giftgabe des G hinweggedacht werden, ohne dass der konkrete Erfolg entfiele. Es handelt sich um einen Fall der »abgebrochenen Kausalität«: durch ein »überholendes Ereignis«. G wird hier nur wg. versuchter Tötung bestraft.

- **Hypothetische Kausalität**

J erschießt K. Wie sich bei der Obduktion ergibt, wäre K in den nächsten Stunden ohnehin an einem Herzinfarkt gestorben. Es kommt nur auf den konkreten Erfolg – hier: den Tod durch Erschießen – an; die hypothetische Kausalität, die Reserveursache, ist unbeachtlich. J wird wg. vollendeten Tötungsdeliktes bestraft.

Beachte: Auf die Frage der Kausalität ist nur dann näher einzugehen, wenn sie zweifelhaft ist; liegt Kausalität unproblematisch vor, nur kurz erwähnen, dass die Handlung den Erfolg herbeigeführt hat!

Dies gilt im übrigen auch für andere unproblematisch vorliegende Merkmale des objektiven Tatbestands; so müssen im vorigen Beispiel keine Ausführungen darüber gemacht werden, dass es sich beim Tatsubjekt J um einen Menschen handelt und beim Tatobjekt K um eine andere Person!

Gleichwohl, zusammengefasst die Voraussetzungen des objektiven Tatbestands am Beispiel des § 212 (bitte unbedingt lesen!):

- Handlungssubjekt (Mensch)
- Ausführungshandlung (Schießen)
- Handlungsobjekt (anderer Mensch)
- Eintritt des Erfolgs (Tod des anderen Menschen)
- Kausalität Handlung – Erfolg

3.5. Echte – unechte Unterlassungsdelikte

Abgrenzung: echte – unechte Unterlassungsdelikte

In dieser Station – beim objektiven Tatbestand – müssen bei den Unterlassungsdelikten Ausführungen zum Unterlassen gemacht werden.

Unterlassungsdelikte sind möglich als sog.

- echte: Nichtanzeige eines geplanten Kapitaldeliktes, § 138; die unterlassene Hilfeleistung, § 323c, Hausfriedensbruch durch Nichtentfernen trotz Aufforderung des Berechtigten, § 123 I 2. Alternative; oder
- unechte, § 13 iVm einer Garantenpflicht und einem Straftatbestand des Besonderen Teils oder des Nebenstrafrechts: wenn der Täter rechtlich verpflichtet war, den (strafrechtlich verbotenen) Erfolg abzuwenden.

Beispiel: Mutter Moni lässt ihr Kleinkind für mehrere Tage allein in der Wohnung zurück, das Kind verhungert und verdurstet. Nachbarin Nina hat mitbekommen, dass das Kind über mehrere Tage alleine in der Wohnung ist, unternimmt aber nichts, um »ja keinen Ärger zu bekommen«.

- *Die Mutter ist zur ordnungsgemäßen Ernährung ihres Kindes verpflichtet, §§ 1626 I, 1631 I BGB; sie hat eine sog. Garantenpflicht gegenüber dem Kind. Sie ist wg. Mordes (Verhungern und Verdursten stellt eine grausame Todesart dar), begangen durch Unterlassen, strafbar, §§ 211 II, 13 I.*
- *Die Nachbarin hätte – auch anonym – Polizei oder Jugendamt anrufen können und müssen; sie hat aber keine Garantenpflicht gegenüber dem Kind; es liegt ein Unglücksfall iSd § 323c vor. Sie ist wg. unterlassener Hilfeleistung strafbar, § 323c. (Sie wissen schon: alle §§ des Besonderen Teils... .)*

§ 13 StGB

Begehen durch Unterlassen

(1) Wer es unterläßt, einen Erfolg abzuwenden, der zum Tatbestand eines Strafgesetzes gehört, ist nach diesem Gesetz nur dann strafbar, wenn er rechtlich dafür einzustehen hat, daß der Erfolg nicht eintritt, und wenn das Unterlassen der Verwirklichung des gesetzlichen Tatbestandes durch ein Tun entspricht.

(2) Die Strafe kann nach § 49 Abs. 1 gemildert werden.

Merke:

Echtes Unterlassungsdelikt durch jedermann möglich.

- Ein echtes Unterlassungsdelikt ist durch jedermann möglich! Das Unterlassen ist bereits Tatbestandsmerkmal. § 13 braucht und darf nicht herangezogen werden, weil es nicht auf eine Garantenpflicht ankommt!

- Ein unechtes Unterlassungsdelikt kann nur durch einen Garanten (= wer rechtlich verpflichtet ist, für ein Rechtsgut einzustehen, den verbotenen Erfolg abzuwenden) erfüllt werden. § 13 darf niemals isoliert geprüft werden, sondern nur in Verbindung mit einem konkreten Straftatbestand des Besonderen Teils oder des Nebenstrafrechts! Zu prüfen also:

  Unechtes Unterlassungsdelikt erfordert eine Garantenstellung.

  – besondere Rechtspflicht zum Handeln (Garantenpflicht)?

  – reale Möglichkeit der Erfolgsabwendung?

  – entspricht das Unterlassen der Verwirklichung des gesetzlichen Tatbestandes durch ein Tun (Gleichwertigkeitsklausel)?

  – hatte Täter Unterlassungsvorsatz?

3.6. Garantenpflichten bei den unechten Unterlassungsdelikten

Die Rechtspflicht zum Handeln kann sich ergeben als:

3.6.1 Beschützergarant

Von ihm wird verlangt, dass er Gefahren abwehrt, die von außen her dem Schutzobjekt drohen; die Garantenstellung kann folgen aus:

Beschützergarant: Garantenpflicht aus ...

- **Gesetz:**

bspw. verpflichtet § 1353 I BGB die Ehegatten zur ehelichen Lebensgemeinschaft, wozu auch die Verpflichtung zum Schutz des anderen Ehegatten, zur Hilfe für ihn gehört. §§ 1626 I, 1631 I BGB verpflichten die Eltern, für das minderjährige Kind zu sorgen, es insbesondere »zu pflegen, zu erziehen, zu beaufsichtigen und seinen Aufenthalt zu bestimmen«. § 1 III Nr. 3 iVm §§ 42, 43, 50 III SGB VIII (KJHG) verpflichtet das Jugendamt (JA), Kinder und Jugendliche vor Gefahren für ihr Wohl zu schützen (auch wenn die Gefahr von den eigenen Eltern ausgeht).

Beispiel: Die zuständige Sozialarbeiterin im JA war – im o.a. Beispiel – durch einen anderen Nachbarn darüber informiert worden, dass das Kleinkind seit Tagen allein in der Wohnung ist. Da sie dies für eine böswillige Unterstellung des Nachbarn hielt, unternahm sie nichts. Die Sozialarbeiterin ist wg. fahrlässiger Tötung, begangen durch Unterlassen, zu bestrafen, §§ 222, 13 I iVm mit den vorgenannten §§ des SGB VIII.

- **tatsächlicher Pflichtenübernahme:**

bspw. durch Arbeitsvertrag, § 611 BGB (etwa des Bademeisters) oder durch Übernahme von Babysitting (gleichgültig, ob aus Gefälligkeit oder im Rahmen eines Vertrages); als Nebenpflicht aus dem Arbeitsvertrag, §§ 611, 241 II BGB, ergibt sich für den Arbeitgeber, Gefahren für den Arbeitnehmer abzuwenden (etwa durch Überwachung der Einhaltung von Arbeitsschutzvorschriften).

- **enger Lebens- oder Gefahrgemeinschaft:**

bspw. nicht-ehelicher Lebensgemeinschaft oder Klettergruppe in den Bergen, Segelmannschaft.

Beispiel: Fritz sieht bei Heimkehr von der Arbeit, dass seine Lebensgefährtin Gunda bei einem Überfall schwer verletzt worden ist und verbluten wird, wenn nicht unverzüglich ärztliche Hilfe erfolgt. Da er sich ohnehin von Gunda trennen will, kommt ihm dies nicht ungelegen. Er verlässt die Wohnung, Gunda – die hätte gerettet werden können – verblutet. Fritz ist wg. Totschlags, begangen durch Unterlassen, §§ 212 I, 13 I iVm Garantenpflicht aus enger Lebensgemeinschaft zu bestrafen.

3.6.2 Überwachungsgarant

Überwachergarant: Garantenpflicht aus ...

Von ihm wird verlangt, dass er eine Gefahrenquelle (Mensch oder Sache) so überwacht, dass nach Möglichkeit kein Schaden für Dritte entsteht; die Garantenstellung kann folgen aus:

- **vorausgegangenem pflichtwidrigen gefährdenden Handeln (Ingerenz):**

das vorausgegangene pflichtwidrige Handeln muss eine weitergehende Gefahr für ein Rechtsgut begründet bzw. erhöht haben.

Beispiel: der angetrunkene Autofahrer Grobian fährt auf einer Landstraße nachts einen Radfahrer an und verletzt ihn so schwer, dass dieser erkennbar sterben wird, wenn nicht bald ärztliche Hilfe kommt. Um nicht wg. der Trunkenheitsfahrt und der Körperverletzung bestraft zu werden, holt er keine Hilfe; der Radfahrer stirbt. Grobian wird wg. Mordes, begangen durch Unterlassen, bestraft, da er in der Absicht, eine andere Straftat zu verdecken, einen Menschen durch Unterlassen getötet hat, §§ 211 II, 13 I iVm Garantenpflicht aus Ingerenz.

- **Verantwortlichkeit für Gefahrenquelle:**

bspw. Absicherung einer Straßenbaustelle, Schutz von Passanten vor Dachlawinen (durch den Hauseigentümer oder einen Beauftragten), Überwachung von Fahrzeugen auf ihre Verkehrssicherheit (durch den TÜV usw.).

- **Verletzung von Aufsichts- und Prüfungspflichten:**

bspw. wenn Eltern oder ein aufsichtspflichtiger Lehrer Aufsicht über Minderjährige grob verletzen und diese Dritten Schaden zufügen oder wenn der Anstaltsleiter ohne gründliche Prüfung des Antrags einem gefährlichen Gefangenen Urlaub gewährt, in dem dieser eine gravierende Straftat begeht.

4. Subjektive Tatbestandsmerkmale

4.1. Vorsatz und besondere subjektive Tatbestandsmerkmale

Der subjektive Tatbestand betrifft die »innere« Tatseite: was ging im Täter vor, was hat er mit der Tat bezweckt? Nach der hL (finaler und neoklassischer Verbrechensbegriff) gehören zu den subjektiven Tatbestandsmerkmalen:

- Vorsatz
- besondere subjektive Tatbestandsmerkmale, die sich aus der jeweiligen Gesetzesformulierung ergeben (wie die Zueignungsabsicht beim Diebstahl, § 242 I oder beim Raub, § 249 I; die Bereicherungsabsicht beim Betrug, § 263 I; die Täuschungsabsicht bei der Urkundenfälschung, § 267 I).

Ausgangspunkt für den Vorsatz ist § 15. Allerdings enthält das Gesetz selbst keine Definition, was Vorsatz ist.

Vorsätzliches und fahrlässiges Handeln § 15 StGB

Strafbar ist nur vorsätzliches Handeln, wenn nicht das Gesetz fahrlässiges Handeln ausdrücklich mit Strafe bedroht.

Alle genannten §§ des Besonderen Teils ... !

Während nun Vorsatz nach der hL beim Tatbestand geprüft wird, werden die subjektiven Momente der Fahrlässigkeit bei der Schuld geprüft (s.u.).

4.2. Wissen und Wollen

Vorsatz = das Wissen und Wollen der Tatbestandsverwirklichung. »Vorsatz ist der Wille zur Verwirklichung eines Straftatbestandes in Kenntnis aller seiner Tatumstände« (BGHSt 19, 298). Vorsätzlich handelt also, wer die einzelnen Merkmale des objektiven Tatbestandes kennt (bspw. dass es sich um eine fremde bewegliche Sache handelt) und sie verwirklichen will (bspw. diese wegnehmen will). Der Vorsatz hat also

- ein Wissenselement (kognitives Element) und
- ein Wollenselement (voluntatives Element).

Es gibt – je nach Intensität der beiden Vorsatzelemente (Wissen und Wollen) – drei Formen des Vorsatzes:

- Absicht = dolus directus I (1. Grades)
- direkter Vorsatz (sicheres Wissen) = dolus directus II (2. Grades)
- Eventualvorsatz (billigende Inkaufnahme) = dolus eventualis

4.3. Absicht

Absicht liegt dann vor, wenn es dem Täter auf die Verwirklichung des Tatbestandes ankommt; das Wollenselement dominiert. Wenn das Gesetz dolus directus I voraussetzt, wird dies mit Begriffen wie »Absicht« oder »um zu« ausgedrückt.

Beispiele: §§ 253, 257 (lesen!)

4.4. Direkter Vorsatz (sicheres Wissen)

Hier weiß der Täter sicher, dass sein Handeln zur Tatbestandsverwirklichung führt; das Wissenselement dominiert. Das Gesetz drückt dies häufig durch den Begriff »wider besseres Wissen« aus, bspw. beim Vortäuschen einer Straftat, § 145d oder bei der falschen Verdächtigung, § 164. Oder das Gesetz sieht als Vorsatzform nur »absichtlich oder wissentlich« vor – und schließt damit den Eventualvorsatz aus, bspw. beim Missbrauch von Notrufen..., § 145 oder der Strafvereitelung, § 258 (alle §§ lesen!).

4.5. Eventualvorsatz (billigende Inkaufnahme)

Hier hält der Täter den Erfolg für möglich und nimmt ihn billigend in Kauf; es reicht aus, wenn er sich mit dem Risiko des Erfolgseintritts abfindet. Wenn im Gesetz nichts anderes bestimmt ist, reicht Eventualvorsatz aus.

Eventualvorsatz: billigende Inkaufnahme

Beispiel: Täter »probiert« seine neue Schusswaffe in einer belebten Gegend aus und tötet dabei einen anderen Menschen = Totschlag mit Eventualvorsatz, § 212.

Der Eventualvorsatz ist von der bewussten Fahrlässigkeit abzugrenzen. Dazu s.u.!

5. Rechtswidrigkeit

5.1. Die Erfüllung des Tatbestandes indiziert regelmäßig die Rechtswidrigkeit

Die Erfüllung des (objektiven und subjektiven) Tatbestands »indiziert« grundsätzlich die Rechtwidrigkeit (§ 11 I Nr. 5); d.h. wenn ein bestimmtes menschliches Verhalten einen Straftatbestand erfüllt, dann ist es im Regelfall auch rechtswidrig. In diesem Fall wird nur kurz festgestellt: Die Tat war rechtswidrig. Wenn ausnahmsweise ein Rechtfertigungsgrund eingreift, ist das Verhalten gerechtfertigt: dann können wir die Prüfung abbrechen, es liegt keine Straftat vor! Nur bei zwei Straftatbeständen, den §§ 240, 253, muss die Rechtswidrigkeit positiv festgestellt werden; allerdings müssen auch hier zunächst die allgemeinen Rechtfertigungsgründe wie Notwehr, rechtfertigender Notstand usw. geprüft werden.

5.2. Die wichtigsten Rechtfertigungsgründe

Merke: Es müssen immer vorliegen:
- objektiv: ein Rechtfertigungsgrund
- subjektiv: Handeln aufgrund der rechtfertigenden Situation!

Vorliegen eines Rechtfertigungsgrundes

Wichtige Rechtfertigungsgründe
• Festnahmerecht, § 127 I StPO
• Einwilligung
• Mutmaßliche Einwilligung
• Notwehr, § 32 StGB
• Rechtfertigender Notstand, § 34 StGB
• Weitere wie: gesetzliche Befugnis zu einer Zwangsmaßnahme; sozial adäquates Verhalten u.a.

5.2.1. Festnahmerecht, § 127 I StPO

Beispiel: A randaliert auf einem Parkplatz und beschädigt dabei mehrere Fahrzeuge. B will die Personalien des A durch die – per »Handy« benachrichtigte – Polizei feststellen lassen, er erklärt dem A: »Sie sind vorläufig festgenommen!« Als A darauf hin fliehen will, stellt B ihm ein Bein, A stürzt und wird dabei leicht verletzt. B hält ihn bis zum Eintreffen der Polizei fest.

Festnahmerecht, § 127 I StPO:
• Täter auf frischer Tat betroffen oder verfolgt
• Fluchtgefahr oder
• Identität nicht sofort feststellbar

Nach § 127 I StPO kann jedermann einen auf frischer Tat Betroffenen oder Verfolgten vorläufig festnehmen, wenn:

• Fluchtgefahr besteht oder
• seine Identität nicht sofort festgestellt werden kann.

Ohne diesen Rechtfertigungsgrund wäre die vorläufige Festnahme eine Freiheitsberaubung, § 239, oder Körperverletzung, § 223. Es muss zunächst eine »Tat« iSv § 11 I Nr. 5 vorliegen. Fraglich ist, ob diese Tat tatsächlich begangen sein muss oder dringender Tatverdacht genügt.

Beispiel: Kaufhausdetektiv Dachs ist sich sicher, dass der Kunde Komisch am Hemdenstand ein Hemd in seinem Hosenbund hat verschwinden lassen. D nimmt K vorläufig fest und sperrt ihn in einem »Security-Room« ein. Die herbeigerufene Polizei findet bei dem vorläufig Festgenommenen nichts, K gibt an, er habe nur sein aus der Hose gerutschtes Hemd geordnet.

Die wohl hRspr (OLG Hamm NStZ 1998, 370 mwN) lässt dringenden Tatverdacht genügen, während die wohl hL (Gropp RN 184a) verlangt, dass die Tat begangen sein muss. Für die letzte Ansicht spricht, dass es sich bei der Festnahme um einen schwerwiegenden Grundrechtseingriff – zudem idR durch einen Privaten (nicht den Staat) – handelt. Zur Problematik s.u. beim Irrtum! »Frisch« ist die Tat, wenn ein enger zeitlicher Zusammenhang zwischen Festnahme und Tatbegehung bzw. Tatbeendigung besteht. »Verfolgt« *würde bspw. vorliegen, wenn ein Zeuge nach einem Banküberfall den auf einem Fahrrad Fliehenden mit seinem Moped zum Zweck der vorläufigen Festnahme verfolgt.* Fluchtverdacht ist gegeben, wenn sich der Täter nach den erkennbaren Umständen der Strafverfolgung entziehen will. Der Täter darf sich gegen die vorläufige Festnahme nicht wehren, allerdings sind bzgl. des Festnehmenden durch § 127 I StPO nur eine kurzzeitige Freiheitsberaubung und eine leichte Körperverletzung zur Verhinderung der Flucht abgedeckt.

> Fraglich, ob Straftat tatsächlich begangen sein muss oder dringender Tatverdacht genügt.

5.2.2. Einwilligung

Bitte zunächst § 228 lesen!

Über die Körperverletzungsdelikte hinausgehend, ist heute Einwilligung als Rechtfertigungsgrund anerkannt. Der Grund ist folgender: Wird ein bestimmtes Verhalten unter Strafe gestellt, will die Rechtsordnung damit bestimmte Rechtsgüter schützen. Verzichtet der Rechtsgutinhaber nun auf diesen Schutz, geschieht ihm kein Unrecht.

Beispiel: Der Chirurg erfüllt durch die Operation des Patienten regelmäßig den Tatbestand der gefährlichen Körperverletzung, §§ 223 I, 224 I Nr. 2. Durch die Einwilligung des Patienten ist das Handeln des Arztes gerechtfertigt.

Voraussetzungen einer »Einwilligung« sind:

- Der Einwilligende muss Alleininhaber des geschützten Rechtsgutes sein; z.B. bei Sachbeschädigung kann nur der Eigentümer einwilligen. Eine wirksame Einwilligung ist nicht möglich, wenn der Straftatbestand auch Rechtsgüter der Allgemeinheit schützt.

Beispiel: Wer sich als Beifahrer zu dem offensichtlich angetrunkenen Fahrer in den Pkw setzt, kann nicht wirksam eine Einwilligung zu § 315c Gefährdung des Straßenverkehrs geben, weil durch § 315c die allgemeine Verkehrssicherheit geschützt werden soll (nicht nur die der Beifahrer).

> Voraussetzungen einer wirksamen Einwilligung:
> - Alleininhaber des geschützten Rechtsguts
> - Rechtsgut muss verzichtbar sein
> - Einwilligungs-/Einsichtsfähigkeit
> - Einwilligungserklärung und Kenntnis des Täters davon

- Das Rechtsgut muss verzichtbar sein. Auf sein Leben kann man nicht wirksam verzichten, wie die Strafbarkeit der Tötung auf Verlangen, § 216, zeigt. In die Körperverletzung kann man nur »bedingt« einwilligen, sie darf nicht »gegen die guten Sitten verstoßen«: *die Verstümmelung des Masochisten durch den Sadisten dürfte gegen die guten Sitten verstoßen, die Peitschenhiebe durch die Domina wohl heutzutage nicht mehr.*
- Der Einwilligende muss die Fähigkeit besitzen, das Wesen, die Tragweite und die Auswirkungen des Eingriffs in sein Rechtsgut voll zu erfassen (Einsichtsfähigkeit). Diese fehlt idR bei Kindern, bei Jugendlichen kann sie durchaus vorhanden sein.
- Es muss eine ausdrückliche oder zumindest eine schlüssige Einwilligungserklärung vorliegen.
- Kenntnis des Täters von der Einwilligung.

5.2.3. Mutmaßliche Einwilligung

Manchmal ist es jedoch nicht möglich, die Einwilligung einzuholen, weil z.B. das Opfer bewusstlos und die Operation unaufschiebbar ist.

Beispiel: Der schwer verunglückte Motorradfahrer wird bewusstlos in die Klinik eingeliefert. Zur Vermeidung des Todes ist eine umgehende Amputation des zerquetschten Oberschenkels notwendig.

Der Arzt kann von einer »mutmaßlichen Einwilligung« ausgehen, wenn zu vermuten ist, dass der Rechtsgutinhaber zum Zeitpunkt der Tat und bei objektiv sorgfältiger Prüfung der Lage eingewilligt hätte.

5.2.4. Abgrenzung Einwilligung – Einverständnis

Einverständnis lässt Tatbestand, Einwilligung lässt Rechtswidrigkeit entfallen.

Die Einwilligung ist vom »Einverständnis« abzugrenzen. Das Einverständnis lässt bereits den objektiven Tatbestand entfallen. Dies ist dann der Fall, wenn es in der Hand des »Einverständnisgebers« liegt, ob ein notwendiges Tatbestandsmerkmal gegeben ist; also immer dann, wenn der Tatbestand ein Handeln gegen oder ohne Willen des Verletzten verlangt.

Beispiele:
- Beim Diebstahl, § 242, liegt es in der Hand des Berechtigten, ob eine »Wegnahme« i.S. des § 242 vorliegt. Eine »Wegnahme« kann nicht vorliegen, wenn sie mit Wissen und Wollen des Berechtigten erfolgt.

Beispiel: Polizei präpariert eigene Geldscheine, um eine des Diebstahls bei Patienten verdächtige Krankenschwester zu überführen. Wenn diese die Geldscheine in Zueignungsabsicht an sich nimmt, liegt gleichwohl kein vollendeter, sondern nur ein versuchter Diebstahl vor.

- Beim Hausfriedensbruch, § 123, setzt »Eindringen« das Betreten gegen den Willen des Berechtigten voraus. Erlaubnis des Berechtigten, auch wenn sie durch vorausgegangene Täuschung herbeigeführt worden ist, schließt den Tatbestand aus.
- Weitere Beispiele: § 239 Freiheitsberaubung, § 240 Nötigung, § 248b Unbefugter Gebrauch eines Fahrzeugs, § 249 Raub

5.2.5. Notwehr, § 32

Notwehr § 32 StGB

(1) Wer eine Tat begeht, die durch Notwehr geboten ist, handelt nicht rechtswidrig.

(2) Notwehr ist die Verteidigung, die erforderlich ist, um einen gegenwärtigen rechtswidrigen Angriff von sich oder einem anderen abzuwenden.

Der Begriff der »Notwehr« dürfte aus zahlreichen Krimis bekannt sein. Ob eine rechtfertigende Notwehr vorliegt, prüft man nach folgendem Schema:

Voraussetzungen Notwehr:

Voraussetzungen der Notwehr:

1. Notwehrlage = gegenwärtiger, rechtswidriger Angriff durch einen Menschen
   - Notwehrlage

   a. Angriff ist jede von Menschen ausgehende Bedrohung oder Verletzung rechtlich geschützter Interessen

   b. Gegenwärtig ist ein Angriff, der unmittelbar bevorsteht, bereits in Gang gesetzt wurde oder noch andauert

   c. Rechtswidrig ist ein Angriff, wenn er nicht seinerseits gerechtfertigt ist, d.h. ein Angriff, den der Angegriffene nicht zu dulden braucht

2. Erforderlichkeit der Notwehrhandlung
   - Erforderlichkeit der Notwehrhandlung

   a. Geeignetheit: Geeignet (tauglich) ist eine Handlung, die eine sofortige Beendigung des Angriffs erwarten lässt

   b. Notwendigkeit: wenn es kein milderes ausreichendes Mittel gibt

c. Die Verteidigungshandlung darf sich nur gegen den Angreifer richten, nicht gegen Rechtsgüter Dritter (hier käme dann § 34 in Betracht)

- Subjektiver Verteidigungswille

3. Subjektiver Verteidigungswille

Zum Verteidigungswillen gehören:

a. die Kenntnis der Notwehrlage und

b. der Wille, dem Angreifer entgegenzutreten

Hatte der Verteidiger keine Kenntnis von einer Notwehrlage, ist er nicht gerechtfertigt.

- Kein Missbrauch

4. Kein Missbrauch des Notwehrrechts:

a. Keine rechtswidrige und schuldhafte Herbeiführung der Notwehrlage (Provokation).

Beispiel: C ist vor einigen Wochen bei einer Wirtshausschlägerei den heftigen Faustschlägen des D unterlegen. Um sich zu rächen, steckt C diesmal ein Springermesser ein, provoziert den D so lange, bis dieser auf ihn zuspringt, dann sticht C den D nieder.

b. Kein Missverhältnis der betroffenen Rechtsgüter.

Beispiel: Schüsse des Garteneigentümers auf Apfeldieb. Auch kann ein Ausweichen vor schuldlos Handelnden (Kindern, Geisteskranken) zumutbar sein, bspw. Geisteskranker beleidigt jemanden auf grobe Art und Weise.

Beispielfall: A stürzt in einer Wirtschaft mit einem Schlachtermesser auf B zu. B nimmt einen Stuhl und schlägt ihn dem A über den Kopf, der ohnmächtig zusammenbricht.

1. Notwehrlage: A hat zum Niederstechen des B angesetzt. Darin liegt ein gegenwärtiger rechtswidriger Angriff des A.

2. Notwehrhandlung: Der Stuhlhieb von B war geeignet und notwendig, um den Stich abzuwehren.

3. B kannte die Notwehrlage und wollte sich verteidigen.

4. Ein Missbrauch des Notwehrrechts ist nicht erkennbar.

Die Voraussetzungen der Notwehr liegen vor, das Handeln von B ist gerechtfertigt.

Überschreitet der Täter die Grenzen der Notwehr aus Verwirrung, Furcht oder Schrecken, so wird er nicht bestraft, § 33. § 33 ist ein Schuldausschließungsgrund (s.u.). Nimmt der »Verteidiger« irrtümlich eine Notwehrlage an (Putativnotwehr), unterliegt er einem Irrtum (s.u.).

5.2.6. Rechtfertigender Notstand, § 34

Rechtfertigender Notstand § 34 StGB

Wer in einer gegenwärtigen, nicht anders abwendbaren Gefahr für Leben, Leib, Freiheit, Ehre, Eigentum oder ein anderes Rechtsgut eine Tat begeht, um die Gefahr von sich oder einem anderen abzuwenden, handelt nicht rechtswidrig, wenn bei Abwägung der widerstreitenden Interessen, namentlich der betroffenen Rechtsgüter und des Grades der ihnen drohenden Gefahren, das geschützte Interesse das beeinträchtigte wesentlich überwiegt. Dies gilt jedoch nur, soweit die Tat ein angemessenes Mittel ist, die Gefahr abzuwenden.

Wenn Sie das gesetzgeberische »Meisterwerk« § 34 nicht auf Anhieb verstehen, verzweifeln Sie nicht (uns ist es beim erstmaligen Lesen nicht anders ergangen)!

Kurz gesagt, regelt § 34 Folgendes: Wenn es kein anderes, milderes Mittel

- zur Rettung eines höherwertigen Rechtsguts gibt
- als ein niedrigerwertiges Rechtsgut zu verletzen,

liegt ein Rechtfertigungsgrund vor.

Rechtfertigender Notstand: Verletzung niederwertigen Rechtsguts zur Rettung eines höherwertigen Rechtsguts notwendig.

Beispiel: Sozialarbeiter Gutmensch betreut den AIDS-Kranken Leichtfuß, der unter Angabe, er sei krebskrank, seine Freundin zum ungeschützten Geschlechtsverkehr verleitet. Nachdem alle Ermahnungen des L durch G nichts nützen, informiert G die Freundin über die tatsächliche Erkrankung des L. – G hat zwar den Tatbestand des § 203 I Nr. 5 erfüllt, weil er »ein fremdes Geheimnis, namentlich ein zum persönlichen Lebensbereich gehörendes Geheimnis« (die AIDS-Erkrankung des L), »das ihm als.....5. staatlich anerkanntem Sozialarbeiter oder staatlich anerkanntem Sozialpädagogen...anvertraut worden oder sonst bekanntgeworden ist«, »offenbart«. Aber hier wurde das »geringere« Rechtsgut »Schutz von Privatgeheimnissen/Sozialdatenschutz« verletzt, weil es kein anderes Mittel gab, um das höhere Rechtsgut »Schutz vor einer lebensgefährlichen Infektion« zu retten.

Weiteres Beispiel: A schlägt bei dem am Waldrand geparkten Fahrzeug des B die Scheibe ein, um an den Verbandskasten zu kommen und dem schwer verletzten Mountainbikefahrer C helfen zu können. A hat die Tatbestände der Sachbeschädigung, § 303, und des Diebstahls, § 242, erfüllt, aber sein Handeln ist durch § 34 gerechtfertigt. Bitte vergleichen Sie die betroffenen Rechtsgüter!

Beachte:

- Der Unterschied zu § 32 Notwehr ist, dass man sich dort gegen einen Angreifer zur Wehr setzt, während bei § 34 kein Angriff von dem Rechtsgut ausgeht, das verletzt wird.
- § 34 kann nicht herangezogen werden, wenn ein Leben geopfert wird, um ein anderes Leben zu retten. Leben und Leben sind gleichwertige Güter. Hier kommt § 35 zum Tragen (s.u.).
- § 34 verpflichtet nicht zur Rechtsgutverletzung, sondern berechtigt dazu nach sorgfältiger Güterabwägung.
- Problematisch ist, wenn sich der Staat auf § 34 beruft wie in den Fällen »Celler Loch« (wo von staatlichen Stellen ein Loch in die Umwehrungsmauer der JVA Celle gesprengt wurde, um Informanten in die Terrorszene zu schleusen) oder im Mordfall von Metzler (wo die Polizei dem festgenommenen Jurastudenten mit Folter drohte, um das Versteck des entführten Jungen herauszubekommen).

Die Voraussetzungen für den rechtfertigenden Notstand:

Voraussetzungen:
- Notstandslage

1. Notstandslage = gegenwärtige Gefahr für ein Rechtsgut:
aufgrund konkreter Umstände hohe Wahrscheinlichkeit eines Schadenseintritts, falls nicht alsbald Rettungsmaßnahmen ergriffen werden

- Güterabwägung der betroffenen Rechtsgüter

2. Güterabwägung: Voraussetzung nach S. 1 ist, dass »das geschützte Interesse das beeinträchtigte wesentlich überwiegt«. Es müssen also zwei Rechtsgüter kollidieren: das »Erhaltungsrechtsgut« muss erheblich höherwertig sein als das »Eingriffsrechtsgut«. Anhaltspunkte für die Hierarchie der Rechtsgüter bieten das Grundgesetz, insbesondere der Grundrechtskatalog, und die Strafrahmen; in unseren o.a. Beispielen Strafrahmen für

- Verletzung von Privatgeheimnissen: Freiheitsstrafe bis zu einem Jahr oder Geldstrafe
- gefährliche Körperverletzung: Freiheitsstrafe von sechs Monaten bis zu zehn Jahren
- Diebstahl: Freiheitsstrafe bis zu fünf Jahren oder Geldstrafe
- Sachbeschädigung: Freiheitsstrafe bis zu zwei Jahren oder Geldstrafe

3. Angemessenheit der Notstandshandlung • Angemessenheit der Notstandshandlung

a. die Inanspruchnahme des »Eingriffsrechtsgutes« muss ein geeignetes, taugliches Mittel zur Gefahrabwehr von dem »Erhaltungsrechtsgut« sein

b. der Eingriff in das »Eingriffsrechtsgut« muss erforderlich sein, d.h. die Gefahr für das »Erhaltungsrechtsgut« darf auf keine andere Weise abwendbar sein

4. Subjektiver Rettungswille: Kenntnis der Notstandslage und Wille, die Gefahr abzuwenden.

• Subjektiver Rettungswille

5.2.7. Weitere Rechtfertigungsgründe

- § 193 Wahrnehmung berechtigter Interessen (bei Beleidigungsdelikten)
- § 228 BGB Sachwehr: defensiver Notstand (Einwirkung auf eine Sache, von der die Gefahr ausgeht; *Beispiel: A tritt gegen den bissigen Hund von B.*)
- § 904 BGB Sacheingriff: aggressiver Notstand (Einwirkung auf eine Sache, von der die Gefahr nicht ausgeht; *Beispiel: A reißt eine Latte aus dem Zaun des C, um den Hund abzuwehren.*)
- Erlaubte Selbsthilfe im BGB: bspw. §§ 229, 561, 859, 1029
- Handeln auf militärischen Befehl oder dienstliche Anordnung, soweit diese nicht offensichtlich rechtswidrig und damit nichtig sind
- Befugnisse zu Zwangsmaßnahmen in der Strafprozessordnung (bspw. die notfalls zwangsweise Blutentnahme nach § 81a), in den Polizeigesetzen, im Strafvollzugsgesetz usw.
- Sozial adäquates Verhalten; dazu gehören:
  - den Sportregeln entsprechendes Verhalten *(bspw. der Faustschlag auf die Nase beim Profiboxen mit billigender Inkaufnahme des Nasenbeinbruchs beim Gegner)*
  - allgemein übliche, kleine Geschenke zu besonderen Anlässen *(bspw. geringwertiges Neujahrsgeschenk an Polizei-Kontaktbeamten in dem Wohnviertel)* sollen Vorteilsannahme, § 331, und Vorteilsgewährung, § 333, rechtfertigen; allerdings wird hier teilweise schon die Zurechnung auf der Tatbestandsebene ausgeschlossen.

5.2.8. Es gibt kein »Züchtigungsrecht« mehr

Kein »Züchtigungsrecht«!

Dagegen gibt es kein »Züchtigungsrecht« als Rechtfertigungsgrund mehr. Für Lehrer ist die körperliche Züchtigung durch die Schulgesetze untersagt, für Eltern untersagt § 1631 II BGB entwürdigende Erziehungsmaßnahmen, wozu sicher Prügelstrafen gehören. Die leichte Ohrfeige bzw. der »Klaps« auf den Hintern wird den Tatbestand des § 223, Körperverletzung, nicht erfüllen, der Hausarrest wird – soweit er nicht mit Einschließen des Kindes im Zimmer o.ä. verbunden ist – den Tatbestand des § 239 Freiheitsberaubung nicht erfüllen.

6. Schuld

6.1. Grundsätze

Schuld:
• persönliche Vorwerfbarkeit

Die Schuld bedeutet die persönliche Vorwerfbarkeit des (tatbestandsmäßigen und rechtswidrigen) Handelns (vgl. BGHSt 2, 194 ff.). Schuld ist im Regelfall durch das tatbestandsmäßige und rechtswidrige Verhalten des Täters gegeben und wird dann nur kurz festgestellt. Schreibe: Der Täter handelte schuldhaft.

Ausführungen sind nur dann bei der Schuld zu machen, falls Anzeichen für das Fehlen eines der nachfolgenden Bestandteile der Schuld vorliegen.

Bestandteile der Schuld:
• Schuldfähigkeit
• Unrechtsbewusstsein
• besondere subjektive Schuldhaftigkeitsmerkmale (bei Fahrlässigkeitsdelikten)
• Fehlen von Entschuldigungsgründen

Die hL, die finale (menschliches Handeln ist auf einen Zweck, ein Ziel hin ausgerichtet) Handlungslehre zählt zu den Bestandteilen der Schuld:

- die Schuldfähigkeit
- das Unrechtsbewusstsein
- besondere subjektive Schuldhaftigkeitsmerkmale (spielt hauptsächlich bei den Fahrlässigkeitsdelikten eine Rolle und wird deshalb dort behandelt, s.u.)
- das Fehlen von Entschuldigungsgründen.

Beachte:

Eine weit verbreitete Meinung, die zwischen dem klassischen und dem finalen Verbrechensbegriff vermittelt, zählt zusätzlich Vorsatz bzw. Fahrlässigkeit (vor den besonderen subjektiven Schuldhaftigkeitsmerkmalen zu prüfen) hinzu. Also: nicht irritieren lassen, wenn Sie in einem anderen Lehrbuch etwas Abweichendes finden sollten! Wir folgen hier der finalen Handlungslehre.

Schuld als persönliche Vorwerfbarkeit setzt Willensfreiheit des Einzelnen voraus, vereinfacht gesagt: die Fähigkeit, sich »für das Gute« oder »für das Böse« zu entscheiden. Davon geht unser Strafrecht aus. Anhänger des Determinismus, wonach es für jede Entscheidung eines Menschen eine zwingende Erklärung gibt, werden sich durch jüngere Forschungsergebnisse der Neurobiologen bestätigt fühlen: bspw. haben sie herausgefunden, dass bei stark gewalttätigen (aggressiven) Menschen die Aktivität in bestimmten Hirnbereichen vermindert und das limbische System verändert ist. Diese Erkenntnisse haben in unserem Strafrechtssystem bislang keinen Niederschlag gefunden, müssten aber bei Nachweis im Einzelfall im Rahmen der §§ 20, 21 durch das Gericht geprüft werden.

6.2. Schuldfähigkeit

Schuldunfähig sind:

- Kinder
- Erwachsene aufgrund biologisch-psychisch bedingter Schuldunfähigkeit
- Täter bei unvermeidbarem Verbotsirrtum (wird im Kap. »Irrtum« behandelt).

Trotz Schuldunfähigkeit nach § 20 kann der Täter bestraft werden in folgenden Fällen:

- wenn er sich mit Drogen oder Alkohol in einen schuldunfähigen Zustand versetzt und dann die Tat begeht; Strafbarkeit aus der verletzten Strafvorschrift – »actio libera in causa«.
- wegen Vollrausches, § 323a.

6.2.1. Schuldunfähigkeit des Kindes

Schuldunfähigkeit des Kindes § 19 StGB

Schuldunfähig ist, wer bei Begehung der Tat noch nicht vierzehn Jahre alt ist.

Gegen ein Kind kann keine Rechtsfolge des allgemeinen Strafrechts (StGB) oder des Jugendstrafrechts (JGG) verhängt werden, selbst wenn es (tatbestandsmäßig und rechtswidrig) einen »Mord begangen« hat. – Zu prüfen wäre nach SGB VIII (KJHG) und Familienrecht (insbes. §§ 1666, 1666a BGB) durch das Familiengericht iVm dem Jugendamt, ob Erziehungsdefizite vorliegen; dann könnten sozialpädagogische Erziehungshilfen gewährt werden.

Jugendliche (= zur Tatzeit 14, aber noch nicht 18 Jahre alt, § 1 II JGG) sind bedingt schuldfähig, d.h. nach § 3 JGG muss geprüft werden, ob der Täter nach seiner sittlichen und geistigen Entwicklung reif genug war, das Unrecht der Tat einzusehen und nach dieser Einsicht zu handeln. Heranwachsende (= zur Tatzeit 18, aber noch nicht 21 Jahre alt, § 1 II JGG) sind grundsätzlich schuldfähig wie »Erwachsene«, d.h. hier: mindestens 21 Jahre alte Personen. Das Jugendgericht hat allerdings zu prüfen, ob – bspw. wg. einer Reifeverzögerung – Jugendstrafrecht anzuwenden ist, § 105 I JGG.

6.2.2. Biologisch-psychisch bedingte Schuldunfähigkeit

§ 20 StGB

Schuldunfähigkeit wegen seelischer Störungen

Ohne Schuld handelt, wer bei Begehung der Tat wegen einer krankhaften seelischen Störung, wegen einer tiefgreifenden Bewußtseinsstörung oder wegen Schwachsinns oder einer schweren anderen seelischen Abartigkeit unfähig ist, das Unrecht der Tat einzusehen oder nach dieser Einsicht zu handeln.

Prüfung: Lag zum Tatzeitpunkt

1. einer der in § 20 beschriebenen Zustände vor:

a. krankhafte seelische Störung

Wichtig ist, dass es sich um eine psychische Störung mit Krankheitscharakter (pathologischer Zustand) handelt; darunter fallen exogene (äußerlich verursachte) Hirnverletzungen und Psychosen sowie endogene (»von innen kommende«) Psychosen: bspw. Epilepsie, Schizophrenie, schwere manisch-depressive Zustände.

b. tiefgreifende Bewusstseinsstörung

Hier geht es um vorübergehende – die Persönlichkeit schwer beeinträchtigende -Zustände, nicht (dauerhafte) Erkrankungen wie: Hochgradiger Affekt, alkohol- oder drogenbedingter Vollrausch. Schuldunfähigkeit wird von der Rspr ab einer BAK von 3,0 Promille – widerlegbar – vermutet, verminderte Schuldfähigkeit ab einer BAK von 2,0 Prom.

c. Schwachsinn und andere seelische Abartigkeiten

Schwachsinn = Intelligenzschwäche (wird bei einem IQ von unter 70 angenommen); unter »andere seelische Abartigkeiten« werden psychopathische Zustände (möglicherweise: Kleptomanie, Fetischismus u.a.) verstanden;

und

2. war der Täter deshalb unfähig,

    a. das Unrecht der Tat einzusehen (mangelnde Einsichtsfähigkeit) oder

    b. nach dieser Einsicht zu handeln (mangelnde Steuerungsfähigkeit)?

Verminderte Schuldfähigkeit   § 21 StGB

Ist die Fähigkeit des Täters, das Unrecht der Tat einzusehen oder nach dieser Einsicht zu handeln, aus einem der in § 20 bezeichneten Gründen bei Begehung der Tat erheblich vermindert, so kann die Strafe nach § 49 Abs. 1 gemildert werden.

Besondere gesetzliche Milderungsgründe   § 49 StGB

(1) Ist eine Milderung nach dieser Vorschrift vorgeschrieben oder zugelassen, so gilt für die Milderung folgendes:
1. An die Stelle von lebenslanger Freiheitsstrafe tritt Freiheitsstrafe nicht unter drei Jahren.
2. Bei zeitiger Freiheitsstrafe darf höchstens auf drei Viertel des angedrohten Höchstmaßes erkannt werden. Bei Geldstrafe gilt dasselbe für die Höchstzahl der Tagessätze.
3. Das erhöhte Mindestmaß einer Freiheitsstrafe ermäßigt sich im Falle eines Mindestmaßes von zehn oder fünf Jahren auf zwei Jahre, im Falle eines Mindestmaßes von drei oder zwei Jahren auf sechs Monate, im Falle eines Mindestmaßes von einem Jahr auf drei Monate, im übrigen auf das gesetzliche Mindestmaß.

(2) Darf das Gericht nach einem Gesetz, das auf diese Vorschrift verweist, die Strafe nach seinem Ermessen mildern, so kann es bis zum gesetzlichen Mindestmaß der angedrohten Strafe herabgehen oder statt auf Freiheitsstrafe auf Geldstrafe erkennen.

§ 21 sieht die Möglichkeit der Strafmilderung vor, wenn die Handlung zwar schuldhaft war, der dem Täter zu machende Schuldvorwurf jedoch erheblich gemindert ist. Bedeutsam ist § 21 insbesondere bei alkoholbedingten Delikten.

6.2.3. Actio libera in causa

Actio libera in causa: vorverlagerte Verantwortlichkeit

Ein Sonderproblem ist, wenn der Täter sich vorsätzlich oder fahrlässig in einen Zustand versetzt hat, in dem er dann – schuldunfähig – eine rechtswidrige Tat begeht.

Beispiel: Alice will ihren gewalttätigen Mann Otto umbringen und trinkt sich mit einer Flasche Whiskey Mut an. Mit einer BAK von 3,1 Prom. ersticht sie ihn.

Über die Rechtskonstruktion der »actio libera in causa« (a.l.i.c. = vorverlagerte Verantwortlichkeit) wird nicht auf den Zeitpunkt der Handlung abgestellt, sondern auf den Zustand der Verantwortlichkeit, in dem der Täter schuldhaft die Ursache für den weiteren Geschehensablauf gesetzt hat. Man unterscheidet:

- **die vorsätzliche a.l.i.c.**

Hier wird nach der Rspr doppelter Vorsatz verlangt: der Täter muss sich vorsätzlich in den Zustand der Schuldunfähigkeit versetzt haben mit dem weiteren Vorsatz, eine bestimmte Straftat zu begehen. Im vorstehenden Fall ist Alice wg. (vorsätzlichen) Totschlags, § 212 strafbar.

- **die fahrlässige a.l.i.c.**

Beispiel (nach Schwind/Hassenpflug, AT, S. 47):

A betrinkt sich in der Gastwirtschaft bis zur Schuldunfähigkeit, obwohl er nach seinen bisherigen Erfahrungen damit rechnen muss, dass er im Suff gewalttätig wird. Dazu kommt es auch diesmal: B und C werden von A verletzt.

A hat durch das Aufsuchen der Wirtschaft und das Sichbetrinken in verantwortlichem Zustand – jedoch ohne doppelten Vorsatz – die Ursache für die späteren Körperverletzungen gesetzt. A ist wg. fahrlässiger Körperverletzung, § 229, zu bestrafen.

6.2.4. Vollrausch, § 323a

Schuldunfähigkeit wegen Vollrausches

Wenn jemand in schuldunfähigem Zustand eine rechtswidrige Tat begeht und a.l.i.c. nicht greift, ist § 323a zu prüfen (lesen!).

Hier wird das Sichbetrinken unter Strafe gestellt; die Rauschtat ist nur objektive Bedingung der Strafbarkeit (s.u.).

6.3. Das Unrechtsbewusstsein

Zur Schuld gehört auch, dass der Täter sich der Rechtswidrigkeit der Tat bewusst war: wenn der Täter weiß, dass das, was er tut, nicht erlaubt, sondern verboten ist (BGHSt 2, 196). Wenn das Unrechtsbewusstsein fehlt, kann ein unvermeidbarer Verbotsirrtum vorliegen. Irrtum wird weiter unten im Zusammenhang behandelt.

6.4. Entschuldigungsgründe

Denkbar ist, dass dem Täter in einem besonderen (Ausnahme-) Fall ein gesetzesgemäßes Verhalten nicht zugemutet werden konnte. Solche Entschuldigungsgründe sind:

6.4.1. Notwehrexzess, § 33

Überschreitung der Notwehr § 33 StGB

Überschreitet der Täter die Grenzen der Notwehr aus Verwirrung, Furcht oder Schrecken, so wird er nicht bestraft.

Es müssen zunächst alle Voraussetzungen der Notwehr (s.o.) vorliegen. Der »Verteidiger« geht jedoch über die Grenze der Erforderlichkeit hinaus, und zwar aus den sog. asthenischen (Schwäche-) Affekten heraus, die im Gesetz genannt sind: Verwirrung, Furcht oder Schrecken. Die sthenischen Affekte (Wut, Zorn) scheiden aus!

Beispiel: Die erfolgreiche Boxerin Berta wird auf dem Nachhauseweg in einem dunklen Park von einem Mann überfallen. B erschrickt so, dass sie »in panischer Angst« zu einem mitgeführten Messer greift und den Angreifer ersticht. Objektiv gesehen hätten zwei Faustschläge den Angreifer »außer Gefecht gesetzt«.

Der tatbestandlich vorliegende Totschlag, § 212, ist nicht durch Notwehr, § 32, gerechtfertigt, weil es an der Erforderlichkeit der konkreten Verteidigungshandlung fehlt. Da sie jedoch in einer Notwehrlage mit Verteidigungswillen die Grenze der Notwehr aus Furcht und Schrecken überschritten hat, ist ihr Handeln entschuldigt, § 33.

6.4.2. Entschuldigender Notstand, § 35

§ 35 StGB

Entschuldigender Notstand

(1) Wer in einer gegenwärtigen, nicht anders abwendbaren Gefahr für Leben, Leib oder Freiheit eine rechtswidrige Tat begeht, um die Gefahr von sich, einem Angehörigen oder einer anderen ihm nahestehenden Person abzuwenden, handelt ohne Schuld. Dies gilt nicht, soweit dem Täter nach den Umständen, namentlich weil er die Gefahr selbst verursacht hat oder weil er in einem besonderen Rechtsverhältnis stand, zugemutet werden konnte, die Gefahr hinzunehmen; jedoch kann die Strafe nach § 49 Abs. 1 gemildert werden, wenn der Täter nicht mit Rücksicht auf ein besonderes Rechtsverhältnis die Gefahr hinzunehmen hatte.

(2) Nimmt der Täter bei Begehung der Tat irrig Umstände an, welche ihn nach Absatz 1 entschuldigen würden, so wird er nur dann bestraft, wenn er den Irrtum vermeiden konnte. Die Strafe ist nach § 49 Abs. 1 zu mildern.

Entschuldigender Notstand: letzter »Rettungsanker« vor Strafbarkeit

Unterschiede zwischen § 34 und § 35

Beim Durchlesen des Abs. 1 alles verstanden? – Nein? – Ist nicht so schlimm, wir versuchen, ihn zu erklären. Zunächst fällt die Ähnlichkeit mit § 34 auf (auch in der komplizierten Formulierung): wie dort muss eine Notstandslage vorliegen, zwei Rechtsgüter kollidieren, eine Notstandshandlung und Rettungswille sind erforderlich. Unterschiede zwischen § 34 und § 35 sind:

- Bei § 34 handelt es sich um einen Rechtfertigungsgrund, der – im Prüfungsaufbau – vorher zu prüfen ist: wenn § 34 greift, ist für § 35 kein Raum.
- § 34 lässt als »Erhaltungsrechtsgut« jedes Rechtsgut zu, § 35 nur: Leben, Leib oder Freiheit.
- Die Gefahr für das »Erhaltungsrechtsgut« muss dem Täter oder einer ihm nahestehenden Person drohen.
- Das »Erhaltungsrechtsgut« muss nicht höherrangig sein als das »Eingriffsrechtsgut«, sondern kann gleichrangig sein (bspw. Leben eines Menschen – Leben eines anderen Menschen).

Beispiele:
- *Ein Schiffbrüchiger auf dem offenen Meer stößt einen anderen von der rettenden Holzplanke, weil diese nur eine Person trägt (»Brett des Karneades«).*
- *(nach Schwind/Hassenpflug, StR leicht gemacht S.40 f.): Ein Frachter strandet an einer menschenleeren Insel, die nichts Essbares aufweist. Als alle Lebensmittelvorräte erschöpft sind, beschließt die Mannschaft, den Schiffskoch als Dicksten umzubringen und zu verspeisen.*

Voraussetzungen des § 35:

1. Notstandslage

   a) gegenwärtige (weit auszulegen, Dauergefahr reicht) Gefahr für Leib, Leben oder Freiheit des Täters oder einer nahestehenden Person

   b) Nichtabwendbarkeit der Gefahr auf andere Weise als durch die rechtswidrige Tat

   c) Güterabwägung: das »Erhaltungsrechtsgut« muss nicht höherwertig sein, sondern kann gleichwertig sein.

2. Notstandshandlung: Rettung des gefährdeten Rechtsgutes durch die rechtswidrige Tat

3. Nichtzumutbarkeit, die Gefahr hinzunehmen, § 35 I 2: anders bei Selbstverursachung der Gefahr *(A überredet B trotz Sturmwarnung zu einer Segelboottour, das Boot kentert, die einzige Schwimmweste...)* oder bei erhöhter beruflicher Gefahrtragungspflicht *(als Polizist, Feuerwehrmann, Rettungssanitäter, Soldat)*

4. Rettungswille (subjektives Element).

> Voraussetzungen des entschuldigenden Notstands:
> - Notstandslage
> - Notstandshandlung
> - Nichtzumutbarkeit, die Gefahr hinzunehmen
> - Rettungswille

7. Spezielle Strafbarkeitsvoraussetzungen und Strafbarkeitshindernisse (Nachprüfung)

Diese »Nachprüfung« ist nur anzustellen, wenn der Sachverhalt dazu Anlass bietet! Im Regelfall nicht!

7.1. Spezielle Strafbarkeitsvoraussetzungen

Hierzu zählen:

7.1.1. Objektive Bedingungen der Strafbarkeit

Beispielsweise die Nichterweislichkeit der ehrenrührigen Tatsache in § 186, der Tod eines Menschen oder die schwere Körperverletzung bei der Beteiligung an einer Schlägerei nach § 231, die Rauschtat in § 323a.

Die Bedeutung der objektiven Bedingungen der Strafbarkeit ist insbesondere, dass sie bedeutungslos für die Frage der Vollendung der Tat sowie die Tatbestandsmäßigkeit, Rechtswidrigkeit und Schuld sind.

7.1.2. Strafantrag bzw. Ermächtigung, §§ 77 – 77e

Bei einigen Bagatelldelikten wird die Strafverfolgung nicht – wie normalerweise – von Amts wegen durch StA und Polizei, meist aufgrund einer Strafanzeige, aufgenommen, sondern nur, wenn ein Strafantrag des Verletzten (bzw. des Dienstvorgesetzten) vorliegt. Beispiele: Hausfriedensbruch, § 123; Beleidigung, § 185; Einfache vorsätzliche und Fahrlässige Körperverletzung, § 230; Haus- und Familiendiebstahl, § 247; Vermögensdelikte bezüglich geringwertiger Sachen, § 248a. Die Ermächtigung spielt im 3. Titel des Besonderen Teils »Gefährdung des demokratischen Rechtsstaates« eine Rolle; so kann bspw. die Verunglimpfung des Bundespräsidenten nur mit dessen Ermächtigung verfolgt werden, § 90 IV.

§ 77 StGB	**Antragsberechtigte** (1) Ist die Tat nur auf Antrag verfolgbar, so kann, soweit das Gesetz nichts anderes bestimmt, der Verletzte den Antrag stellen. ...
§ 77a StGB	**Antrag des Dienstvorgesetzten** (1) Ist die Tat von einem Amtsträger, einem für den öffentlichen Dienst besonders Verpflichteten oder einem Soldaten der Bundeswehr oder gegen ihn begangen und auf Antrag des Dienstvorgesetzten verfolgbar, so ist derjenige Dienstvorgesetzte antragsberechtigt, dem der Betreffende zur Zeit der Tat unterstellt war. ...
§ 77e StGB	**Ermächtigung und Strafverlangen** Ist eine Tat nur mit Ermächtigung oder auf Strafverlangen verfolgbar, so gelten die §§ 77 und 77d entsprechend.

7.2. Spezielle Strafbarkeitshindernisse

Hierzu gehören:

7.2.1. Persönliche Strafausschließungsgründe

Beispielsweise die Straffreiheit der Schwangeren wg. eines versuchten illegalen Schwangerschaftsabbruchs, § 218 IV 2, oder des Täters, der eine Strafvereitelung zugunsten eines Angehörigen begeht, § 258 VI; die Indemnität von Abgeordneten (hinsichtlich von parlamentarischen Äußerungen), §§ 36 f.

7.2.2. Persönliche Strafaufhebungsgründe

Hier wird eine zunächst zu bejahende Strafbarkeit wieder beseitigt. Bspw. Rücktritt vom Versuch, § 24 (s.u.); tätige Reue bei Delikten mit vorverlagertem Vollendungszeitpunkt wie §§ 83a, 98 II; Verjährung, §§ 78 ff.

Verjährungsfrist § 78 StGB

(1) Die Verjährung schließt die Ahndung der Tat und die Anordnung von Maßnahmen (§ 11 Abs. 1 Nr. 8) aus. ...

(2) Verbrechen nach § 220a (Völkermord) und nach § 211 (Mord) verjähren nicht.

(3) Soweit die Verfolgung verjährt, beträgt die Verjährungsfrist

1. dreißig Jahre bei Taten, die mit lebenslanger Freiheitsstrafe bedroht sind,
2. zwanzig Jahre bei Taten, die im Höchstmaß mit Freiheitsstrafen von mehr als zehn Jahren bedroht sind,
3. zehn Jahre bei Taten, die im Höchstmaß mit Freiheitsstrafen von mehr als fünf Jahren bis zu zehn Jahren bedroht sind,
4. fünf Jahre bei Taten, die im Höchstmaß mit Freiheitsstrafen von mehr als einem Jahr bis zu fünf Jahren bedroht sind,
5. drei Jahre bei den übrigen Taten. ...

8. Ergebnis

Das Ergebnis wird erst am Ende im Indikativ knapp formuliert (vgl. Beispiel oben Einführung, Abschnitt 6.5).

9. Die unterschiedlichen Deliktsformen

Im Strafrecht gibt es acht verschiedene Deliktsformen, die dieses Grundschema des Einzeldeliktes näher ausgestalten. Diese Deliktsformen sind nachfolgend in Deliktsschemata mit den vollständigen Prüfungspunkten aufgelistet. Will man nun die Strafbarkeit eines Täters prüfen, überlegt man sich gleich, welche der Deliktsformen in Betracht kommt. Dabei geht man nach vier Grundüberlegungen vor, die gleich vorweggeschickt werden.

Vier Variablen einer Tat:
- *Begehen oder Unterlassen*
- *Echtes oder unechtes Unterlassungsdelikt*
- *Vollendung oder Versuch*
- *Vorsatz oder Fahrlässigkeit*

Vier Variablen einer Tat

- Begehen oder Unterlassen
- wenn Unterlassen: echtes oder unechtes Unterlassungsdelikt
- Vollendung oder Versuch
- Vorsatz oder Fahrlässigkeit

Bereits oben wurden die Unterschiede zwischen Begehen und Unterlassen, zwischen dem echten und dem unechten Unterlassungsdelikt dargestellt. Die Darstellung orientierte sich weitgehend am vollendeten Vorsatzdelikt, das versuchte Delikt und das Fahrlässigkeitsdelikt wurden nur am Rande behandelt. Sie werden ausführlich weiter unten erklärt. An dieser Stelle nur so viel dazu:

• Vollendung oder Versuch

Zu unterscheiden ist, ob die Tat vollendet wurde oder ob sie im »Versuch« steckengeblieben ist oder absichtlich vor der Vollendung abgebrochen wurde. Falls man bei der Betrachtung des Sachverhalts merkt, dass eine Handlung misslungen ist oder nicht vollständig ausgeführt oder abgebrochen wurde, liegt wohl nur ein versuchtes Delikt vor (§§ 22 ff.) und entsprechend kommen dann die unten aufgeführten Versuchsschemata zur Anwendung. Versuchte Fahrlässigkeitsdelikte gibt es nicht, da der Versuch gerade Vorsatz bezüglich des Erfolgseintritts voraussetzt.

• Vorsatz oder Fahrlässigkeit

Fahrlässigkeit: Außerachtlassen der im Verkehr erforderlichen Sorgfalt trotz Vorhersehbarkeit und Vermeidbarkeit

Beispiel: Fritz reinigt eine Pistole, ohne sich vorher gründlich davon überzeugt zu haben, dass sie entladen ist. Dabei löst sich ein Schuss, der seinen Freund Toni tödlich trifft. F ist wg. fahrlässiger Tötung, § 222, strafbar.

Aus systematischen Gründen werden das Versuchsdelikt und das Fahrlässigkeitsdelikt nachfolgend – zusammen mit den bereits ausführlich behandelten Deliktsarten – schematisch dargestellt.

Die richtige Wahl

Sobald nach den obigen Vorüberlegungen feststeht, welches Aufbauschema für die einzelne rechtliche Prüfung in Frage kommt, kann die juristische Falllösung beginnen. Nebenstehend sind alle nur denkbaren Deliktsformen aufgeführt; auf den folgenden Seiten werden sie im einzelnen schematisch dargestellt.

Die möglichen Deliktsformen sind:

- vorsätzliches Begehungsdelikt (9.1.)
- fahrlässiges Begehungsdelikt (9.2.)
- versuchtes Begehungsdelikt (9.3.)
- vorsätzliches echtes Unterlassungsdelikt (9.4.)
- vorsätzliches unechtes Unterlassungsdelikt (9.5.)
- fahrlässiges unechtes Unterlassungsdelikt (9.6.)
- versuchtes (vorsätzliches) Unterlassungsdelikt (9.7.)
- fahrlässiges echtes Unterlassungsdelikt (hat in der Praxis kaum Bedeutung, allenfalls die fahrlässige Nichtanzeige einer geplanten Straftat, § 138 III; auf ein Aufbauschema wird daher verzichtet).

Die möglichen Deliktsformen

Sollte sich im Laufe der rechtlichen Prüfung ergeben, dass doch ein anderes Deliktsschema richtig gewesen wäre, so beendet man diese Prüfung mit der Feststellung, dass das erste Schema nicht vorliegt und beginnt mit dem nächsten.

60 *Die Straftat*

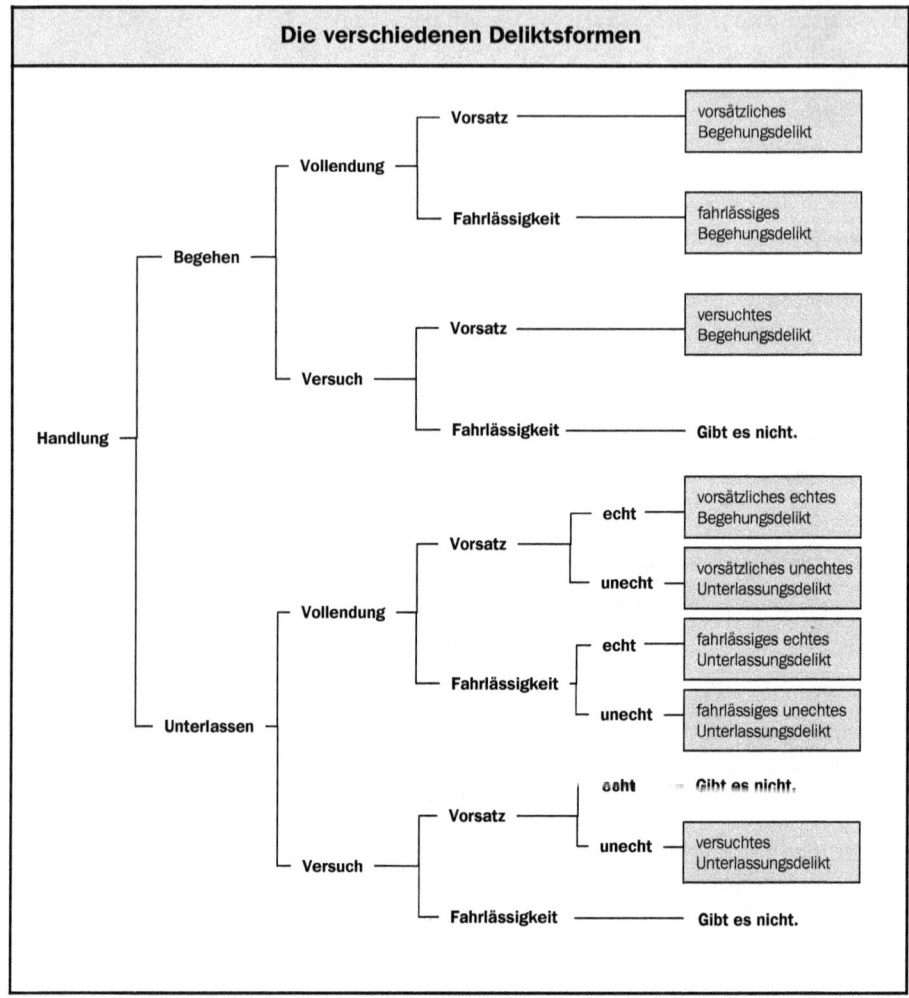

9.1. Vorsätzliches Begehungsdelikt

Das vollendete und vorsätzlich begangene Delikt ist der Regelfall aller Deliktsformen.

Beispiel: Fritz schießt gezielt auf Sammy, um ihn zu töten. Sammy stirbt.

VORPRÜFUNG (nur soweit erforderlich): Handlung
- menschliches, äußeres, willensgetragenes Verhalten
- Abgrenzung: aktives Tun oder Unterlassen

I. TATBESTAND:

1. Objektiver Tatbestand:
- Handlungssubjekt Täter (bspw. Amtsträger bei Vorteilsannahme, § 331)
- Tathandlung (bspw. Wegnahme beim Diebstahl, § 242)
- Tatobjekt (bspw. Amtsträger bei Bestechung, § 334)
- Eintritt des Taterfolges bei den Erfolgsdelikten (bspw. Tod bei § 212)
- Kausalität zwischen Handlung und Erfolg bei den Erfolgsdelikten

2. Subjektiver Tatbestand:
- Vorsatz
- sonstige subjektive Tatbestandsmerkmale (z.B. Zueignungsabsicht bei § 242)

II. RECHTSWIDRIGKEIT: (idR kurz!)
- ist durch die Tatbestandsmäßigkeit indiziert, wenn keine Rechtfertigungsgründe (z.B. Notwehr gem. § 32) greifen
- wenn ein Rechtfertigungsgrund objektiv vorliegt, muss subjektiv auch mit entsprechendem Willen gehandelt werden

III. SCHULD: (idR kurz!)
- Schuldfähigkeit (§§ 19, 20)
- Unrechtsbewusstsein
- Fehlen von Entschuldigungsgründen (§§ 33, 35)

NACHPRÜFUNG (nur soweit erforderlich): Spezielle Strafbarkeitsvoraussetzungen oder Strafbarkeitshindernisse (z.B. Verjährung, § 78).

9.2. Fahrlässiges Begehungsdelikt

Beispiel: Fritz reinigt eine geladene Pistole. Es löst sich ein Schuss und trifft Toni tödlich.

> VORPRÜFUNG: (wie 9.1.), zusätzlich:
> - Fahrlässiges Handeln strafbar nach § ... (vgl. § 15)
>
> I. TATBESTAND:
>
> 1. zunächst wie beim objektiven Tatbestand in 9.1.
>
> 2. Objektive Sorgfaltspflichtverletzung
>   - Außerachtlassen der in der Situation erforderlichen Sorgfalt
>   - Umfang der Sorgfaltspflicht ergibt sich aus der Betrachtung der Gefahrenlage aus der Sicht eines besonnenen und gewissenhaften Dritten
>   - überlegenes (Sonder-) Wissen muss der Täter gegen sich gelten lassen
>   - kein Pflichtverstoß bei eigenverantwortlicher Selbstgefährdung
>
> 3. Objektive Vorhersehbarkeit (der Tatbestandsverwirklichung)
>
> 4. Pflichtwidrigkeitszusammenhang (Zusammenhang zwischen Sorgfaltspflichtverletzung und Erfolg)
>   - bedeutet Vermeidbarkeit des Erfolgseintritts bei rechtmäßigem Alternativverhalten
>   - fehlt, wenn Erfolg auch bei pflichtgemäßem Verhalten eingetreten wäre
>
> II. RECHTSWIDRIGKEIT: (wie bei 9.1.)
>
> III. SCHULD:
>
> 1. zunächst wie bei 9.1.; zusätzlich aber in jedem Fall:
>
> 2. subjektive Sorgfaltspflichtverletzung: liegt vor, wenn der Täter nach seinen persönlichen Fähigkeiten die Sorgfaltspflicht hätte erkennen können
>
> 3. subjektive Vorhersehbarkeit: wenn der Täter den möglichen Erfolgseintritt hätte erkennen können.
>
> NACHPRÜFUNG: (wie bei 9.1.)

9.3. Versuchtes (vorsätzliches) Begehungsdelikt

Beispiel: Fritz zielt auf Udo, um ihn zu töten. Die Pistole hat jedoch Ladehemmung.

VORPRÜFUNG:

- zunächst wie bei 9.1.; zusätzlich aber in jedem Fall Feststellung:
- dass kein vollendetes Delikt vorliegt (Fehlen eines Tatbestandsmerkmals)
- dass der Versuch überhaupt strafbar ist (vgl. §§ 23 I, 12)

I. TATBESTAND:

1. Subjektiver Tatbestand:

- Tatentschluss: Vorsatz bezüglich aller Merkmale des objektiven Tatbestands (des vollendeten Delikts) einschl. etwaiger sonstiger subjektiver Tatbestandsmerkmale (wie Absichten)

2. Objektiver Tatbestand:

- unmittelbares Ansetzen zur Tatbestandsverwirklichung (§ 22)

II. RECHTSWIDRIGKEIT: (wie bei 9.1.)

III. SCHULD: (wie bei 9.1.)

NACHPRÜFUNG: hier könnten eine Rolle spielen:

- Straflosigkeit des irrealen, abergläubischen Versuchs, § 23 III (»grober Unverstand«)
- § 24 I 1 1. Alt., Rücktritt vom unbeendeten Versuch
- § 24 I 1 2. Alt., Rücktritt vom beendeten Versuch

9.4. Vorsätzliches echtes Unterlassungsdelikt

Beispiel: Ein Radfahrer liegt bewusstlos am Straßenrand, benötigt erkennbar sofortige ärztliche Hilfe. Passant Müller läuft vorbei, er möchte damit nichts zu tun haben. Sein Verhalten stellt unterlassene Hilfeleistung, § 323c, dar.

VORPRÜFUNG:

- Feststellung, dass das Unterlassen eines gebotenen Tuns »Aufhänger« ist

I. TATBESTAND:

1. Objektiver Tatbestand:
- Vorliegen der Tatbestandsmerkmale (bspw. bei § 323c: Vorliegen »Unglücksfall«, Erforderlichkeit und Zumutbarkeit der Hilfeleistung)
- Nichtvornahme der geforderten Handlung trotz physisch-realer Möglichkeit

2. Subjektiver Tatbestand:
- Vorsatz = Wissen und Wollen der Tatbestandsverwirklichung

II. RECHTSWIDRIGKEIT: (wie bei 9.1.)

III. SCHULD: (wie bei 9.1.)

NACHPRÜFUNG: (wie bei 9.1.)

9.5. Vorsätzliches unechtes Unterlassungsdelikt

Beispiel: Die Mutter lässt ihr Kleinkind über mehrere Tage allein in der Wohnung, das Kind verhungert und verdurstet. Sie hatte als Mutter Garantenpflicht aus §§ 1626 I, 1631 I BGB. Deswegen wird das Unterlassen ordnungsgemäßer Verpflegung dem aktiven Tun gleichgestellt (§ 13). M hat sich wegen Mordes (grausam) gem. §§ 211, 13 (iVm...BGB) strafbar gemacht.

VORPRÜFUNG: (wie bei 9.4.)

I. TATBESTAND:

1. Objektiver Tatbestand:
- Eintritt des tatbestandsmäßigen Erfolges (bspw. Tod des Kindes)
- Nichtvornahme der (in der Gefahrenlage) objektiv gebotenen Handlung trotz physisch-realer Möglichkeit (bspw. Unterlassen ordnungsgemäßer Verpflegung)
- Kausalität zwischen Unterlassen und Erfolg (hypothetische Kausalitätsprüfung, s.o.)
- Garantenstellung: Täter hatte rechtliche Pflicht den Erfolg abzuwenden
- Gleichwertigkeit des Unterlassens mit aktivem Tun (vgl. § 13)

2. Subjektiver Tatbestand:
- Vorsatz: muss sich auf alle Merkmale des objektiven Tatbestands beziehen

II. RECHTSWIDRIGKEIT: (wie bei 9.1.)

III. SCHULD (wie bei 9.1.)

NACHPRÜFUNG (wie bei 9.1.)

9.6. Fahrlässiges unechtes Unterlassungsdelikt

Beispiel: Zuständige Sozialarbeiterin im Jugendamt wird informiert, dass sich ein Kleinkind seit zwei Tagen allein in einer Wohnung befindet; sie unternimmt nichts, weil sie den Anruf für eine böswillige Unterstellung eines Nachbarn hält. Das Kind stirbt. Das JA hat eine Garantenpflicht gegenüber dem Kind aus SGB VIII (KJHG). Die Sozialarbeiterin wird wg. fahrlässiger Tötung, begangen durch Unterlassen, gem. §§ 222, 13 (iVm SGB VIII) bestraft.

VORPRÜFUNG: Feststellung, dass

- das Unterlassen eines gebotenen Tuns Anknüpfungspunkt ist
- Fahrlässiges Handeln strafbar ist nach §... (vgl. § 15)

I. TATBESTAND:

1. Eintritt des tatbestandsmäßigen Erfolges (bspw. Tod des Kindes)

2. Nichtvornahme der (in der Gefahrenlage) objektiv gebotenen Handlung trotz physisch-realer Möglichkeit (bspw. Überprüfung des Anrufs und ggf. Inobhutnahme des Kindes, §§ 62, 42 III SGB VIII)

3. Kausalität zwischen Unterlassen und Erfolg: Die gebotene Handlung müsste mit an Sicherheit grenzender Wahrscheinlichkeit den Erfolg verhindert haben

4. Garantenstellung: Täter hatte die rechtliche Pflicht den Erfolg abzuwenden (bspw. aus §§ 1 III Nr. 3, 42 III SGB VIII)

5. Gleichwertigkeit Unterlassen – aktives Tun (vgl. § 13)

6. Objektive Sorgfaltspflichtverletzung (vgl. 9.2.)

7. Objektive Vorhersehbarkeit (vgl. 9.2.)

8. Pflichtwidrigkeitszusammenhang (vgl. 9.2.)

II. RECHTSWIDRIGKEIT: (wie bei 9.1.)

III. SCHULD: (vgl. 9.2.)

- subjektive Sorgfaltspflichtverletzung
- subjektive Vorhersehbarkeit

NACHPRÜFUNG: (wie bei 9.1.)

9.7. Versuchtes (vorsätzliches) Unterlassungsdelikt

Beispiel: Die Mutter lässt ihr Kleinkind seit zwei Tagen allein in der Wohnung. Die Nachbarin rettet das Kind durch Alarmieren des JA und der Polizei. Garantenstellung der Mutter: s.o. M ist wegen versuchten Mordes, begangen durch Unterlassen, gem. §§ 211, 13 (iVm BGB), 22, 23 I, 12 strafbar.

VORPRÜFUNG: Feststellung, dass

- das Unterlassen eines gebotenen Tuns Anknüpfungspunkt ist
- kein vollendetes Delikt vorliegt (Fehlen eines Tatbestandsmerkmals)
- Versuch überhaupt strafbar ist (vgl. §§ 23 I, 12)

I. TATBESTAND:

1. Subjektiver Tatbestand: Tatentschluss = Vorsatz bezüglich der folgenden objektiven Tatbestandsmerkmale (des vollendeten Delikts):

- Eintritt des tatbestandsmäßigen Erfolges
- Nichtvornahme der objektiv gebotenen Handlung trotz physisch-realer Möglichkeit
- Kausalität zwischen Unterlassen und Erfolg
- Garantenstellung

2. Objektiver Tatbestand:

- unmittelbares Ansetzen zur Tatbestandsverwirklichung (§ 22)

II. RECHTSWIDRIGKEIT: (wie bei 9.1.)

III. SCHULD: (wie bei 9.1.)

NACHPRÜFUNG (wie bei 9.3.)

10. Wiederholungsfragen

- 1. Was versteht man unter einer Straftat? Lösung S. 29
- 2. Begründen Sie, warum in den Fällen 1.1. keine Straftat vorliegt! Lösung S. 29 ff.
- 3. Was versteht man unter einer Handlung im Strafrecht? Lösung S. 29
- 4. Welche zwei Arten einer strafrechtlichen Handlung gibt es? Lösung S. 30
- 5. Was ist ein Straftatbestand? Lösung S. 31
- 6. Wie untergliedert sich der Tatbestand? Lösung S. 29, 30 ff.
- 7. Was versteht man unter Kausalität im Strafrecht? Lösung S. 32
- 8. Was bedeutet die Äquivalenztheorie? Lösung S. 32
- 9. Welche zwei Arten von Unterlassungsdelikten gibt es? Lösung S. 34
- 10. Welche Garantenpflichten gibt es beim unechten Unterlassungsdelikt? Lösung S. 35 f.
- 11. Was bedeutet Vorsatz? Lösung S. 37
- 12. Welche drei Formen des Vorsatzes gibt es? Lösung S. 38 f.
- 13. Wann liegt Rechtswidrigkeit vor? Lösung S. 39
- 14. Nennen Sie die wichtigsten Rechtfertigungsgründe! Lösung S. 39 f.
- 15. Was versteht man unter Schuld? Lösung S. 48
- 16. Aus welchen Teilen besteht die Prüfung der Schuld? Lösung S. 48
- 17. Was bedeutet actio libera in causa? Lösung S. 52
- 18. Nennen Sie die wichtigsten Entschuldigungsgründe! Lösung S. 53 f.

Allgemeiner Teil:
Spezielle Deliktsformen

1. Fahrlässigkeit 70
2. Versuch (und Rücktritt vom Versuch) 73
3. Täterschaft und Teilnahme 79
4. Wiederholungsfragen 91

Spezielle Deliktsformen

1. Fahrlässigkeit

Bislang haben wir uns überwiegend mit dem »Regeldelikt« – dem vollendeten vorsätzlichen Begehungsdelikt, begangen durch einen Einzeltäter – befasst. Eine spezielle Deliktsform haben wir schon ausführlicher kennen gelernt: das vollendete vorsätzliche Unterlassungsdelikt. In diesem Teil sollen Sie die anderen speziellen Deliktsformen kennen lernen. Bitte auch mit den Aufbauschemata oben vergleichen!

1.1. Grundsätze

Zur Erinnerung: Ausgangspunkt ist § 15 (Text s.o.). Danach muss der Gesetzgeber – wenn er die fahrlässige Tatbegehung unter Strafe stellen will – dies ausdrücklich regeln.

Beispiele: Fahrlässige Tötung, § 222; Fahrlässige Körperverletzung, § 229; Fahrlässige Gefährdung des Straßenverkehrs, § 315c IV. – Dagegen kann man Gewalt-, Eigentums-, Vermögensdelikte usw. nicht fahrlässig begehen (es gibt also keinen fahrlässigen Diebstahl, Raub usw.; auch die fahrlässige Sachbeschädigung ist nicht strafbar).

Das StGB enthält keine Definition der Fahrlässigkeit. Die ungefähre Richtung gibt uns § 276 II BGB vor: »Fahrlässig handelt, wer die im Verkehr erforderliche Sorgfalt außer acht lässt.« Der Straftäter handelt fahrlässig, wenn er die Sorgfalt, zu der er

objektive und subjektive Verletzung der Sorgfaltspflicht

- nach den Umständen/in der konkreten Situation – objektiv – verpflichtet und
- nach seinen persönlichen Kenntnissen/Fähigkeiten – subjektiv – in der Lage war,

außer Acht gelassen hat und infolge dessen

unbewusste – bewusste Fahrlässigkeit

- den Erfolg, den er bei pflichtgemäßer Sorgfalt hätte voraussehen können, nicht vorausgesehen hat (unbewusste Fahrlässigkeit) oder
- den Eintritt des Erfolgs zwar für möglich gehalten, aber darauf vertraut hat, er werde nicht eintreten: »Es wird schon gut gehen!« (bewusste Fahrlässigkeit).

1.2. Bestandteile der Fahrlässigkeit

Für die fahrlässige Begehung wird von der hM heute verlangt:
- Verletzung einer Sorgfaltspflicht
- Vorhersehbarkeit des Erfolgseintritts und
- Vermeidbarkeit des Erfolgs.

Spezielle Deliktsformen 71

Zwischen der Sorgfaltspflichtverletzung und dem Erfolg muss ein Zusammenhang bestehen (= Pflichtwidrigkeitszusammenhang), d.h. der Erfolg muss auf der Verletzung der Sorgfaltspflicht beruhen. Wenn der Erfolg auch bei sorgfältigem Verhalten – dem rechtmäßigen Alternativverhalten – eingetreten wäre, fehlt der Pflichtwidrigkeitszusammenhang.

<small>Pflichtwidrigkeits-
zusammenhang zwischen
Sorgfaltspflichtverletzung
und Erfolg</small>

Beispiel: Kraftfahrer Kolbenkraft fährt mit 60 km/h durch eine geschlossene Ortschaft. Trotz sofortigen Bremsens überfährt er ein Kind, das plötzlich hinter einem geparkten Fahrzeug hervorspringt, und verletzt es tödlich. K hätte allerdings auch bei Einhaltung der vorgeschriebenen Geschwindigkeit von 50 km/h den Unfall nicht vermeiden können (Sachverständigen-Gutachten).

Nach der wohl hM wird K hier nicht wegen fahrlässiger Tötung bestraft, weil der Pflichtwidrigkeitszusammenhang fehlt: danach muss gerade die Pflichtwidrigkeit Ursache für den Erfolg sein; dieser Zusammenhang ist nicht gegeben, wenn der Erfolg auch bei pflichtgemäßem Verhalten des Täters eingetreten wäre. – Der Einwand, K wäre bei Einhalten der vorgeschriebenen Geschwindigkeitsbegrenzung noch nicht an der Unfallstelle gewesen, »zieht« danach nicht, weil der Erfolg im Schutzbereich der übertretenen Sorgfaltsnorm liegen muss; Geschwindigkeitsbegrenzungen haben aber nicht den Zweck, das Erscheinen an einem bestimmten Ort zu verzögern (BGHSt 33, 61 ff.) – Die in der Literatur vertretene Mindermeinung – die sog. Risikoerhöhungslehre – stellt dagegen darauf ab, dass der Täter durch sein Verhalten ein erhöhtes Risiko für das gefährdete Objekt geschaffen hat, d.h. das Risiko des Erfolgseintritts in rechtlich relevanter Weise erhöht hat: nach dieser Meinung wird K bestraft.

<small>Schutzbereich der Norm</small>

<small>Risikoerhöhungslehre</small>

1.3. Eigenverantwortliche Selbstgefährdung des Opfers

Eine Haftungsbegrenzung wird für den Täter dann vorgenommen, wenn ein anderer sich eigenverantwortlich selbst gefährdet.

Beispiel: A verspricht dem B 50,– €, wenn dieser mit dem Fahrrad einen – ihm bekannten – steilen Hang hinabfährt. B stürzt dabei so schwer, dass er stirbt. Keine Strafbarkeit des A wg. fahrlässiger Tötung!

Beispiel: C und D sind beide drogenabhängig. C besorgt Heroin und Spritzen, beide spritzen sich Heroin, D stirbt an Atemstillstand /

Kreislaufversagen. – C ist ebenfalls nicht strafbar wg. fahrlässiger Tötung!

Wenn die Teilnahme an einer Selbsttötung straflos ist, muss dies auch für den Fall gelten, dass jemand – ohne überlegenes Wissen – an einer eigenverantwortlichen Selbstgefährdung eines anderen teilnimmt, bei der sich das Risiko realisiert (hM, vgl. BGHSt 32, 262). *In unseren Fällen also: straflose Beteiligung von A und C an der eigenverantwortlichen Selbstgefährdung von B und D. – Etwas anderes würde nur bei »überlegenem Wissen« gelten: so wenn C wüsste, dass das Heroin besonders rein ist, dies dem D jedoch nicht mitteilt.*

anders: bei überlegenem Wissen

1.4. Abgrenzung Eventualvorsatz – bewusste Fahrlässigkeit

Abgrenzungsprobleme bestehen zwischen

- Eventualvorsatz: Täter erkennt die Möglichkeit der Tatbestandsverwirklichung, nimmt sie aber billigend in Kauf/findet sich mit ihr ab (ein zumindest bedingtes Wollenselement liegt vor): so wenn der Täter eine gefährliche Gewalthandlung vornimmt und den Ausgang für das Opfer dem Zufall überlässt; und
- bewusster Fahrlässigkeit: Täter will die Tatbestandsverwirklichung nicht; das Wollenselement fehlt.

Was sich so einfach anhört, ist in der Gerichtspraxis oft schwierig nachvollziehbar. Manche Begründung, warum ein Täter wegen vorsätzlicher oder fahrlässiger Begehensweise bestraft wird, klingt eher nach der politischen oder moralischen Überzeugung des Gerichts bzw. nach dem Grundsatz, dass »heilige Kühe« in der Gesellschaft nicht angetastet werden dürfen, als nach den vorstehenden Grundsätzen. *Statt vieler möglicher Beispiele: so wird auch bei besonders rücksichtslosem Fahren (Lkw-Fahrer rast trotz dichten Nebels mit 90 km/h über die Autobahn und fährt »ungebremst« in das Ende eines Staus) regelmäßig nur von Fahrlässiger Tötung ausgegangen; wenn ein HIV-Infizierter einverständlichen »ungeschützten« Geschlechtsverkehr hat, soll dagegen bedingter Vorsatz zur gefährlichen Körperverletzung vorliegen.*

2. Versuch (und Rücktritt vom Versuch)

2.1. Grundsätze

Eine beendete vorsätzliche Straftat durchläuft idR mehrere Stadien:

- innerer Tatentschluss (nicht strafbar)
- Vorbereitung (idR nicht strafbar)
- Versuch (häufig bereits strafbar)
- Vollendung
- Beendigung.

Mögliche Stadien einer Straftat vor Beendigung

Beispiel: Student A will nicht mehr arm sein und beschließt deshalb eine Bank auszurauben (Entschluss). Er kauft sich Strumpfmaske und Spielzeugpistole und kundschaftet die Bank aus (Vorbereitung). Am nächsten Tag geht er in die Bank, zieht sich die Strumpfmaske über, zieht die Spielzeugpistole und verlangt vom Kassierer das Geld (Versuch). Nachdem er nach wiederholten Drohungen das Geld ausgehändigt bekommen hat (Vollendung), rennt er raus und bringt sich und das Geld in Sicherheit (Beendigung).

Denkbar ist, dass eine Tat »im Versuchsstadium stecken bleibt«, aus ganz unterschiedlichen Gründen: *die Pistole, mit der A den B erschießen will, hat Ladehemmung; C ist sich sicher, dass sein Schuss auf D tödlich war und entfernt sich vom Tatort, D wird jedoch durch Passanten gerettet usw.* – Der Gesetzgeber betrachtet häufig, aber nicht in allen Fällen, bereits die erhebliche Gefährdung eines Rechtsgutes als strafwürdiges Unrecht. Wann ein versuchtes Delikt strafbar ist, hat der Gesetzgeber in § 23 I geregelt.

Strafbarkeit des Versuchs § 23 StGB

(1) Der Versuch eines Verbrechens ist stets strafbar, der Versuch eines Vergehens nur dann, wenn das Gesetz es ausdrücklich bestimmt.

(2) Der Versuch kann milder bestraft werden als die vollendete Tat (§ 49 Abs. 1).

(3) Hat der Täter aus grobem Unverstand verkannt, daß der Versuch nach der Art des Gegenstandes, an dem, oder des Mittels, mit dem die Tat begangen werden sollte, überhaupt nicht zur Vollendung führen konnte, so kann das Gericht von Strafe absehen oder die Strafe nach seinem Ermessen mildern (§ 49 Abs. 2).

Verbrechen – sind rechtswidrige Taten, die im Mindestmaß mit Freiheitsstrafe von einem Jahr oder darüber bedroht sind. Vergehen sind

Strafbarkeit des Versuchs?

rechtswidrige Taten, die im Mindestmaß mit einer geringeren Freiheitsstrafe oder die mit Geldstrafe bedroht sind (vgl. § 12).

Beispiel: Versuchter Hausfriedensbruch ist nicht strafbar, da § 123 ein Vergehen ist und der Gesetzgeber die versuchte Begehung nicht unter Strafe gestellt hat. Der versuchte Diebstahl ist strafbar, obwohl Vergehen: der Gesetzgeber hat in § 242 II geregelt: »Der Versuch ist strafbar.« Der versuchte Totschlag (§ 212) ist (ohne ausdrückliche Regelung) strafbar, weil Totschlag ein Verbrechen ist.

Zunächst müssen wir »versuchen«, den Versuch von der (idR straflosen) Vorbereitungshandlung und der Vollendung abzugrenzen.

§ 22 StGB

Begriffsbestimmung (Versuch)
Eine Straftat versucht, wer nach seiner Vorstellung von der Tat zur Verwirklichung des Tatbestandes unmittelbar ansetzt.

Definition des Versuchs

Ein Versuch liegt vor, wenn der Täter

- subjektiv (»nach seiner Vorstellung von der Tat«): die Schwelle zum »jetzt geht es los!« überschreitet und
- objektiv: »zur Verwirklichung des Tatbestandes unmittelbar ansetzt«;

d.h. der Täter muss das geschützte Rechtsgut – nach seiner Vorstellung – in eine konkrete Gefahr bringen, die unmittelbar in die Tatbestandsverwirklichung einmünden soll; es dürfen keine weiteren wesentlichen Zwischenschritte für die Gefährdung des Rechtsgutes nötig sein (Abgrenzung zur Vorbereitungshandlung).

Abgrenzung: Vorbereitungshandlung – Versuch

Vollendet ist die Tat, wenn sämtliche Tatbestandsmerkmale erfüllt sind (Abgrenzung zum Versuch). Probleme bereitet die Abgrenzung insbesondere beim Ladendiebstahl, der als Tathandlung »Wegnahme« (= Bruch fremden und Begründung neuen Gewahrsams) verlangt. Als Faustregel gilt: bei kleineren, leicht beweglichen Gegenständen genügt bereits für die Vollendung, dass der Täter (in Zueignungsabsicht) Waren in die Tasche steckt; bei größeren, insbesondere sperrigen Gegenständen liegt (vollendete) Wegnahme erst vor, wenn der Täter die Beute der Einwirkungsmöglichkeit des bisherigen Gewahrsaminhabers entzieht (indem er sie bspw. aus den Geschäftsräumen entfernt hat).

Abgrenzung: Versuch – Vollendung

Beendet ist die Tat, wenn das Tatgeschehen – nach Vollendung – zum Abschluss gekommen ist. Zu diesem Begriff kommen wir gleich noch einmal!

Versuchsprüfung

- Nichtvollendung (Fehlen eines Tatbestandsmerkmals)
- Strafbarkeit des Versuchs (vgl. § 23 I)
- Subjektiver Tatbestand: Tatentschluss, d.h. auf die Vollendung der Tat gerichteter Vorsatz einschl. besonderer subjektiver Tatbestandsmerkmale
- Objektiver Tatbestand: unmittelbares Ansetzen zur Tatbestandsverwirklichung
- Rechtswidrigkeit
- Schuld
- evtl. Prüfung des Rücktritts (s.u.)

Bestandteile der Versuchsprüfung

2.2. Untauglicher Versuch und Abergläubischer Versuch

Benutzt der Täter ein untaugliches Mittel, geht er gegen ein untaugliches Objekt vor oder ist er selbst ein untaugliches Subjekt, liegt dennoch ein grundsätzlich strafbarer Versuch vor, bei dem das Gericht jedoch von Strafe ganz absehen oder die Strafe mildern kann (§ 23 III).

Untauglicher Versuch ist grundsätzlich strafbar.

Beispiele: Arnd will Bert mit einer Pistole erschießen, es handelt sich jedoch um eine Spielzeugpistole. – Bei Carla, die abzutreiben versucht, handelt es sich nur um eine Scheinschwangerschaft. – Dirk will mit einem Luftgewehr ein Flugzeug abschießen.

Anders ist es beim Abergläubischen Versuch und beim Wahndelikt (= Täter hält sein Verhalten irrtümlich für strafbar, in Wirklichkeit ist es straflos): keine Strafbarkeit!

Abergläubischer Versuch und Wahndelikt sind nicht strafbar.

Beispiele: Kai will den Tom mit Zauberei töten, indem er auf eine Voodoo-Puppe einsticht. – Leo »leiht sich« ungefragt ein Buch von seinem Mitbewohner Mike aus und hält dies für Diebstahl (es fehlt an der Zueignungsabsicht; Wahndelikt!).

2.3. Rücktritt vom Versuch

2.3.1. Mögliche Fälle

§ 24 StGB

Rücktritt

(1) Wegen Versuchs wird nicht bestraft, wer freiwillig die weitere Ausführung der Tat aufgibt oder deren Vollendung verhindert. Wird die Tat ohne Zutun des Zurücktretenden nicht vollendet, so wird er straflos, wenn er sich freiwillig und ernsthaft bemüht, die Vollendung zu verhindern.

(2) Sind an der Tat mehrere beteiligt, so wird wegen Versuchs nicht bestraft, wer freiwillig die Vollendung verhindert. Jedoch genügt zu seiner Straflosigkeit sein freiwilliges und ernsthaftes Bemühen, die Vollendung der Tat zu verhindern, wenn sie ohne sein Zutun nicht vollendet oder unabhängig von seinem früheren Tatbeitrag begangen wird.

Der Rücktritt vom Versuch ist persönlicher Strafaufhebungsgrund, d.h. er gilt nur für ihn, nicht für andere Teilnehmer; er wird nach der Schuld geprüft.

Vier Fälle des Rücktritts vom Versuch:
- beim unbeendeten Versuch
- beim beendeten Versuch
- bei Nichtvollendung der Tat ohne Zutun des Täters
- bei Beteiligung mehrer Personen

Vier Fälle des Rücktritts:
- Rücktritt vom unbeendeten Versuch, § 24 I S. 1 1. Alt.
- Rücktritt vom beendeten Versuch, § 24 I S. 1 2. Alt.
- Nichtvollendung der Tat ohne Zutun des Zurücktretenden, § 24 I S. 2
- Rücktritt bei Beteiligung mehrerer Personen, § 24 II

Beachte: vom »Fehlgeschlagenen Versuch« kann man nicht mehr zurücktreten, weil die Tat nicht weiter zum Erfolg führen kann.

Beispiel: Horst will den unter seinem Fenster laufenden Julius mit einem Blumentopf erschlagen, trifft aber daneben. Das war sein einziger Topf.

1. »Unbeendeter Versuch« § 24 I S. 1 1. Alt. Dieser liegt dann vor, wenn der Täter glaubt, nach seiner Vorstellung von der Tat noch nicht alles getan zu haben, um die Tat zu vollenden. Für einen strafbefreienden Rücktritt genügt es, dass der Täter von der weiteren Ausführung der Tat absieht.

Beispiel (nach Gropp, AT S. 302): Täter A glaubt, es seien 10 Tropfen Gift erforderlich, um sein Opfer umzubringen. Wenn A nach Beibringung von fünf Tropfen aufhört, liegt ein unbeendeter Versuch vor.

2. »Beendeter Versuch« § 24 I S. 1 2. Alt. Dieser liegt vor, wenn der Täter glaubt, nach seiner Vorstellung von der Tat alles getan zu haben, um den Erfolg herbeizuführen.

Beispiel: Im vorstehenden Fall hat A dem B alle 10 Tropfen verabreicht.

Hier muss der Täter für seinen Rücktritt die Tatvollendung durch aktives Tun – freiwillig – verhindern. Diese tätige Reue von A muss sich also darin manifestieren, dass er bspw. den B zum Magenauspumpen in das Krankenhaus fährt und B deswegen überlebt.

3. Nichtvollendung der Tat ohne Zutun des Zurücktretenden, § 24 I S. 2. Hier muss sich der Täter freiwillig und ernsthaft bemühen, die Tatvollendung zu verhindern.

Beispiel: Hans will Karl vergiften und hat ihm giftigen Tee eingeschenkt, der jedoch nicht sofort tödlich wirkt. Als H den um Luft ringenden K sieht, bekommt er Mitleid und ruft einen Notarztwagen. Zwischenzeitlich hat K die Wohnung verlassen können und sich mit einem Taxi ins rettende Krankenhaus fahren lassen.

4. Rücktritt bei Beteiligung mehrerer Personen, § 24 II. Hier muss der zurücktretende Beteiligte freiwillig die Vollendung der Tat verhindern oder sich ernsthaft um die Verhinderung der Tat bemühen, falls die Tat ohne sein Zutun nicht vollendet oder unabhängig von seinem früheren Tatbeitrag begangen wird.

Beispiele: Leo und Manny schlagen und treten auf Norberto ein, um ihn zu töten. Leo bekommt Mitleid mit dem blutüberströmten N, hält M von weiterer Gewalteinwirkung ab und holt ärztliche Hilfe (S. 1). – N stellt das Fluchtfahrzeug für den geplanten Banküberfall nicht mehr zur Verfügung und versucht, die Übrigen von der Tat abzubringen; diese begehen aber die Tat am nächsten Tag mit einem anderen Fluchtauto (S. 2 2. Alt.; Beispiel nach Gropp, AT S. 315).

2.3.2. Freiwilligkeit und Endgültigkeit des Rücktritts

Für alle Fälle (1.- 4.) ist zur strafbefreienden Wirkung »Freiwilligkeit« des Rücktritts erforderlich.

78 Spezielle Deliktsformen

Freiwilligkeit

Freiwilligkeit des Rücktritts: nur bei autonomen Motiven wie Mitleid, Reue, Scham

- liegt vor, wenn der Täter aus autonomen (inneren) Motiven (wie Mitleid, Reue, Scham, Angst vor Bestrafung – hM) Abstand nimmt: »Ich will nicht zum Ziel kommen, obwohl ich könnte.«

Beispiel: Ede fordert die Kassiererin auf: »Los, du Schlampe, alle Scheine in die Tüte, und zwar subito, sonst knallt's!«. Als diese heftig zu weinen beginnt, bricht er sein Vorhaben ab (er kann keine Frau weinen sehen).

- liegt nicht vor, wenn der Täter aus heteronomen (von außen einwirkenden) Motiven Abstand nimmt: »Realistischerweise kann ich nicht zum Ziel kommen, obwohl ich es weiter möchte.«

Beispiel: Paule hat gerade die Strumpfmaske übergezogen, die Pistole gezogen und will vom Bankeingang zur Kasse stürmen, als er dort einen ihm bekannten Kripo-Beamten sieht. Da ihm das zu riskant ist (Kripo bewaffnet, Fahndung »ein Kinderspiel«), bricht er sein Vorhaben ab, obwohl er weiter »ans Geld will«.

Endgültigkeit des Rücktritts nach h.M. erforderlich

Die hM (insbesondere die Rspr, vgl. BGHSt 33, 142 ff.) verlangt daneben, dass der Täter von seinem Vorhaben endgültig Abstand nimmt; es reicht nicht, dass er von der konkreten Tatausführung Abstand nimmt, die Tat aber bspw. in den nächsten Tagen mit anderem Tatwerkzeug ausführen will. Ein beachtlicher Teil der Lehre hebt dagegen hervor, dass der Täter – jedenfalls zunächst – auf den Boden der Rechtsordnung zurückkehrt.

Beachte (zur Vermeidung von schweren Fehlern):

- niemals Versuch isoliert prüfen, sondern immer nur in Verbindung mit einem Straftatbestand (bspw.: strafbar wegen versuchten Diebstahls, §§ 242 II, 22?)!
- Vom vollendeten Delikt kann man nicht zurücktreten, sondern nur vom versuchten!
- Strafbefreiende Wirkung hat nur der freiwillige und endgültige Rücktritt!

2.4. Versuchtes unechtes Unterlassungsdelikt

Beginn des versuchten unechten Unterlassungsdeliktes – bei ernsthafter Gefährdung des geschützten Tatobjekts

Während bei den echten Unterlassungsdelikten die versuchte Begehung nicht unter Strafe gestellt ist, kann nach der hM der Versuch eines unechten Unterlassungsdeliktes strafbar sein. Umstritten ist allerdings, wann der Versuch beginnt. Während in der Literatur Standpunke vertreten werden, maßgebender Zeitpunkt für den Versuchsbeginn sei bei unechten Unterlassungsdelikten das Auslassen der ersten, der letzten oder der erfolgversprechendsten Rettungsmöglichkeit, stellt die hM auf den Zeitpunkt ab, in dem das geschützte Tatobjekt ernsthaft in Gefahr gerät.

Beispiel: A hat den Einbrecher B angeschossen, B bleibt ohnmächtig liegen. Obwohl A erkennt, dass B dringend ärztliche Hilfe braucht, sieht er es zunächst als »gerechte Strafe« an, dass B verblutet. A schaut in der Folge mehrmals nach B: nach einer halben Stunde entschließt sich A schließlich, den Notruf 112 zu wählen; B wird gerettet. Nach der hM beginnt der Versuch, als B ohnmächtig liegen bleibt. Es kommt hier nicht darauf an, ob der Versuch beendet oder unbeendet ist, weil der Rücktritt hier in einer erfolgsabwendenden Tätigkeit bestehen muss.

3. Täterschaft und Teilnahme

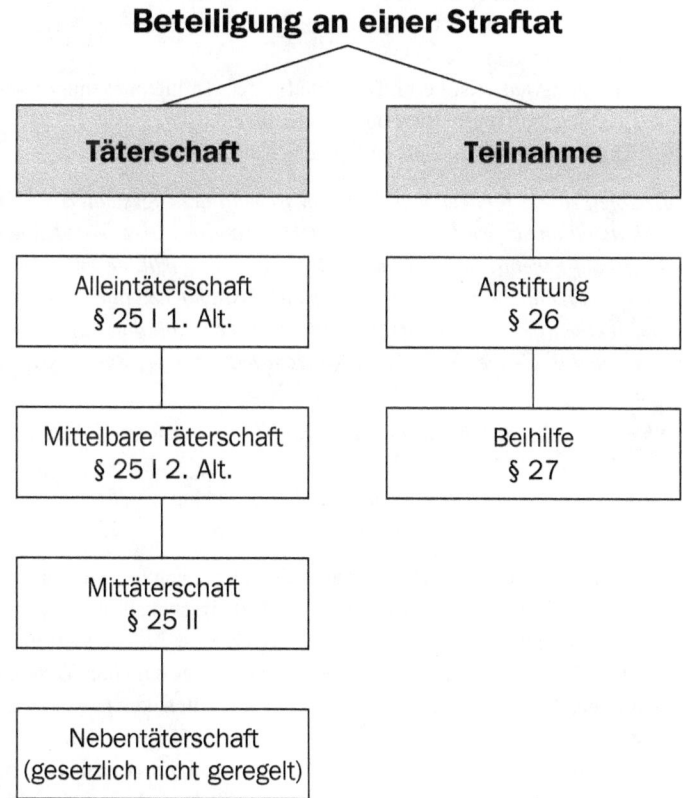

Der Täter begeht die Straftat selbst oder durch einen anderen. Der Teilnehmer stiftet den Täter zu einer Straftat an oder unterstützt ihn dabei.

3.1. Unterscheidung zwischen Täterschaft und Teilnahme

Sind mehrere Personen an einer Tat beteiligt, stellt sich die Frage nach der rechtlichen Einordnung ihres Tatbeitrages. Zunächst ist festzustellen, ob es sich um Täterschaft oder Teilnahme handelt. Diese Unterscheidung ist sehr wichtig, da das Verhalten des Täters immer vor dem Verhalten des Teilnehmers geprüft werden muss. Dieser Grundsatz ergibt sich aus den §§ 26, 27 (Anstiftung und Beihilfe als mögliche Formen der Teilnahme), die eine vorsätzliche rechtswidrige (nicht unbedingt schuldhafte) Haupttat voraussetzen. Diesen Grundsatz nennt man die »limitierte Akzessorietät der Teilnahme« (= begrenzte Abhängigkeit von der Haupttat).

Merke:
- Wer Täter ist, kann nicht Teilnehmer sein!
- Wer Teilnehmer ist, kann nicht Täter sein!
- Ohne – zumindest tatbestandsmäßige und rechtswidrige – Haupttat gibt es keine Teilnahme!
- Es gibt weder isolierte Täterschaft noch Teilnahme: immer zusammen mit einem Straftatbestand prüfen!
- Immer zuerst Haupttäter prüfen, erst danach Teilnehmer!

Beispiel: A und B haben von dem entlassenen Bankangestellten C, der sich damit an seinem früheren Arbeitgeber rächen will, einen »heißen Tipp« auf erhebliche Sicherheitsmängel einer Bankfiliale mit zudem idealen Fluchtmöglichkeiten bekommen. D stiehlt im Auftrag von A und B einen Pkw und beschafft eine Pistole; er erhält dafür 2.000,– € von A und B, die die Bank überfallen (räuberische Erpressung, §§ 253, 255).

- *A und B sind Mittäter der räuberischen Erpressung, §§ 253, 255, 25 II*
- *C ist Anstifter zu einer räuberischen Erpressung, §§ 253, 255, 26*
- *D ist Gehilfe einer räuberischen Erpressung, §§ 253, 255, 27.*

Lehre von der Tatherrschaft maßgebend für Täterschaft (h.M.).

Die Unterscheidung zwischen Täterschaft und Teilnahme wird von der inzwischen hM nach der Lehre von der Tatherrschaft bestimmt. Danach gilt folgendes: Täter ist, wer als »Zentralgestalt/Schlüsselfigur« des Geschehens die planvoll lenkende oder mitgestaltende Tatherrschaft besitzt, die Tatdurchführung also gestalten kann. »Tatherrschaft« ist das vom Vorsatz umfasste »In-den-Händen-Halten des tatbestandsmäßigen Geschehens« (Maurachsche Formel nach Gropp, AT, S. 334). Teilnehmer ist, wer ohne eigene Tatherrschaft als Randfigur des realen Geschehens die Begehung der Tat veranlasst oder fördert.

Die Rspr hatte bislang überwiegend nicht nach dem äußeren Tatbeitrag, sondern nach der Willensrichtung der Beteiligten abgegrenzt: wer die Tat als eigene will, handelt mit Täterwillen; wer die Tat als fremde will, mit Teilnehmerwillen. Zudem werden von der Rspr aber auch Aspekte der Tatherrschaftslehre berücksichtigt. Umgekehrt werden auch von der Lehre subjektive Aspekte mitberücksichtigt, wenn sich nach der Prüfung der Tatherrschaft kein eindeutiges Ergebnis herausbildet.

Willensrichtung der Beteiligten (eigene oder fremde Tat) maßgebend (Rspr.).

Kurz gesagt: Täter ist, wer eine eigene Tat begeht, Teilnehmer, wer sich an einer fremden Tat als Anstifter oder Gehilfe beteiligt.

3.2. Täterschaft

Zwingender Prüfungsaufbau ist, dass zuerst der Tatnächste zu prüfen ist, und danach der Teilnehmer. Daher ist so vorzugehen, dass zunächst nach den obigen Definitionen entschieden wird, wer Täter und wer Teilnehmer ist. Danach überprüft man, welche der folgenden Formen der Täterschaft oder welche Formen der Beteiligung vorliegen können.

Prüfung mit Tatnächstem beginnen!

Täterschaft

§ 25 StGB

(1) Als Täter wird bestraft, wer die Straftat selbst oder durch einen anderen begeht.
(2) Begehen mehrere die Straftat gemeinschaftlich, so wird jeder als Täter bestraft (Mittäter).

3.2.1. Alleintäterschaft, § 25 I 1. Alt.

»Alleintäter« oder »unmittelbarer Täter« ist nach § 25 I 1. Alt., wer die Tat »selbst«, ohne Mitwirkung eines anderen, begeht.

»Normalfall«: Alleintäterschaft (= unmittelbarer Täter)

Merke: Bei eigenhändigen Delikten (z.B. Meineid, § 154) und Sonderdelikten (z.B. Vorteilsannahme, § 331) gibt es nur Alleintäterschaft, keine mittelbare Täterschaft oder Mittäterschaft!

3.2.2. Mittelbare Täterschaft, § 25 I 2. Alt.

»Mittelbarer Täter« nach § 25 I 2. Alt. ist, wer die Tat »durch einen anderen begeht«, für die Tatausführung einen anderen als »menschli-

Mittelbare Täterschaft möglich: Täter benutzt einen anderen als »Werkzeug«.

ches Werkzeug« benutzt, das er kraft seiner Wissens- und Willensherrschaft (Tatherrschaft) steuert. Dieses Werkzeug wird auch »Tatmittler« oder »Mittelsperson« genannt und ist selbst weder Täter noch Mittäter.

Beispiele: A ist Arzt und teilt seiner Erboma eine – nicht bestehende – unheilbare Krankheit mit. Wie von A erwartet, bringt sich seine Oma um. A ist strafbar gem. §§ 212, 25 I 2. Alt. – B verspricht dem Schwachsinnigen C eine Flasche Schnaps, wenn er den D zusammenschlägt. – Vater E, der selbst nicht mehr durch Toilettenfenster kommt (Bauch!), verleitet seinen 13-jährigen Sohn F dazu, durch geöffnete Toilettenfenster in Villen einzusteigen und Schmuck sowie Bargeld zu stehlen. – Die Oma war für A nur Werkzeug, da Selbstmord nicht strafbar ist und er aufgrund seines Berufes mit seiner Aussage das Tatgeschehen willentlich beherrschte. Auch C (§ 20) und F (§ 19) sind nicht strafbar, aber B und E!

<small>Das Werkzeug / die Mittelsperson darf selbst nicht volldeliktisch handeln.</small>

Daraus sehen wir, dass jemand dann Werkzeug ist und in mittelbarer Täterschaft benutzt werden kann, wenn er sich wegen seiner Handlung nicht strafbar gemacht hat. Hat das Werkzeug, der Tatmittler, also nicht tatbestandsmäßig, rechtswidrig oder schuldhaft gehandelt, ist an mittelbare Täterschaft des Hintermannes zu denken. – Nach ganz hM gibt es keine mittelbare Täterschaft, wenn das »Werkzeug« selbst volldeliktisch handelt.

Der Aufbau bei mittelbarer Täterschaft

(Beispiel A – Erboma):

A. Strafbarkeit des Werkzeugs (Tatnächster = Oma):

Feststellen, dass nicht strafbar wegen Fehlens des Tatbestands, der Rechtswidrigkeit oder Schuld (hier: Suizid nicht strafbar, Oma erfüllt keinen Straftatbestand)

B. Strafbarkeit des A:
- Objektiver Tatbestand: Zurechnung der Tatbestandsverwirklichung durch die Oma
- Subjektiver Tatbestand: Vorsatz bezüglich der Tatbestandsmerkmale und bezüglich der Werkzeugeigenschaft
- Rechtswidrigkeit
- Schuld

3.2.3. Mittäterschaft (funktionelle Tatherrschaft), § 25 II

»Mittäterschaft« nach § 25 II liegt dann vor, wenn mehrere Täter in bewusstem und gewollten Zusammenwirken handeln.

Beispiel: A und B beschließen, eine Bank zu knacken. A tüftelt den Plan aus, besorgt die Pistolen und das Fluchtauto. B führt den Bankraub alleine durch. A und B teilen sich das Geld.

Ein Täter kann dafür, dass er bei der eigentlichen Tat nicht mitgewirkt hat, dieses Weniger durch ein Mehr bei der geistigen und tatsächlichen Vorbereitung ausgleichen. Im obigen Fall hat A zwar bei dem eigentlichen Überfall nicht mitgewirkt, aber er hat wegen seiner Vorbereitungshandlungen zumindest Tatherrschaft. Im Einzelnen ist diese Grenze nicht immer einfach festzustellen.

Kriterien für Vorliegen von Mittäterschaft
(auch in Abgrenzung zur Beihilfe):
- gemeinsamer Tatentschluss
- gemeinsame Tatherrschaft
- (hoher) Grad eigenen (nicht fremden) Interesses an der Tat
- (großer) Umfang der Tatbeteiligung
- arbeitsteiliges Vorgehen, funktionelle Rollenverteilung.

Liegen die Voraussetzungen für Mittäterschaft vor, werden den Mittätern die Handlungen der anderen über § 25 II zugerechnet, wenn sie vom gemeinsamen Tatentschluss erfasst sind.

Beispiele: M und N überfallen einen Geldtransporter; sie haben vorher verabredet, Widerstand mit Waffengewalt zu brechen. Als der Beifahrer des Geldtransporters eine Waffe zieht, erschießt ihn M. M und N werden u.a. wg. gemeinschaftlichen Mordes (§§ 211, 25 II) bestraft. – Anders beim »Mittäterexzess«: wenn M und N verabredet haben, auf keinen Fall eine Waffe einzusetzen und N entgegen dieser Verabredung den Beifahrer erschießt, wird nur N wg. Mordes bestraft, der Exzess des N wird dem M nicht zugerechnet.

Mittäterschaft ist wg. des Erfordernisses des gemeinsamen Tatentschlusses nur bei einem vorsätzlichen Delikt vorstellbar, nicht bei einem fahrlässigen!

Marginalien:

Mittäterschaft: bei bewusstem oder gewolltem Zusammenwirken

Kriterien für Vorliegen von Mittäterschaft: u.a. gemeinsamer Tatentschluss und gemeinsame Tatherrschaft

Zurechnung der Tathandlungen der anderen, soweit vom gemeinsamen Entschluss erfasst

Keine Zurechnung beim Mittäterexzess

3.2.4. Nebentäterschaft

Bei Nebentäterschaft ist jeder Alleintäter.

Nebentäterschaft (im Gesetz nicht geregelt) liegt dann vor, wenn mehrere (unabhängig voneinander) einen tatbestandsmäßigen Erfolg bewirken, aber keinen gemeinsamen Tatentschluss hatten.

Beispiel: Unabhängig voneinander überfallen O und P in der Vorweihnachtszeit gleichzeitig dieselbe Bank. – Jeder ist (Allein-) Täter gem. § 25 I 1. Alt.!

3.3. Teilnahme

Teilnahme: als Anstiftung oder Beihilfe möglich

Teilnahme ist in Form von Anstiftung, § 26, oder Beihilfe, § 27, zu einer Haupttat möglich. Voraussetzung für Anstiftung wie für Beihilfe ist zunächst, dass eine – zumindest vorsätzliche und rechtswidrige (nicht unbedingt schuldhafte) – Haupttat vorliegt; diese muss nicht vollendet sein, sie kann auch im Versuchsstadium »steckengeblieben« sein. Nur: der Vorsatz des »Teilnehmers« muss auf die vollendete Tat gerichtet sein!

Beispiel: Q und R schlagen in einer Wirtschaft mit Bierkrügen auf einander ein.

S feuert den Q an: »Immer feste druff!« T deutet auf ein Messer und ruft dem R zu: »Stich die Sau ab!« Dies tut R, Q wird nur durch schnelle ärztliche Hilfe gerettet. – Erklärung folgt!

3.3.1. Anstiftung, § 26

§ 26 StGB

Anstiftung

Als Anstifter wird gleich einem Täter bestraft, wer vorsätzlich einen anderen zu desssen vorsätzlich begangener rechtswidriger Tat bestimmt hat.

Anstiftung: Wecken des Tatentschlusses beim Haupttäter

»Bestimmen« bedeutet: Hervorrufen/Wecken des Tatentschlusses beim Haupttäter.

Doppelter Anstifter-Vorsatz erforderlich

Der Anstifter muss doppelten Anstifter-Vorsatz haben. Der Vorsatz muss sich richten auf:
- die Vollendung der Haupttat (auch wenn diese später im Versuchsstadium stecken bleibt)
- das Wecken des Tatentschlusses (»Bestimmen«).

Beachten Sie: Weder die fahrlässige Anstiftung noch die Anstiftung zu einer Fahrlässigkeitstat – soweit überhaupt denkbar – sind strafbar!

Der Aufbau bei Anstiftung

A. Prüfung des Haupttäters

B. Prüfung des Anstifters
- Objektiver Tatbestand:
   a. (zumindest versuchte) vorsätzliche rechtswidrige Haupttat
   b. Hervorrufen des Entschlusses zur Haupttat
- Subjektiver Tatbestand: doppelter Anstifter-Vorsatz
   a. hinsichtlich der vorsätzlichen rechtswidrigen vollendeten Haupttat
   b. hinsichtlich des »Bestimmens«
- Rechtswidrigkeit
- Schuld

Der Anstifter muss beim Haupttäter den Tatentschluss hervorgerufen haben. War der Haupttäter bereits fest zur Tat entschlossen (omni modus facturus), so ist keine Anstiftung mehr möglich, sondern es kommt höchstens versuchte Anstiftung gem. § 30 I (nur zu Verbrechen) oder psychische Beihilfe (§ 27) in Betracht. Im vorigen Beispiel daher nur Strafbarkeit des T wegen Anstiftung zum Totschlag (§§ 212, 26), nicht des S, da Q ja zu »weiterem Krugstemmen« entschlossen war.

Wenn Haupttäter bereits fest entschlossen: keine Anstiftung möglich.

Auch hier gilt, dass Exzesse des Haupttäters nicht dem Anstifter zugerechnet werden.

Keine Zurechnung beim Haupttäterexzess

Beispiel: A stiftet B an, C zu verprügeln. B schlägt C tot. – B ist wegen Totschlags, § 212, strafbar. – A ist jedoch nur wegen Anstiftung zur Körperverletzung gem. §§ 223, 26 strafbar.

3.3.2. Beihilfe, § 27

§ 27 StGB

Beihilfe

(1) Als Gehilfe wird bestraft, wer vorsätzlich einem anderen zu dessen vorsätzlich begangener rechtswidriger Tat Hilfe geleistet hat.

(2) Die Strafe für den Gehilfen richtet sich nach der Strafdrohung für den Täter. Sie ist nach § 49 Abs. 1 zu mildern.

Beihilfe: Förderung der Haupttat durch Rat / Tat

»Hilfe leisten« bedeutet: Förderung der Haupttat durch Rat und/oder Tat (durch physische und/oder psychische Beihilfe). Es reicht aus, wenn die Beihilfe die Haupttat in irgendeiner Form erleichtert oder die vom Haupttäter begangene Rechtsgutverletzung verstärkt hat. Beihilfe muss von Mittäterschaft abgegrenzt werden (Kriterien s.o.). Im obigen Beispielfall kommt Beihilfe des S – durch psychische Förderung der Haupttat – zur gefährlichen Körperverletzung (§§ 224 I Nr. 2, 27) in Betracht; Problem allerdings: möglicherweise haben Q und R jedoch wechselseitig in die Körperverletzung durch den anderen eingewilligt (§ 228), so dass die Rechtswidrigkeit der gefährlichen Körperverletzung entfiele (also insoweit keine rechtswidrige Haupttat vorliegen könnte).

Doppelter Beihilfevorsatz erforderlich.

Auch hier ist doppelter (Beihilfe-) Vorsatz erforderlich; der Vorsatz muss sich richten auf:
- die Haupttat
- das Fördern.

Der Aufbau bei Beihilfe

A. Strafbarkeit des Haupttäters

B. Strafbarkeit des Gehilfen
- Objektiver Tatbestand:
    a. (zumindest versuchte) vorsätzliche rechtswidrige Haupttat
    b. Hilfeleisten: Förderung oder Ermöglichen der Haupttat
- Subjektiver Tatbestand: doppelter Gehilfenvorsatz
    a. bezüglich der vorsätzlichen rechtswidrigen vollendeten Haupttat
    b. bezüglich des Hilfeleistens.
- Rechtswidrigkeit
- Schuld

3.3.3. Besondere persönliche Merkmale, § 28

Besondere persönliche Merkmale

(1) Fehlen besondere persönliche Merkmale (§ 14 Abs. 1), welche die Strafbarkeit des Täters begründen, beim Teilnehmer (Anstifter oder Gehilfe), so ist dessen Strafe nach § 49 Abs. 1 zu mildern.

(2) Bestimmt das Gesetz, dass besondere persönliche Merkmale die Strafe schärfen, mildern oder ausschließen, so gilt das nur für den Beteiligten (Täter oder Teilnehmer), bei dem sie vorliegen.

§ 28 StGB

Der § 28 trennt die strafrechtliche Würdigung des Verhaltens von Täter und Teilnehmer noch mehr. Man könnte grob sagen: Zwar liegt eine gemeinsame Tat vor, aber jeder ist nach seinen persönlichen Merkmalen, insbesondere nach seiner individuellen Schuld, zu bestrafen.

Jeder Beteiligte ist nach seinen persönlichen Merkmalen, insbesondere seiner individuellen Schuld, strafbar.

Unterscheide:

- strafbegründende täterbezogene Merkmale (§ 28 I) sind bspw.:

  - Tätereigenschaft bei Sonderdelikten (bspw. Amtsträgereigenschaft, §§ 331 ff.)

  - Treueverhältnis bei Untreue, § 266

- strafschärfende, -mildernde oder -ausschließende täterbezogene Merkmale (§ 28 II) sind bspw.:

  - gewohnheits- oder bandenmäßige Begehung (bspw. beim Diebstahl oder Raub, §§ 244 I Nr. 2, 250 I Nr. 2).

  - Angehörigeneigenschaft bei Nichtanzeige geplanter Straftaten, Haus- und Familiendiebstahl, Strafvereitelung (§§ 139 III, 247, 258 VI).

Wie die erste (»aus Mordlust« usw.) und dritte (»um eine andere Straftat« usw.) Gruppe der Mordmerkmale in § 211 zu werten ist, ist streitig.

Bedeutung der Unterscheidung zwischen Abs. 1 und Abs. 2 des § 28 insbesondere bei Mordmerkmalen

Beispiel (nach Gropp, AT S. 359):

A (bei ihm liegen keine Mordmerkmale vor) beauftragt B (der aus Habgier handelt), gegen Zahlung von 5.000,– € den C umzubringen.

B ist strafbar wg. Mordes aus Habgier, § 211. – Bezüglich A:

- *Rspr: § 211 (Mord) ist selbständiger Tatbestand im Verhältnis zu § 212 (Totschlag). Konsequenz: die Habgier des B ist strafbegründendes täterbezogenes Merkmal, Strafbarkeit des A nach § 28 I (akzessorisch zum Mordmerkmal des B): A ist strafbar wg. Anstif-*

tung zum Mord aus Habgier (§§ 211, 26) – mit obligatorischer Milderung nach §§ 28 I, 49 I.
- hL: § 211 (Mord) ist eine Qualifikation zu § 212 (Totschlag). Konsequenz: § 28 II ist anwendbar (keine Akzessorietät). Strafbarkeit des A nur nach den täterbezogenen Merkmalen, die bei ihm selbst vorliegen, also: Strafbarkeit des A wg. Anstiftung zum Totschlag (§§ 212, 26).

Beispiel (nach Gropp, aaO):
A (will endlich an das Erbe herankommen) beauftragt den B (der »Freundschaftsdienst« für A leistet), den Erbonkel C (des A) umzubringen.
B ist strafbar wg. Totschlags, § 212. – Bezüglich A:
- Rspr.: § 28 I (Begründung s.o.). A ist wg. Anstiftung zum Totschlag (§§ 212, 26) strafbar.
- hL: § 28 II (s.o.). A ist strafbar wg. Anstiftung zum Mord aus Habgier (§§ 211, 26).

Klarstellende Funktion hat auch § 29.

§ 29 StGB

Selbständige Strafbarkeit des Beteiligten

Jeder Beteiligte wird ohne Rücksicht auf die Schuld des anderen nach seiner Schuld bestraft.

3.3.4. Versuch der Beteiligung, § 30 I

§ 30 StGB

Versuch der Beteiligung

(1) Wer einen anderen zu bestimmen versucht, ein Verbrechen zu begehen oder zu ihm anzustiften, wird nach den Vorschriften über den Versuch des Verbrechens bestraft. Jedoch ist die Strafe nach § 49 Abs. 1 zu mildern. § 23 Abs. 3 gilt entsprechend.

(2) Ebenso wird bestraft, wer sich bereit erklärt, wer das Erbieten eines anderen annimmt oder wer mit einem anderen verabredet, ein Verbrechen zu begehen oder zu ihm anzustiften.

Versuchte Anstiftung

Versuchte Anstiftung zu einem Verbrechen ist strafbar.

Oben haben wir bereits festgestellt, dass ein Anstifter nur dann strafbar ist, wenn der Haupttäter zumindest eine vorsätzliche und rechtswidrige Tat begangen hat (§ 26), d.h. die Haupttat muss zumindest bis ins Versuchsstadium gediehen sein. Ist dies nicht der Fall oder ist der Haupttäter bereits fest entschlossen zur Tat oder lässt sich der vorgesehene Haupttäter nicht zur Tat zu bewegen, liegt keine strafbare Anstiftung vor. § 30 I stellt nun die versuchte Anstiftung zu einem Verbrechen (nicht zu einem Vergehen!) unter Strafe.

Der Aufbau bei § 30 I

(ähnlich wie beim Versuch):
- Vorprüfung: Nichtvollendung der Anstiftung – Haupttat wäre Verbrechen
- Subjektiver Tatbestand als Tatentschluss – Anstiftervorsatz und Haupttatvorsatz
- Objektiver Tatbestand – Unmittelbares Ansetzen zur Anstiftung
- Rechtswidrigkeit
- Schuld
- evtl. Rücktritt vom Versuch der Beteiligung, § 31 I Nr. 1, II

3.3.5. Sonstige Vorbereitungshandlungen eines Verbrechens, § 30 II

Nach § 30 II genügt für die Strafbarkeit, wenn mindestens zwei Personen ernsthaft beschließen, ein Verbrechen (§ 12) zu begehen oder zu ihm anzustiften, das allerdings nicht einmal bis ins Versuchsstadium gelangt. § 30 II nennt folgende Fälle:

Sonstige Vorbereitungshandlungen eines Verbrechens strafbar.

- Sichbereiterklären: ist die ernsthafte Willenserklärung zur Tatbegehung
- Annahme eines Erbietens: ist die ernstliche Annahme des Angebots eines Dritten zur Tatbegehung
- Verabredung: ist ein ernstliches Übereinkommen von mind. zwei Personen, ein Verbrechen als Mittäter zu begehen oder als Mittäter zu ihm anzustiften.

Beispiel: A und B beschließen, C umzubringen. Bevor sie dies erledigen können, werden sie wegen einer anderen Sache inhaftiert. – A und B sind gem. §§ 212, 12, 30 II, 49 I 1 strafbar.

3.3.6. Rücktritt vom Versuch der Beteiligung, § 31

§ 31 StGB

Rücktritt vom Versuch der Beteiligung
(1) Nach § 30 wird nicht bestraft, wer freiwillig
1. den Versuch aufgibt, einen anderen zu einem Verbrechen zu bestimmen, und eine etwa bestehende Gefahr, daß der andere die Tat begeht, abwendet,
2. nachdem er sich zu einem Verbrechen bereit erklärt hatte, sein Vorhaben aufgibt oder,
3. nachdem er ein Verbrechen verabredet oder das Erbieten eines anderen zu einem Verbrechen angenommen hatte, die Tat verhindert.

(2) Unterbleibt die Tat ohne Zutun des Zurücktretenden oder wird sie unabhängig von seinem früheren Verhalten begangen, so genügt zu seiner Straflosigkeit sein freiwilliges und ernsthaftes Bemühen, die Tat zu verhindern.

Strafbefreiender freiwilliger Rücktritt vom Versuch der Beteiligung möglich.

Auch von der versuchten Anstiftung zu einem Verbrechen gem. § 30 I oder sonstigen Verbrechensvorbereitungen gem. § 30 II ist strafbefreiender Rücktritt möglich. Wie beim »Versuch« ist der Rücktritt »persönlicher Strafaufhebungsgrund« und wird nach der Schuld geprüft.

4. Wiederholungsfragen

- 1. Welche Bestandteile gehören zur Fahrlässigkeit? Lösung S. 70 f.
- 2. Was bedeutet »eigenverantwortliche Selbstgefährdung des Opfers«? Lösung S. 71 f.
- 3. Grenzen Sie Eventualvorsatz von bewusster Fahrlässigkeit ab! Lösung S. 72
- 4. Wann ist der Versuch strafbar: a) beim Verbrechen; b) beim Vergehen? Lösung S. 73
- 5. Was unterscheidet die Vorbereitungshandlung vom Versuch? Lösung S. 74
- 6. Wie baut man die Versuchsprüfung auf? Lösung S. 75
- 7. Was ist für die Straflosigkeit des Rücktritts vom Versuch nötig? Lösung S. 77 f.
- 8. Wie unterscheidet man Täterschaft von Teilnahme? Lösung S. 80
- 9. Welche Formen der Täterschaft gibt es? Lösung S. 81 f.
- 10. Welche Formen der Teilnahme gibt es? Lösung S. 84 f.
- 11. Was ist der Exzess eines Mittäters bzw. des Haupttäters? Lösung S. 83, 85
- 12. Wann ist der Versuch der Beteiligung strafbar? Lösung S. 88 f.

4. Wiederholungsfragen

Allgemeiner Teil: Irrtum, Rechtsfolgen der Tat, Strafzumessung und Konkurrenzen

1. Irrtum   94

2. Rechtsfolgen der Tat   101

3. Strafzumessung   111

4. Konkurrenzen   112

5. Wiederholungsfragen   117

1. Irrtum

1.1. Grundsätze

Irrtum: irrige Vorstellung des Täters vom Tatverlauf oder der rechtlichen Bewertung seiner Handlung

Irrtum bedeutet im Strafrecht, kurzgesagt: eine falsche, irrige Vorstellung des Täters vom Tatverlauf oder der rechtlichen Bewertung seiner Handlung.

Die Irrtumslehre spielt in der juristischen Ausbildung eine große, in der Praxis kaum eine Rolle. Von manchem Strafrichter ist zu hören: »Bei uns gibt's keinen Irrtum!« Also: das folgende – nicht ganz einfache – Kapitel betrifft vornehmlich die Jura-Studenten!

Der Täter kann nun irren über Elemente:
- des Tatbestands oder
- der Rechtswidrigkeit oder
- der Schuld.

Je nachdem wird der Irrtum am Ende der entsprechenden Station (also bei Prüfung des Tatbestandes, der Rechtswidrigkeit oder Schuld) behandelt.

Bitte denken Sie auch an das straflose Wahndelikt, das systematisch zum Irrtum gehört, aber bereits oben (beim Versuch) angesprochen worden ist: der Täter nimmt irrig die Strafbarkeit eines tatsächlich vorliegenden Sachverhalts an.

Beispiel: A, der viele Jahre in Übersee gelebt hat, hat Geschlechtsverkehr mit einem anderen Mann und nimmt an, dies sei in Deutschland immer noch strafbar.

1.2. Irrtum über Elemente des Tatbestands

1.2.1. Tatbestandsirrtum, § 16

§ 16 StGB

Irrtum über Tatumstände

(1) Wer bei Begehung der Tat einen Umstand nicht kennt, der zum gesetzlichen Tatbestand gehört, handelt nicht vorsätzlich. Die Strafbarkeit wegen fahrlässiger Begehung bleibt unberührt.

(2) Wer bei Begehung der Tat irrig Umstände annimmt, welche den Tatbestand eines milderen Gesetzes verwirklichen würden, kann wegen vorsätzlicher Begehung nur nach dem milderen Gesetz bestraft werden.

Tatbestandsirrtum = die irrige Annahme, einer der Umstände, die zum Tatbestand gehören, liege nicht vor; also: Unkenntnis von Umständen des gesetzlichen Tatbestands.

> Tatbestandsirrtum: Unkenntnis von Umständen des gesetzlichen Tatbestands

Beispiel: A nimmt am Bahnhof aus einer Vielzahl von ähnlich aussehenden unverschlossenen Fahrrädern in der Annahme, es handle sich um sein eigenes, ein Fahrrad weg und fährt davon. In Wirklichkeit gehört es jemand anderem.
Hier liegt ein Irrtum über die Fremdheit der Sache beim Diebstahl, § 242, vor. Da es keinen fahrlässigen Diebstahl gibt, bleibt A wg. § 16 straflos.

Beispiel: Jäger B schießt in der Morgendämmerung auf ein sich bewegendes Objekt im Unterholz, das er für Wild hält. In Wirklichkeit tötet er einen Jogger.
B kann nicht wg. Totschlags, § 212, bestraft werden, § 16 I 1; möglicherweise aber wg. fahrlässiger Tötung, §§ 222, 16 I 2.

Da § 16 den Vorsatz entfallen lässt, sind seine Voraussetzungen im subjektiven Tatbestand zu prüfen!

1.2.2. Subsumtionsirrtum

Ein Unterfall des Tatbestandsirrtums ist der Subsumtionsirrtum: hier wertet der Täter ein normatives Tatbestandsmerkmal falsch.

> Subsumtionsirrtum: falsche Wertung eines normativen Tatbestandsmerkmals

Beispiel (nach Gropp, AT S. 467): Künstler K vertauscht die Preisetiketten einer teuren Champagnerflasche mit der einer billigeren Sektflasche. Den zutreffenden Vorwurf, eine Urkundenfälschung, § 267 (»Urkunde« ist eine verkörperte Gedankenerklärung, die zum Beweis im Rechtsverkehr geeignet und bestimmt ist und die ihren Aussteller erkennen lässt) begangen zu haben, weist er von sich, weil »die Etiketten keine Urkunden« seien.

Wenn der Täter eine zutreffende Parallelwertung in der Laiensphäre vornimmt, ist der Irrtum unbeachtlich, d.h. er wird bestraft: hier weiß K, dass es sich bei dem Etikett in Verbindung mit der konkreten Flasche um die Gedankenerklärung handelt, dass die mit dem Etikett verbundene Flasche den auf dem Etikett angegebenen Preis kostet. – Es handelt sich hier – wie meist – um einen unbeachtlichen Subsumtionsirrtum. Ausnahmsweise – etwa bei längerem Auslandsaufenthalt und neueren Straftatbeständen, etwa im Umweltbereich – kann der Subsumtionsirrtum wie auch einer der nachfolgenden Irrtümer beachtlich sein!

> meist unbeachtlich, d.h., trotzdem strafbar

1.2.3. Irrtum über den Kausalverlauf

Hier hat der Täter eine irrige Vorstellung vom Ablauf der Tat.

Beispiel: Dieter schießt auf Frank und glaubt, dieser sei tot. Er wirft den nur verletzten Frank in den See, wo dieser ertrinkt.

<small>Irrtum über den Kausalverlauf: irrige Vorstellung vom Tatablauf</small>

Abweichungen gegenüber dem vorgestellten Kausalverlauf schließen dann den Vorsatz nicht aus, wenn sie sich noch innerhalb des nach der Lebenserfahrung Vorhersehbaren halten. Hier liegt keine derart wesentliche Abweichung vom Kausalverlauf vor, so dass F wegen vollendeten vorsätzlichen Tötungsdeliktes bestraft wird.

1.2.4. Aberratio ictus (»Abirren des Hiebes«)

<small>aberratio ictus: daneben getroffen</small>

Hier liegt eine Kausalabweichung in der Form vor, dass statt des gewollten Objektes ein anderes Objekt getroffen wird (»daneben getroffen!«).

Beispiel (nach Schwind/Hassenpflug, AT S. 55): A will B schlagen, der dem Schlag ausweicht; vielmehr wird der hinter B stehende C getroffen. – Strafbare versuchte Körperverletzung des B, §§ 223 II, 22, 23; fahrlässige Körperverletzung des C, § 229, weil es sich bei B und C um gleichartige Objekte handelt.

1.2.5. Error in persona vel objecto (»Irrtum im Tatobjekt«)

<small>error in persona: Irrtum im Tatobjekt</small>

Hier verwechselt der Täter das Tatobjekt. Berühmt ist der Rose-Rosahl-Fall, den das Preußische Obertribunal im 19. Jhd. zu entscheiden hatte (GA 7, 322 ff.).

Beispiel (Rose-Rosahl-Fall): Holzhändler Rosahl hatte seinen Angestellten Rose angestiftet, den Firmengläubiger Schliebe umzubringen. Rose lauerte dem Schliebe auf, tötete jedoch den zufällig vorbeikommenden Gymnasiasten Harnisch.

Beim Täter Rose wird wg. unbeachtlichen errors in persona ein vollendetes vorsätzliches Tötungsdelikt bejaht. Nach hM erstreckt sich die Unbeachtlichkeit des error in persona auch auf den Hintermann, hier den Anstifter Rosahl. Wenn die Tatobjekte gleichwertig sind (hier: beide Menschen): unbeachtlicher Irrtum!

Sind die Objekte ungleichwertig (Täter verwechselt das Opfer mit einer Statue):

Bestrafung wg. versuchten vorsätzlichen Tötungsdeliktes, vollendete fahrlässige Sachbeschädigung ist nicht strafbar.

1.3. Irrtum über Elemente der Rechtswidrigkeit

Der Irrtum über Rechtfertigungsgründe ist im Gesetz nicht geregelt.

1.3.1. Erlaubnistatbestandsirrtum

Hier nimmt der Täter irrig die tatsächlichen Voraussetzungen eines Rechtfertigungsgrundes an. Häufigster Fall ist die Putativ-Notwehr, d.h. der Täter nimmt irrig das Vorliegen einer Notwehrlage an.

Erlaubnistatbestandsirrtum: irrige Annahme des Vorliegens eines Rechtfertigungsgrundes

Beispiel: A sieht in der Straße vor ihm, wie ein Mann B mit einer Pistole auf Frau C zielt; er schießt in Nothilfeabsicht auf B, der schwer verletzt zusammensinkt. Das Kamerateam für »Tatort« hatte A übersehen.

Hier stellt sich A sämtliche tatsächlichen Voraussetzungen eines Rechtfertigungsgrundes (Angriff, Nothilfe usw.) – irrig – vor. Die hM (eingeschränkte Schuldtheorie) stellt den Erlaubnistatbestandsirrtum einem vorsatzausschließenden Tatbestandsirrtum gleich, d.h. sie wendet § 16 I analog an.

1.3.2. Erlaubnisirrtum

Hier irrt der Täter über die Grenzen eines Rechtfertigungsgrundes.

Erlaubnisirrtum: Irren über die Grenzen eines Rechtfertigungsgrundes

Beispiel: B ist von A »fürchterlich verdroschen« worden. Nachdem A von B abgelassen hat, rennt B nach Hause, holt ein Gewehr und schießt auf A.

Da hier der Angriff des A längst beendet war, greift der Rechtfertigungsgrund der Notwehr, § 32, nicht mehr, sondern B handelt aus Rache. Die hM behandelt den Erlaubnisirrtum nach den Regeln des Verbotsirrtums, § 17. Hier spielt es dann eine Rolle, ob der Irrtum

- vermeidbar war: dann kann die Strafe nach § 49 I gemildert werden; oder
- unvermeidbar war: dann bleibt der Täter straffrei.

1.4. Irrtum über Elemente der Schuld

1.4.1. Verbotsirrtum, § 17

§ 17 StGB

Verbotsirrtum

Fehlt dem Täter bei Begehung der Tat die Einsicht, Unrecht zu tun, so handelt er ohne Schuld, wenn er diesen Irrtum nicht vermeiden konnte. Konnte der Täter den Irrtum vermeiden, so kann die Strafe nach § 49 Abs. 1 gemildert werden.

Verbotsirrtum: fehlendes Unrechtsbewusstsein

Voraussetzung für den Verbotsirrtum ist das fehlende Unrechtsbewusstsein, das fehlende Bewusstsein der Rechtswidrigkeit seines Handelns; anders gesagt: das Handeln des Täters ist rechtswidrig, er hält es aber für erlaubt. Potentielles Unrechtsbewusstsein reicht aus: hat der Täter in irgendeiner Form die Einsicht gehabt, etwas Unrechtes zu tun, ist kein Raum mehr für die Anwendung des § 17.

Liegt ein Verbotsirrtum vor, stellt sich die Frage, ob dieser

- vermeidbar war, § 17 S. 2: dann kann die Strafe nach § 49 I gemildert werden;

Entscheidend: vermeidbar oder unvermeidbar?

oder

- unvermeidbar war, § 17 S. 1: dann handelt Täter ohne Schuld, er bleibt straffrei.

Zur Lösung der Frage, ob der Irrtum vermeidbar oder unvermeidbar war, sind alle Umstände des Falles heranzuziehen:

- Lebens- und Berufskreis des Täters, insbes. Intelligenz und Wissen
- Ausräumung von Zweifeln durch Gewissensanstrengung und Einholung von Rat bei Dritten.

Beispiel: Das LG Potsdam hat im Sommer 2003 einen US-amerikanischen Rechtsanwalt vom Vorwurf der üblen Nachrede, § 186, freigesprochen: er hatte Verwaltungsrichtern in einem Prozess um die Rückübertragung jüdischen Vermögens u.a. »antisemitische Verzögerungsstrategie« vorgeworfen. Nach der US-Verfassung wäre die Erklärung legal gewesen, außerdem hatte der Anwalt, der die »stärkstmögliche legale« Provokation wollte, zuvor bei einem deutschen Kollegen Rechtsrat eingeholt.

1.4.2. Putativ-Notwehrexzess

Ein weiter Fall, der unter § 17 fällt, ist der Putativ-Notwehrexzess. Der Täter nimmt irrig das Vorliegen einer Notwehrlage an und verteidigt sich intensiver als notwendig.

Putativ-Notwehrexzess: irrige Annahme einer Notwehrlage und übermäßige Verteidigung

\multicolumn{4}{c}{**Tatbestandsirrtum**}			
Arten	**Erklärung**	**Beispiel**	**Rechtsfolge**
Allgemeiner Tatbestandsirrtum	Tatbestandsirrtum: Täter kennt ein Tatbestandsmerkmal nicht.	A wirft einen Blumentopf aus dem Fenster und trifft zufällig den Passanten P. Er weiß nicht, dass er P verletzt.	I. § 223 (-) da § 16 I II. § 230 Fahrlässige Körperverletzung
Subsumtionsirrtum	1. Beschreibende = deskriptive Tatbestandsmerkmale: Dabei muss der Täter nur den tatsächlichen Sinngehalt erfassen. 2. Juristisch wertende = normative Tatbestandsmerkmale: Wenn eine juristische Wertung notwendig ist, kommt es darauf an, ob der Täter die Bedeutung nach einer Parallelwertung in der Laiensphäre erfasst.	A klebt ein Poster auf die Schaltkästen der Post, was eine Sachbeschädigung ist. Es genügt, dass A weiß, dass er klebt. A klaut das ihm und seinem Bruder gehörende Fahrrad. Es genügt, dass A wusste, es gehört ihm nicht alleine.	§ 303 Sachbeschädigung (+) da § 16 (-) § 246 Unterschlagung (+) da § 16 (-)
Irrtum über Sache oder Person	Dieser Irrtum ist grundsätzlich auch die Unkenntnis eines Tatbestandmerkmals der zu § 16 führt. Ausnahme: Gleichwertigkeit der Rechtsgüter	A schießt auf eine Vogelscheuche, im Glauben es sei B. Sachbeschädigung entfällt. A ist jedoch wegen versuchter Tötung strafbar. A schießt auf C, im Glauben es sei B. Eigentlich Tatbestandsirrtum, aber bei gleichem Rechtsgut unbeachtlich.	I. § 303 (-) wegen § 16 I 1 II. §§ 212, 22 (+) wegen versuchter Tötung § 212 Totschlag (+) da § 16 (-)
Irrtum über Kausalverlauf	1. Unwesentliches Abweichen vom vorgestellten Kausalverlauf: Wenn sich das Abweichen in den Grenzen des Voraussehbaren hält 2. Wesentliches Abweichen vom Kausalverlauf	A schießt auf B, trifft daneben und trifft C. A schießt auf B. Die Kugel prallt dreimal von der Wand ab und trifft C.	§ 212 Totschlag (+) da § 16 (-) I. § 212 Totschlag (+) da § 16 (-) II. § 222 Fahrl. Tötung bezügl. C III. §§ 212, 12 bezügl. B

Verbotsirrtum und Sonderfälle des Irrtums			
Arten	**Erklärung**	**Beispiel**	**Rechtsfolge**
Verbotsirrtum	Der Täter weiß nicht, dass ein bestimmtes Verhalten verboten ist.	A eröffnet eine Pokerbar. Als die Polizei ihn festnimmt, ist er völlig erstaunt, dass Pokern um Geld verboten ist	§ 17 S.1 (+) Ob Irrtum vermeidbar war, ist Tatfrage, § 17 S.2
Strafloses Wahndelikt	Der Täter glaubt, ein bestimmtes Verhalten sei verboten.	A glaubt, Bücher schreiben sei strafbar.	kein Straftatbestand
Erlaubnisirrtum	Der Täter weiß, dass er Verbotenes tut, glaubt aber, einen Rechtfertigungsgrund zu haben, der in Wirklichkeit nicht existiert	A gibt Kind K eine kräftige Ohrfeige, weil es viel Lärm machte. A glaubt als Erwachsener ein allgemeines Züchtigungsrecht zu haben.	§ 223 Körperverletzung (-) wegen § 17 S.1 (+). Ob Irrtum vermeidbar war, ist Tatfrage, § 17 S. 2
Erlaubnistatbestandsirrtum	Der Täter weiß, dass er etwas Verbotenes tut, glaubt aber, dass die Voraussetzungen und Umfang eines anerkannten Rechtfertigungsgrundes vorliegen	A will Schläger S nach der Uhrzeit fragen. S glaubt, dass A ihn angreift und schlägt ihn nieder	§ 223 Körperverletzung (-), da § 16 I S.1 (+) analog vorliegt.
Putativnotwehrexzess	Der Täter weiß, dass er etwas Verbotenes tut, glaubt aber, dass sein Verhalten gerechtfertigt ist. Er irrt über die Angemessenheit des Verteidigungsmittels	A will Mafiosi M nach der Uhrzeit fragen. M glaubt, dass A ihn angreift und erschießt ihn.	§ 212 Totschlag (-) wegen § 17 S 1 (+) Ob Irrtum vermeidbar war, ist Tatfrage, § 17 S.2.

2. Rechtsfolgen der Tat

An die Feststellung, dass ein bestimmtes menschliches Verhalten eine Straftat darstellt, schließt sich die Frage an, welche Rechtsfolgen (Sanktionen) das Gericht verhängt. Das deutsche Strafrecht kennt eine Zweispurigkeit des Sanktionensystems:

- Strafen: setzen immer eine Straftat voraus, d.h. ein tatbestandsmäßiges, rechtswidriges und schuldhaftes Handeln
- Maßregeln der Besserung und Sicherung: knüpfen an die Sozialgefährlichkeit des Täters an; hier reicht häufig eine tatbestandsmäßige und rechtswidrige Handlung.

Zweispurigkeit des Sanktionensystems:
- *Strafen (setzen Straftat voraus)*
- *Maßregeln der Besserung und Sicherung (häufig nur rechtswidrige Tat erforderlich)*

2.1. Strafen

Das Gesetz kennt als Hauptstrafen:
- Freiheitsstrafe, §§ 38, 39
- Geldstrafe, §§ 40 – 43

Hauptstrafen

Daneben werden genannt: Vermögensstrafe, § 43a; als Nebenstrafe: das Fahrverbot, § 44; als Nebenfolgen: Verlust der Amtsfähigkeit, der Wählbarkeit und des Stimmrechts, §§ 45 – 45b.

2.1.1. Freiheitsstrafe, §§ 38f.

2.1.1.1 Grundsätze

Dauer der Freiheitsstrafe

§ 38 StGB

(1) Die Freiheitsstrafe ist zeitig, wenn das Gesetz nicht lebenslange Freiheitsstrafe androht.

(2) Das Höchstmaß der zeitigen Freiheitsstrafe ist fünfzehn Jahre, ihr Mindestmaß ein Monat.

Obwohl in der Gerichtspraxis die Geldstrafe eine weit größere Rolle spielt als die Freiheitsstrafe, behandelt das Gesetz zunächst die Freiheitsstrafe als schärfste Strafe. Lebenslange Freiheitsstrafe wird bei Mord, § 211, und bei Völkermord, § 220a, alternativlos angedroht. Allerdings sind auch mildere Fälle des Mordes denkbar, so dass nach der Rechtsprechung statt der »absoluten« Strafandrohung auch eine zeitige Freiheitsstrafe verhängt werden kann: dies betrifft insbesondere die »Haustyrannenmordfälle«, wo die Ehefrau nach jahrelangem »Martyrium« ihren gewalttätigen Ehemann – meist im Schlaf (»heim-

Freiheitsstrafe: zeitig oder lebenslang

tückisch« = Ausnutzen der Arg- und Wehrlosigkeit des Opfers) – umbringt.

2.1.1.2 Strafaussetzung zur Bewährung (im Urteil), §§ 56 ff.

§ 56 StGB

Strafaussetzung

(1) Bei der Verurteilung zu Freiheitsstrafe von nicht mehr als einem Jahr setzt das Gericht die Vollstreckung der Strafe zur Bewährung aus, wenn zu erwarten ist, dass der Verurteilte sich schon die Verurteilung zur Warnung dienen lassen und künftig auch ohne die Einwirkung des Strafvollzugs keine Straftaten mehr begehen wird. Dabei sind namentlich die Persönlichkeit des Verurteilten, sein Vorleben, die Umstände seiner Tat, sein Verhalten nach der Tat, seine Lebensverhältnisse und die Wirkungen zu berücksichtigen, die von der Aussetzung für ihn zu erwarten sind.

(2) Das Gericht kann unter den Voraussetzungen des Absatzes 1 auch die Vollstreckung einer höheren Freiheitsstrafe, die zwei Jahre nicht übersteigt, zur Bewährung aussetzen, wenn nach der Gesamtwürdigung von Tat und Persönlichkeit des Verurteilten besondere Umstände vorliegen. Bei der Entscheidung ist namentlich auch das Bemühen des Verurteilten, den durch die Tat verursachten Schaden wiedergutzumachen, zu berücksichtigen.

...

Strafaussetzung zur Bewährung (im Urteil)

Die zur Bewährung ausgesetzte Freiheitsstrafe ist die zweithäufigste Sanktion (nach der Geldstrafe); 67 % der Freiheitsstrafen werden zur Bewährung ausgesetzt. 68 % der Bewährungen verlaufen erfolgreich.

Das Gericht kann eine Freiheitsstrafe von max. zwei Jahren zur Bewährung aussetzen, nach Abs. 1 unter erleichterten Voraussetzungen, nach Abs. 2 unter engeren Voraussetzungen.

Voraussetzungen der Strafaussetzung zur Bewährung:
- bis 1 Jahr, § 56 I: ausreichender Warneffekt, günstige Prognose
- bis 2 Jahre, § 56 II: ausreichender Warneffekt, günstige Prognose, besondere Umstände bei Gesamtwürdigung von Tat und Täter.

Das Gericht muss bspw. berücksichtigen, ob der Täter vorbestraft ist, ob er nach der Tat Hilfe für das Opfer geholt hat, ob sich zwischen Tat und Verurteilung seine Lebenssituation günstig entwickelt hat (er etwa einen ihn stabilisierenden Partner, eine Arbeitsstelle gefunden hat). Besondere Umstände nach Gesamtwürdigung von Tat und Persönlichkeit müssen nach Abs. 2 – bei Aussetzung einer Strafe von mehr als einem Jahr bis zu zwei Jahren – vorliegen; das ist dann der Fall, wenn sich Tat und Täter vom Durchschnitt der gewöhnlich vorkommenden

Taten/Täter gleicher Art unterscheiden: etwa eine besondere Not- und Konfliktsituation des bisher weitgehend unbescholtenen Täters zur Tat geführt hat.

Das Gericht setzt die Dauer der Bewährungszeit zwischen zwei Jahren und fünf Jahren fest; die Bewährungszeit beginnt mit der Rechtskraft des Urteils, § 56a.

Beispiel: Der Täter wird zu einer Freiheitsstrafe von einem Jahr sechs Monaten verurteilt; die Strafe wird für die Dauer von drei Jahren zur Bewährung ausgesetzt.

Das Gericht kann dem Verurteilten erteilen

- Bewährungsauflagen, § 56b: sie dienen »der Genugtuung für das begangene Unrecht«: bspw. einen Geldbetrag zugunsten einer gemeinnützigen Einrichtung oder der Staatskasse zu zahlen oder gemeinnützige Arbeit zu leisten
- Bewährungsweisungen, § 56c: sollen Hilfestellung für ein gesetzmäßiges Leben geben (wenn der Verurteilte »dieser Hilfe bedarf, um keine Straftaten mehr zu begehen«): bspw. eine Schuldenberatungsstelle aufzusuchen, nicht mehr in bestimmten Kreisen zu verkehren; oder: (mit Einwilligung des Verurteilten) sich einer Entziehungskur zu unterziehen.

Bewährungsauflagen und -weisungen

Die Bestellung eines Bewährungshelfers ist nach allgemeinem Strafrecht (im Gegensatz zum Jugendstrafrecht) nicht zwingend; das Gericht bestellt einen Bewährungshelfer für den Verurteilten, »wenn dies angezeigt ist, um ihn von weiteren Straftaten abzuhalten«, insbes. bei Aussetzung einer Freiheitsstrafe von mehr als neun Monaten, wenn der Verurteilte noch nicht 27 Jahre alt ist, § 56d.

Bewährungshilfe im Erwachsenenbereich nicht obligatorisch.

Widerruf der Strafaussetzung

§ 56f StGB

(1) Das Gericht widerruft die Strafaussetzung, wenn der Verurteilte
1. in der Bewährungszeit eine Straftat begeht und dadurch zeigt, daß die Erwartung, die der Strafaussetzung zugrunde lag, sich nicht erfüllt hat,
2. gegen Weisungen gröblich oder beharrlich verstößt oder sich der Aufsicht und Leitung des Bewährungshelfers beharrlich entzieht und dadurch Anlaß zu der Besorgnis gibt, daß er erneut Straftaten begehen wird, oder
3. gegen Auflagen gröblich oder beharrlich verstößt.

...

(2) Das Gericht sieht jedoch von dem Widerruf ab, wenn es ausreicht,

1. weitere Auflagen oder Weisungen zu erteilen, namentlich den Verurteilten einem Bewährungshelfer zu unterstellen, oder
2. die Bewährungs- oder Unterstellungszeit zu verlängern. ...

Die Vorschrift hat für die Praxis des Richters und des Bewährungshelfers große Bedeutung.

Beispiel: Kurz vor Ablauf der Bewährungszeit wird der Proband bei einem Ladendiebstahl erwischt. Häufig wird hier die Verlängerung der Bewährungszeit oder die Unterstellung unter einen Bewährungshelfer (wenn er noch keinen hat) ausreichen (anders bei einschlägigem Rückfall!). – Ein Proband hat sich seit sechs Wochen nicht in der Sprechstunde des Bewährungshelfers gemeldet, Nachfragen ergeben, dass er mit unbekanntem Aufenthalt verzogen ist. Hier wird es zum Widerruf der Strafaussetzung kommen.

Absolviert der Proband die Bewährungszeit beanstandungsfrei, wird die Strafe erlassen, § 56g.

2.1.1.3 Reststrafenaussetzung (nach Teilverbüßung), §§ 57 ff.

§ 57 StGB

Aussetzung des Strafrestes bei zeitiger Freiheitsstrafe

(1) Das Gericht setzt die Vollstreckung des Restes einer zeitigen Freiheitsstrafe zur Bewährung aus, wenn
1. zwei Drittel der verhängten Strafe, mindestens jedoch zwei Monate, verbüßt sind,
2. dies unter Berücksichtigung des Sicherheitsinteresses der Allgemeinheit verantwortet werden kann, und
3. der Verurteilte einwilligt.

Bei der Entscheidung sind namentlich die Persönlichkeit des Verurteilten, sein Vorleben, die Umstände seiner Tat, das Gewicht des bei einem Rückfall bedrohten Rechtsguts, das Verhalten des Verurteilten im Vollzug, seine Lebensverhältnisse und die Wirkungen zu berücksichtigen, die von der Aussetzung für ihn zu erwarten sind.
...

§ 57a StGB

Aussetzung des Strafrestes bei lebenslanger Freiheitsstrafe

(1) Das Gericht setzt die Vollstreckung des Restes einer lebenslangen Freiheitsstrafe zur Bewährung aus, wenn
1. fünfzehn Jahre der Strafe verbüßt sind,
2. nicht die besondere Schwere der Schuld des Verurteilten die weitere Vollstreckung gebietet und

3. die Voraussetzungen des § 57 Abs. 1 S. 1 Nr. 2 und 3 vorliegen.
...

§§ 57 ff. sind insbesondere für die Praxis des Sozialdienstes im Vollzug, der Vollstreckungsabteilung der StA und der Strafvollstreckungskammer beim LG (die für die Entscheidungen zuständig ist, § 454 StPO) von Bedeutung. Die »2/3-Entlassung« kommt relativ häufig vor, die nach § 57 II mögliche Entlassung schon nach Verbüßung von »Halbstrafe« spielt in der Praxis keine große Rolle. Entgegen landläufiger Meinung kommen Mörder nicht schon nach 15 Jahren frei; die Durchschnittsverbüßungszeiten liegen um die 20 Jahre. Hat das erkennende Gericht eine besondere Schwere der Schuld festgestellt, ist die Entlassung nach 15 Jahren ausdrücklich ausgeschlossen. Bei Gewalt- und Sexualstraftätern wird die vorzeitige Entlassung erst nach ausführlichen positiven Gutachten von (externen) Psychologen/Psychiatern ausgesprochen. Für die Bewährungszeit gelten ähnliche Regeln wie für die Strafaussetzung zur Bewährung (Auflagen, Weisungen, Bewährungshelfer).

<small>Reststrafaussetzung (nach Teilverbüßung): 2/3-Entlassung</small>

2.1.2. Geldstrafe, §§ 40 ff.

Verhängung in Tagessätzen — § 40 StGB

(1) Die Geldstrafe wird in Tagessätzen verhängt. Sie beträgt mindestens fünf und, wenn das Gesetz nichts anderes bestimmt, höchstens dreihundertsechzig volle Tagessätze.
(2) Die Höhe eines Tagessatzes bestimmt das Gericht unter Berücksichtigung der persönlichen und wirtschaftlichen Verhältnisse des Täters. Dabei geht es in der Regel von dem Nettoeinkommen aus, das der Täter durchschnittlich an einem Tag hat oder haben könnte. Ein Tagessatz wird auf höchstens einen und höchstens fünftausend Euro festgesetzt.
...

Zahlungserleichterungen — § 42 StGB

Ist dem Verurteilten nach seinen persönlichen oder wirtschaftlichen Verhältnissen nicht zuzumuten, die Geldstrafe sofort zu zahlen, so bewilligt ihm das Gericht eine Zahlungsfrist oder gestattet ihm, die Strafe in bestimmten Teilbeträgen zu zahlen. ...

Ersatzfreiheitsstrafe — § 43 StGB

An die Stelle einer uneinbringlichen Geldstrafe tritt Freiheitsstrafe. Einem Tagessatz entspricht ein Tag Freiheitsstrafe. ...

Verhängung der Geldstrafe in Tagessätzen

Etwa 80 % der Verurteilungen nach allgemeinem Strafrecht erfolgen zu einer Geldstrafe. Die Verhängung erfolgt nach skandinavischem Vorbild im Tagessatz-System. Der Verurteilte kann sich nun – entgegen landläufiger Meinung – nicht aussuchen, ob er die Geldstrafe zahlt oder »lieber in den Knast geht«. Zahlt er nicht, wird versucht, die Geldstrafe einzutreiben. Ist dies erfolglos (»uneinbringlich«), stellen sich die Alternativen (Praxisbedeutung insbes. für Rechtspfleger und Gerichtshilfe):

Möglichkeiten bei Uneinbringlichkeit der Geldstrafe:
- *Ratenzahlung / Stundung*
- *Ersatzfreiheitsstrafe*
- *gemeinnützige Arbeit*

- Bewilligung von Ratenzahlung oder Stundung (bspw. bis »Weihnachtsgeld« im Dezember ausgezahlt wird)
- Ersatzfreiheitsstrafe (Umrechnung dank des Tagessatzsystems einfach)
- Ableistung von gemeinnütziger Arbeit (Art. 293 EGStGB iVm Landesrecht).

Beispiel: Weinfreund wird wg. Trunkenheit im Verkehr, § 316, zu einer Geldstrafe von 40 Tagessätzen a 30,– € verurteilt; er hätte also 1.200,– € an die Staatskasse zu zahlen. Da die Geldstrafe nicht »einbringlich« ist, bewilligt ihm die StA auf seinen Antrag hin die Ableistung gemeinnütziger Arbeit. Die Gerichtshilfe vermittelt ihn in ein Altenpflegeheim, wo er an 40 Tagen (meist sechs Stunden/Tag) arbeiten muss.

Geldstrafen bis zu 90 Tagessätzen werden nicht in eine Auskunft aus dem Zentralregister (»Führungszeugnis«) aufgenommen.

2.1.3. Vermögensstrafe, Nebenstrafe und Nebenfolgen, §§ 43a – 45b

Vermögensstrafe, Nebenstrafe und Nebenfolgen haben weniger Praxisbedeutung.

Vermögensstrafe, § 43a, und das Fahrverbot (das Gericht verbietet dem Täter, für eine kurze Zeit ein Kraftfahrzeug im Straßenverkehr zu führen; er behält jedoch seine Fahrerlaubnis) als Nebenstrafe, § 44, haben in der Praxis kaum Bedeutung (im Gegensatz zur Entziehung der Fahrerlaubnis als Maßregel der Besserung und Sicherung; s.u.); auf ihre Darstellung wird daher verzichtet. Größere Bedeutung – insbesondere für Beamte, die wg. eines Verbrechens verurteilt werden – haben die §§ 45 – 45b. Nach § 45 I verliert derjenige, der wg. eines Verbrechens zu Freiheitsstrafe von mind. einem Jahr verurteilt wird (auch wenn die Strafe zur Bewährung ausgesetzt wird) für die Dauer von fünf Jahren die Fähigkeit, öffentliche Ämter zu bekleiden und Rechte aus öffentlichen Wahlen zu erlangen.

2.2. Maßregeln der Besserung und Sicherung, §§ 61 ff.

2.2.1. Übersicht

Übersicht § 61 StGB

Maßregeln der Besserung und Sicherung sind
1. die Unterbringung in einem psychiatrischen Krankenhaus,
2. die Unterbringung in einer Entziehungsanstalt,
3. die Unterbringung in der Sicherungsverwahrung,
4. die Führungsaufsicht,
5. die Entziehung der Fahrerlaubnis,
6. das Berufsverbot.

Im Gegensatz zu den Strafen (Schuld des Täters Voraussetzung!) knüpfen die Maßregeln B-S an die Sozialgefährlichkeit des Täters an. Für einige Maßregeln B-S reicht es aus, dass der Täter »nur« eine rechtswidrige Tat (also ohne Schuld!) begangen hat.

Maßregeln der Besserung und Sicherung: knüpfen an der Sozialgefährlichkeit des Täters an.

Maßregeln der Besserung und Sicherung, für die eine rechtswidrige Tat ausreicht:

- Unterbringung in einem psychiatrischen Krankenhaus, § 63
- Unterbringung in einer Entziehungsanstalt, § 64
- Entziehung der Fahrerlaubnis, §§ 69 ff.
- Berufsverbot, §§ 70 ff.

Für die Unterbringung in der SV, § 66, wird mind. eine vorsätzliche Straftat verlangt, für die Anordnung der Führungsaufsicht, §§ 68 ff., eine Straftat.

Man unterscheidet weiter: Freiheitsentziehende und Nicht-freiheitsentziehende Maßregeln B-S

2.2.2. Freiheitsentziehende Maßregeln

Freiheitsentziehende Maßregeln der Besserung und Sicherung:
- Unterbringung in einem psychiatrischen Krankenhaus
- Unterbringung in einer Entziehungsanstalt
- Unterbringung in der Sicherungsverwahrung.

Die anderen Maßregeln B-S erfolgen ohne Freiheitsentziehung.

Voraussetzungen der Unterbringung in einem psychiatrischen Krankenhaus, § 63
- Schuldunfähigkeit, § 20, oder verminderte Schuldfähigkeit, § 21
- Gefahr weiterer erheblicher rechtswidriger Taten
- Gefährlich des Täters für die Allgemeinheit.

Dauer der Unterbringung: unbefristet, § 67d; Überprüfung des Erfordernisses weiterer Unterbringung: mind. im Abstand von einem Jahr.

Voraussetzungen der Unterbringung in einer Entziehungsanstalt, § 64
- Alkohol-, Drogen- oder Medikamentensucht ursächlich für Tat
- Gefahr weiterer erheblicher rechtswidriger Taten
- hinreichend konkrete Heilungsaussicht (BVerfG).

Dauer der Unterbringung: zwei Jahre, § 67d I 1. Überprüfung des Erfordernisses weiterer Unterbringung: mind. alle sechs Monate, § 67e II.

§ 66 gibt dem Gericht die Möglichkeit, die Unterbringung von gefährlichen Straftätern in der Sicherungsverwahrung (nach der Strafverbüßung) anzuordnen. Die SV (von den Verurteilten auch »Rucksack« genannt) ist eine gefürchtete Maßnahme, weil sie Vollzugslockerungen, Urlaub und die Unterbringung im offenen Vollzug während der Strafhaft ausschließt und weil die Dauer der Unterbringung in der SV nicht absehbar ist. Die Möglichkeit der Unterbringung – insbesondere von Sexual- und Gewalttätern – in der SV ist vom Gesetzgeber in den letzten Jahren mehrfach erleichtert worden. Heute ist es auch ohne frühere Verurteilung oder Freiheitsentziehung möglich, einen Täter in SV unterzubringen, wenn er drei vorsätzliche Straftaten begangen hat, durch die er jeweils Freiheitsstrafe von mind. einem Jahr verwirkt hat, soweit er deswegen zu einer Freiheitsstrafe von mind. drei Jahren verurteilt wird, § 66 II. Die Dauer der Unterbringung in SV beträgt idR nicht mehr als 10 Jahre, § 67d III, sie kann bei anhaltender Gefährlichkeit aber auch länger andauern. Mindestens alle zwei Jahre ist zu prüfen, ob die weitere Unterbringung noch erforderlich ist, § 67e II. Seit neuestem ist auch die nachträgliche Anordnung der SV bei Strafgefangenen, deren Gefährlichkeit sich erst während der Inhaftierung ergibt, möglich.

2.2.3. Maßregeln ohne Freiheitsentziehung

Die umstrittenste Sanktion ist die Führungsaufsicht, §§ 68 ff. Der Verurteilte untersteht einer Aufsichtsstelle; er erhält für die Dauer der Führungsaufsicht einen Bewährungshelfer, § 68a. Das Gericht kann Weisungen erteilen, § 68b. Die beiden häufigsten Anwendungsfälle sind: nach Entlassung aus dem psychiatrischen Krankenhaus oder der Entziehungsanstalt, § 67b II; nach vollständiger Verbüßung einer Freiheitsstrafe von mind. zwei Jahren wg. einer vorsätzlichen Straftat oder einer Freiheitsstrafe von mind. einem Jahr wg. einer in § 181b genannten Straftat (Sexualstraftaten), § 68f. Der Verstoß gegen Weisungen während der Führungsaufsicht stellt einen Straftatbestand nach § 145a dar.

Nicht freiheitsentziehende Maßregeln der Besserung und Sicherung:

• Führungsaufsicht

Sehr große Bedeutung hat die Entziehung der Fahrerlaubnis, §§ 69 ff. bei Gefährdung des Straßenverkehrs, § 315c, bei Trunkenheit im Verkehr, § 316, und bei unerlaubtem Entfernen vom Unfallort, § 142; vgl. § 69 II. Die Fahrerlaubnis erlischt mit der Rechtskraft des Urteils; der deutsche Führerschein wird eingezogen, § 69 III. Das Gericht bestimmt, dass für die Dauer von sechs Monaten bis zu fünf Jahren keine neue Fahrerlaubnis (durch die Straßenverkehrsbehörde) erteilt werden darf; bei besonders gefährlichen Tätern kann die Sperre auch für immer angeordnet werden, § 69a I. Nach Ablauf der Sperre erhält der Täter nicht automatisch »seinen Führerschein zurück«; die Straßenverkehrsbehörde kann – etwa bei wiederholtem Verkehrsdelikt oder bei einem Alkoholisierungsgrad von mehr als 1,5 Prom. – eine medizinisch-psychologische Untersuchung auf Kosten des Täters anordnen (»Idiotentest«).

• Entziehung der Fahrerlaubnis

Das Berufsverbot kann wg. einer rechtswidrigen Tat, die der Täter unter Missbrauchs seines Berufs oder Gewerbes oder unter grober Verletzung der mit ihnen verbundenen Pflichten begangen hat, angeordnet werden, § 70 I.

• Berufsverbot

Beispiel: Ein Lkw-Fahrer hat mehrfach Anhalterinnen mitgenommen und vergewaltigt.

2.3. Verfall und Einziehung, §§ 73 ff.

Wenn der Täter aus der Tat Gewinn erlangt hat, so wird dieser »abgeschöpft«: Verfall, §§ 73 ff. Gegenstände, die zur Tatausführung benutzt worden sind (etwa Tatwaffe), können eingezogen werden, §§ 74 ff. Schriften u.a., deren Verbreitung einen Straftatbestand erfüllen würde, werden eingezogen und unbrauchbar gemacht, § 74d.

2.4. Verwarnung mit Strafvorbehalt und Absehen von Strafe, §§ 59 ff.

Diese »vergeistigten« Strafen spielen in der Praxis keine große Rolle: das Gericht missbilligt das strafbare Verhalten, verhängt jedoch keine Strafe. Die Verwarnung mit Strafvorbehalt ist eine Art Geldstrafe, die zur Bewährung ausgesetzt wird. Das Gericht sieht von Strafe ab, wenn die Folgen der Tat, die den Täter getroffen haben, so schwer sind, dass die Verhängung einer Strafe offensichtlich verfehlt wäre, § 60.

Beispiel: Vater überfährt beim Rückwärtsfahren aus der Garage versehentlich sein Kind.

3. Strafzumessung

Die Frage, welche Strafe genau der Richter verhängen wird, spielt in der juristischen Klausur keine Rolle, da hierzu zu viele Informationen über den Täter (bspw. Vorstrafen, Einkommen, Unterhaltspflichten) gegeben werden müssten. Für die gerichtliche Praxis stellt sie sich als wichtige Frage dar. Daher einige Ausführungen dazu. Bereits oben haben wir dargestellt, dass sich das moderne deutsche Strafrecht für eine Integration der verschiedenen Strafzwecke entschieden hat (Vereinigungstheorie). Ausgangspunkt ist die Schuld des Täters.

Strafzumessung: bedeutsame Praxisfrage

Grundsätze der Strafzumessung § 46 StGB

(1) Die Schuld des Täters ist Grundlage für die Zumessung der Strafe. Die Wirkungen, die von der Strafe für das künftige Leben des Täters in der Gesellschaft zu erwarten sind, sind zu berücksichtigen.

(2) Bei der Zumessung wägt das Gericht die Umstände, die für und gegen den Täter sprechen, gegeneinander ab. Dabei kommen namentlich in Betracht:

die Beweggründe und die Ziele des Täters,

die Gesinnung, die aus der Tat spricht, und der bei der Tat aufgewendete Wille,

das Maß der Pflichtwidrigkeit,

die Art der Ausführung und die verschuldeten Auswirkungen der Tat,

das Vorleben des Täters, seine persönlichen und wirtschaftlichen Verhältnisse

sowie sein Verhalten nach der Tat, besonders sein Bemühen, den Schaden wiedergutzumachen, sowie das Bemühen des Täters, einen Ausgleich mit dem Verletzten zu erreichen.

...

Bei erfolgreicher Teilnahme an einem Täter-Opfer-Ausgleich und / oder Schadenswiedergutmachung kann das Gericht die Strafe mildern oder – bei geringeren Strafen – ganz von Strafe absehen, § 46a. Kurze Freiheitsstrafen (unter sechs Monaten) sollen nur ausnahmsweise verhängt werden, § 47; ein solcher Ausnahmefall wäre u.a. dann gegeben, wenn dies »zur Verteidigung der Rechtsordnung unerlässlich« wäre (Aspekt der Generalprävention).

4. Konkurrenzen

Konkurrenzen:
- Tateinheit (Idealkonkurrenz)
- Tatmehrheit (Realkonkurrenz)
- Gesetzeskonkurrenz

Es kommt nun häufig vor, dass ein Täter durch mehrere Handlungen mehrere Straftatbestände verwirklicht hat oder dass eine Handlung mehrere Strafvorschriften verletzt; es stehen also mehrere Straftatbestände »in Konkurrenz« zueinander. Die Konkurrenzlehre bestimmt, welchem von mehreren Straftatbeständen die Strafe zu entnehmen ist. – Diese Fragen werden in den juristischen Klausuren am Ende beantwortet, ohne dass hier zu viel Zeit aufgewendet werden darf: kein Gutachtenstil (»könnte...« »setzt voraus...«), sondern Feststellung im Urteilsstil (»die vollendete Körperverletzung, § 223, steht in Tatmehrheit mit...«)! Das Kapitel interessiert hauptsächlich Jura-Studenten.

Es gibt folgende Konstellationen:
- Tateinheit (Idealkonkurrenz), § 52
- Tatmehrheit (Realkonkurrenz), § 53
- Gesetzeskonkurrenz: nicht ausdrücklich im Gesetz geregelt

Obwohl man in der Klausur die Gesetzeskonkurrenz zuerst prüft, behandeln wir hier aus Verständnisgründen zunächst Tateinheit und Tatmehrheit.

4.1. Tateinheit (Idealkonkurrenz), § 52

§ 52 StGB

Tateinheit

(1) Verletzt dieselbe Handlung mehrere Strafgesetze oder dasselbe Strafgesetz mehrmals, so wird nur auf eine Strafe erkannt.
(2) Sind mehrere Strafgesetze verletzt, so wird die Strafe nach dem Gesetz bestimmt, das die schwerste Strafe androht. Sie darf nicht milder sein, als die anderen anwendbaren Gesetze es zulassen.
...

Tateinheit (Idealkonkurrenz): verlangt Handlungseinheit

Liegt Tateinheit vor, wird die Strafe aus der Strafvorschrift mit der schärfsten Strafe bestimmt, die anderen Strafvorschriften treten zurück: Absorptionsprinzip, § 52 II. Idealkonkurrenz liegt vor, wenn der Täter durch 1 Handlung mehrere Strafvorschriften verletzt: für Tateinheit muss also Handlungseinheit (»dieselbe Handlung«) vorliegen. Handlungseinheit liegt in folgenden vier Fällen vor.

Handlung im natürlichen Sinn

Diese liegt dann vor, wenn *ein* Handlungsentschluss in *einer* Willensbetätigung realisiert wird.

Fall: Der Täter wirft eine Granate, wodurch mehrere Menschen sterben und mehrere Sachen beschädigt werden.

Natürliche Handlungseinheit

Diese liegt dann vor, wenn *ein* Handlungsentschluss in *mehreren* Willensbetätigungen realisiert wird, dies aber aufgrund des zeitlich-räumlichen Zusammenhangs bei natürlicher Betrachtungsweise als *eine* Handlung anzusehen ist.

Fall: Der Täter schießt 20-mal auf das Opfer.

Tatbestandliche Handlungseinheit

Ein Straftatbestand verknüpft mehrere Handlungen zu einer Bewertungseinheit; dies ist insbesondere bei mehraktigen und zusammengesetzten Delikten der Fall.

Fall: Der räuberische Diebstahl, § 252, verlangt einen vollendeten Diebstahl und anschließende Nötigung (mehraktiges Delikt). – Raub, § 249, ist ein zusammengesetztes Delikt aus Nötigung und Diebstahl.

Bei Unterlassungsdelikten kann der Täter mehrere Handlungsmöglichkeiten zur Verhinderung des Erfolgs versäumt haben, es liegt nur *ein* Unterlassen vor.

Handlungseinheit durch Klammerwirkung

Zwei an sich selbständige Handlungen überschneiden sich jeweils mit einer dritten Handlung, die Klammerwirkung hat.

Fall (nach Gropp, AT S. 511): Der Täter begeht im Rahmen einer Freiheitsberaubung, § 239, eine versuchte Vergewaltigung und eine Straßenverkehrsgefährdung.

Dagegen hat der BGH die frühere Handlungseinheit in Form der fortgesetzten Handlung (Fortsetzungszusammenhang), die insbesondere bei Serientätern (die aufgrund eines Gesamtvorsatzes mit gleichartiger Begehensweise das gleiche Rechtsgut verletzten), zu Tateinheit führte, praktisch aufgegeben; bspw.: *Vater übt über Jahre hinweg Geschlechtsverkehr mit Tochter aus, Einbrecher bricht sämtliche Lauben in einer Gartenkolonie auf), die Täter würden jetzt wg. selbständiger Straftaten verurteilt, bspw.: wg. sexuellen Missbrauchs einer Schutzbefohlenen in ... Fällen, wg. schweren Diebstahls in ... Fällen.*

4.2. Tatmehrheit (Realkonkurrenz), § 53

§ 53 StGB

Tatmehrheit

(1) Hat jemand mehrere Straftaten begangen, die gleichzeitig abgeurteilt werden, und dadurch mehrere Freiheitsstrafen oder mehrere Geldstrafen verwirkt, so wird auf eine Gesamtstrafe erkannt.

...

§ 54 StGB

Bildung der Gesamtstrafe

(1) Ist eine der Einzelstrafen eine lebenslange Freiheitsstrafe, so wird als Gesamtstrafe auf lebenslange Freiheitsstrafe erkannt. In allen übrigen Fällen wird die Gesamtstrafe durch Erhöhung der verwirkten höchsten Strafe, bei Strafen verschiedener Art durch Erhöhung der ihrer Art nach schwersten Strafe gebildet...

(2) Die Gesamtstrafe darf die Summe der Einzelstrafen nicht erreichen. Sie darf bei zeitigen Freiheitsstrafen fünfzehn Jahre, ... und bei Geldstrafe siebenhundertzwanzig Tagessätze nicht übersteigen. ...

(3) Ist eine Gesamtstrafe aus Freiheits- und Geldstrafe zu bilden, so entspricht bei der Bestimmung der Summe der Einzelstrafen ein Tagessatz einem Tag Freiheitsstrafe.

§ 55 StGB

Nachträgliche Bildung der Gesamtstrafe

(1) Die §§ 53 und 54 sind auch anzuwenden, wenn ein rechtskräftig Verurteilter, bevor die gegen ihn erkannte Strafe vollstreckt, verjährt oder erlassen ist, wegen einer anderen Strafe verurteilt wird, die er vor der früheren Verurteilung begangen hat. ...

...

Tatmehrheit (Realkonkurrenz) möglich als: gleichartige oder ungleichartige

Tatmehrheit liegt vor, wenn der Täter mehrere Straftaten begangen hat, die nicht in Tateinheit oder in Gesetzeskonkurrenz zu einander stehen. Tatmehrheit ist möglich in Form:
- gleichartiger Tatmehrheit: der Täter begeht durch mehrere selbständige Handlungen das gleiche Delikt mehrfach, bspw.: der Vater im o.a. Beispiel mit der Tochter
- ungleichartiger Tatmehrheit: Täter begeht am 1. Mai einen Diebstahl, am 10. Mai eine Unterschlagung, am 20. Mai eine Trunkenheitsfahrt.

Die Bestrafung erfolgt bei Realkonkurrenz durch Bildung einer Gesamtstrafe, indem die verwirkte schärfste (Einzel-) Strafe erhöht wird: Asperationsprinzip. Das bedeutet: *angenommen, das Gericht käme im letzten Fall zur Auffassung, für den Diebstahl hätte der Täter 10 Monate, für die Unterschlagung acht Monate Freiheitsstrafe und für die Trunkenheitsfahrt 60 Tagessätze a 50,– € Geldstrafe verwirkt. Die Summe wären 20 Monate Freiheitsstrafe (= schwerste Strafe), sie darf gem. § 54 II aber nicht erreicht werden, vielmehr muss die höchste Strafe (10 Monate) erhöht werden. Denkbar wäre, hier zu einer Gesamtstrafe von etwa einem Jahr und sieben Monaten (= 19 Monate) zu kommen.*

Nicht selten kommt es auch zu einer nachträglichen Gesamtstrafenbildung.

Beispiel: A hat von der StA beim LG Berlin eine Ladung zum Strafantritt (ein Jahr Freiheitsstrafe wg. Raubes) aufgrund des rechtskräftigen Urteils des AG Berlin-Tiergarten vom 17.09.2003 erhalten. Kurz nach Strafantritt wird bekannt, dass für die StA beim LG München I eine Freiheitsstrafe wg. gefährlicher Körperverletzung (begangen am Oktoberfest 2002) von acht Monaten zu vollstrecken ist.

Beachte:
- Tateinheit ist für den Täter günstiger als Tatmehrheit.
- Nachträgliche Gesamtstrafenbildung ist für den Verurteilten günstiger als die Addition der einzelnen Strafen.

4.3. Gesetzeskonkurrenz

Die – im Gesetz nicht geregelte – Gesetzeskonkurrenz (auch: »unechte Konkurrenz« genannt) tritt in folgenden Formen auf.

Spezialität

Ein Straftatbestand enthält alle Tatbestandsmerkmale eines anderen und zusätzlich noch mindestens ein weiteres Tatbestandsmerkmal: er ist spezieller als der andere.

Beispiel: Die einfache Körperverletzung, § 223, tritt hinter die gefährliche Körperverletzung, § 224, zurück; § 224 ist spezieller.

Subsidiarität

Ein Straftatbestand kommt nur hilfsweise zum Tragen, wenn nicht ein anderer (schwerer wiegender) Straftatbestand greift. Dies kann geregelt sein

- ausdrücklich: bspw. Vortäuschen einer Straftat, § 145d; Unbefugter Gebrauch eines Fahrzeugs, § 248b; Erschleichen von Leistungen, § 265a; Trunkenheit im Verkehr, § 316. Typische Gesetzesformulierung: »...wenn die Tat nicht in anderen Vorschriften mit schwererer Strafe bedroht ist.«
- stillschweigend (aus dem Gesetzeszusammenhang): so sind subsidiär der Versuch im Verhältnis zur Vollendung, die Beihilfe im Verhältnis zur Anstiftung, die Gefährdung im Verhältnis zur Verletzung.

Konsumtion

Ein Tatbestand ist typischerweise in einem anderen Tatbestand enthalten: typische Begleittaten werden von (schwerer wiegenden) Delikten konsumiert (»aufgezehrt«).

Beispiel: Der Wohnungseinbruchsdiebstahl, § 244 I Nr. 3, umfasst regelmäßig auch einen Hausfriedensbruch, § 123, und eine Sachbeschädigung, § 303. §§ 123, 303 treten hinter § 244 I Nr. 3 zurück (werden von diesem konsumiert).

Zur Konsumtion gehören auch die mitbestrafte (straflose) Vortat und die mitbestrafte (straflose) Nachtat.

Beispiel: Anton stiehlt den Autoschlüssel des angetrunkenen Berti, um am nächsten Morgen dessen Auto zu entwenden; Diebstahl des Autoschlüssels ist mitbestrafte Vortat. – Autodieb Charly zündet nach einem Unfall den gestohlenen Pkw an, um seine Spuren zu verwischen. Die Sachbeschädigung ist mitbestrafte Nachtat.

5. Wiederholungsfragen

- 1. Erklären Sie einige Irrtümer über Elemente des Tatbestandes! Lösung S. 94 ff.
- 2. Tun Sie das Gleiche bzgl. Elementen der Rechtswidrigkeit! Lösung S. 97
- 3. Weil es so schön ist: auch bzgl. Elementen der Schuld! Lösung S. 98 f.
- 4. Welche Strafen kennt das allgemeine Strafrecht? Lösung S. 101
- 5. Welche Maßregeln der Besserung und Sicherung? Lösung S. 107
- 6. Wodurch unterscheiden sich Strafen und Maßregeln grundsätzlich? Lösung S. 107
- 7. Welche Alternativen gibt es zur Ersatzfreiheitsstrafe? Lösung S. 106
- 8. Welche Vorschrift spielt für die Strafzumessung die größte Rolle? Lösung S. 111
- 9. Was bedeutet Idealkonkurrenz? Lösung S. 112 f.
- 10. Was Realkonkurrenz? Lösung S. 114
- 11. Was Gesetzeskonkurrenz? Lösung S. 115 f.

Besonderer Teil:
Straftaten gegen den Staat

1.	Staatsschutzdelikte	120
2.	Widerstand gegen die Staatsgewalt	121
3.	Straftaten gegen die öffentliche Ordnung	125
4.	Geld- und Wertzeichenfälschung	135
5.	Falschaussage und Meineid	137
6.	Falsche Verdächtigung	139
7.	Straftaten gegen Personenstand, Ehe und Familie	140
8.	Wiederholungsfragen	142

1. Staatsschutzdelikte

In den fünf ersten Abschnitten des Besonderen Teils sind u.a. Friedensverrat, Hochverrat und Gefährdung des demokratischen Rechtsstaates, Landesverrat und Gefährdung der äußeren Sicherheit geregelt. Diese Straftatbestände werden das »Staatsschutzstrafrecht« genannt.

Ziel: Schutz der bestehenden verfassungsmäßigen Ordnung

Ziel ist es, einen weitgehenden Schutz gegen einen Umsturz der bestehenden verfassungsmäßigen Ordnung, sei es von außen oder von innen, herbeizuführen. Die Vorschriften dieser beiden Absätze sind kaum klausurrelevant und haben auch in der Praxis wenig Bedeutung. Sie sollen daher nur kurz angesprochen werden; Beispiel: Hochverrat gegen den Bund, § 81.

§ 81 StGB

Hochverrat gegen den Bund

(1) Wer es unternimmt, mit Gewalt oder durch Drohung mit Gewalt

1. den Bestand der Bundesrepublik Deutschland zu beeinträchtigen oder
2. die auf dem Grundgesetz der Bundesrepublik Deutschland beruhende verfassungsmäßige Ordnung zu ändern, wird mit lebenslanger Freiheitsstrafe oder mit Freiheitsstrafe nicht unter zehn Jahren bestraft.

...

Interessant – nicht nur für das Strafrecht – sind die Definitionen in § 92.

§ 92 StGB

Begriffsbestimmungen

(1) Im Sinne dieses Gesetzes beeinträchtigt den Bestand der Bundesrepublik Deutschland, wer ihre Freiheit von fremder Botmäßigkeit aufhebt, ihre staatliche Einheit beseitigt oder ein zu ihr gehörendes Gebiet abtrennt.

(2) Im Sinne dieses Gesetzes sind Verfassungsgrundsätze

1. das Recht des Volkes, die Staatsgewalt in Wahlen und Abstimmungen und durch besondere Organe der Gesetzgebung, der vollziehenden Gewalt und der Rechtsprechung auszuüben und die Volksvertretung in allgemeiner, unmittelbarer, freier, gleicher und geheimer Wahl zu wählen,
2. die Bindung der Gesetzgebung an die verfassungsmäßige Ordnung und die Bindung der vollziehenden Gewalt und der Rechtsprechung an Gesetz und Recht,
3. das Recht auf die Bildung und Ausübung einer parlamentarischen Opposition,
4. die Ablösbarkeit der Regierung und ihre Verantwortlichkeit gegen-

über der Volksvertretung,
5. die Unabhängigkeit der Gerichte und
6. der Ausschluß jeder Gewalt- und Willkürherrschaft.
...

Eine gewisse Bedeutung haben (leider) §§ 86 und 86a erhalten, die das Verbreiten von Propagandamitteln und das Verwenden von Kennzeichen verfassungswidriger Organisationen unter Strafe stellen: *bspw. Hakenkreuz, »Heil Hitler«, SS-Runen.*

Die Verunglimpfung des Bundespräsidenten, § 90, ist im Zusammenhang mit dem Erfordernis der Ermächtigung des Bundespräsidenten zur Strafverfolgung bereits oben besprochen worden; ebenso die tätige Reue, § 83a, als Abstandnahme von einem (vollendeten) Tätigkeitsdelikt.

2. Widerstand gegen die Staatsgewalt

WIDERSTAND GEGEN DIE STAATSGEWALT

Widerstand gegen die Staatsgewalt leistet, wer gem. § 111 öffentlich zu Straftaten auffordert oder nach §§ 113, 114 Widerstand gegen Vollstreckungsbeamte oder ihnen gleichgestellte Personen leistet. Durch diese Vorschriften soll der innere Gemeinschaftsfrieden, nämlich die ungestörte Durchsetzung staatlicher Vollstreckungsgewalt geschützt werden. Da es immer wieder zu emotionsgeladenen Kontakten zwi-

Schutzgut: ungestörte Durchsetzung staatlicher Vollstreckungsgewalt

schen Bürgern und Vollstreckungsbeamten, wie z.B. der Polizei kommt, kann es passieren, dass sich der einzelne Bürger schnell im strafrechtlich relevanten Bereich bewegt.

| § 111 StGB | **Öffentliche Aufforderung zu Straftaten** |

(1) Wer öffentlich, in einer Versammlung oder durch Verbreiten von Schriften (§ 11 Abs. 3) zu einer rechtswidrigen Tat auffordert, wird wie ein Anstifter (§ 26) bestraft.

(2) Bleibt die Aufforderung ohne Erfolg, so ist die Strafe Freiheitsstrafe bis zu fünf Jahren oder Geldstrafe ...

Bei § 111 I hat die Aufforderung Erfolg, d.h. er ist wie eine Anstiftungstat zu prüfen; bei § 111 II hat die Aufforderung keinen Erfolg, d.h. er ist wie eine versuchte Anstiftungstat zu prüfen. Die entsprechenden Prüfungsschemata finden Sie bei § 26 – Anstiftung – und bei § 23 – Versuch. Öffentlichkeit bedeutet die Wahrnehmbarkeit durch einen größeren Personenkreis, der nicht durch persönliche Beziehungen miteinander verbunden ist. Die Aufforderung bei einer Familienfeier würde also nicht darunter fallen.

Beispiel: Der Sektenführer S ruft zu Giftgasangriffen gegen die Bevölkerung in seinem Buch auf. Anhänger von S verschütten daraufhin in U-Bahnhöfen ein Nervengas. Das Verhalten von S ist strafbar gem. § 111 I.

Eine sehr praxisrelevante Norm ist der nun folgende § 113. Diese Bestimmung regelt die Strafbarkeit des Widerstandes gegen Vollstreckungsbeamte.

| § 113 StGB | **Widerstand gegen Vollstreckungsbeamte** |

(1) Wer einem Amtsträger oder Soldaten der Bundeswehr, der zur Vollstreckung von Gesetzen, Rechtsverordnungen, Urteilen, Gerichtsbeschlüssen oder Verfügungen berufen ist, bei der Vornahme einer solchen Diensthandlung mit Gewalt oder durch Drohung mit Gewalt Widerstand leistet oder ihn dabei tätlich angreift, wird mit Freiheitsstrafe bis zu zwei Jahren oder mit Geldstrafe bestraft.

(2) In besonders schweren Fällen ist die Strafe Freiheitsstrafe von sechs Monaten bis zu fünf Jahren. Ein besonders schwerer Fall liegt in der Regel vor, wenn

1. der Täter oder ein anderer Beteiligter eine Waffe bei sich führt, um diese bei der Tat zu verwenden, oder
2. der Täter durch eine Gewalttätigkeit den Angegriffenen in die Gefahr des Todes oder einer schweren Körperverletzung (§ 224) bringt.

(3) Die Tat ist nicht nach dieser Vorschrift strafbar, wenn die Diensthandlung nicht rechtmäßig ist. Dies gilt auch dann, wenn der Täter irrig annimmt, die Diensthandlung sei rechtmäßig.

(4) Nimmt der Täter bei Begehen der Tat irrig an, die Diensthandlung sei nicht rechtmäßig, und konnte er den Irrtum vermeiden, so kann das Gericht die Geldstrafe nach seinem Ermessen mildern (§ 49 Abs. 2) oder bei geringer Schuld von einer Bestrafung nach dieser Vorschrift absehen. Konnte der Täter den Irrtum nicht vermeiden und war ihm nach den ihm bekannten Umständen auch nicht zuzumuten, sich mit Rechtsbehelfen gegen die vermeintlich rechtswidrige Diensthandlung zu wehren, so ist die Tat nicht nach dieser Vorschrift strafbar; war ihm dies zuzumuten, so kann das Gericht die Strafe nach seinem Ermessen mildern (§ 49 Abs. 2) oder von einer Bestrafung nach dieser Vorschrift absehen.

Die staatlichen Vollstreckungsbeamten wie Polizei, Gerichtsvollzieher (§ 113) oder ihnen gleichgestellte Personen (§ 114; hat kaum Bedeutung) sollen im Interesse aller Bürger zur Aufrechterhaltung der staatlichen Ordnung und des Rechts ungestört tätig werden können. Da sich ein Bürger, der von einer solchen Vollstreckungshandlung betroffen ist, oft nicht gerecht behandelt fühlt, ist insbesondere der Abs. 4 zu seinen Gunsten zu beachten, der Straffreiheit oder eine Milderung unter den dort gegebenen Voraussetzungen vorsieht. Die Rechtmäßigkeit der Diensthandlung (Abs. 3) ist nach hM in der Station »Rechtswidrigkeit« zu prüfen; fehlt die Rechtmäßigkeit der Diensthandlung, liegt ein Rechtfertigungsgrund vor. Bei Irrtum über die Rechtmäßigkeit der Diensthandlung liegt dann ein Erlaubnistatbestandsirrtum vor (s.o.). Nach der Rspr kommt es auf die formale Rechtmäßigkeit der Diensthandlung, nicht auf die materielle Richtigkeit an.

Voraussetzung formale Rechtmäßigkeit

Amtsträger: sind in § 11 I Nr. 2 explizit definiert (Legaldefinition).

Unter § 113 fallen etwa Polizisten, BGS und Zoll, aber auch der Strafvollzugsbedienstete, der einen Gefangenen zur Vollstreckung der vom Anstaltsleiter verhängten Disziplinarmaßnahme »Arrest« in den Arrestraum bringen will.

Vollstreckungshandlung = die Verwirklichung des auf einen bestimmten Fall konkretisierten Staatswillens gegenüber Personen und Sachen, notfalls durch Zwang. Nicht darunter fallen schlichte, nicht »vollstreckende« Gesetzesanwendungen, wie z.B. die Streifenfahrt oder bloße Ermittlungstätigkeit.

Vollstreckungshandlung: Durchsetzung des Staatswillens im konkreten Fall

Widerstand leisten mit Gewalt: bedeutet ein aggressives, körperliches Vorgehen gegen die Person des Beamten mit körperlicher Zwangswir-

Straftaten gegen den Staat

<small>Spezialität, § 240
Idealkonkurrenz, § 223</small>

kung; ein rein passiver Widerstand, wie Ungehorsam, ist nicht ausreichend.

Tätlicher Angriff: ist jede in feindseliger Absicht unmittelbar auf den Körper des Betroffenen zielende Einwirkung; eine Körperberührung ist nicht notwendig.

Beispiel: Die Polizei erwischt den Autofahrer Harry Huber. Der Anordnung einer Blutentnahme zur Feststellung der BAK widersetzt er sich mit Schlägen. Er ist strafbar gem. § 113.

<small>§ 120 StGB</small>

Gefangenenbefreiung

(1) Wer einen Gefangenen befreit, ihn zum Entweichen verleitet oder dabei fördert, wird mit Freiheitsstrafe bis zu drei Jahren oder mit Geldstrafe bestraft.

(2) ...

(3) Der Versuch ist strafbar.

(4) Einem Gefangenen im Sinne der Absätze 1 und 2 steht gleich, wer sonst auf behördliche Anordnung in einer Anstalt verwahrt wird.

<small>Zu »Gefangenen« gehören: Untersuchungs-, Strafgefangene, Sicherungsverwahrte, im Maßregelvollzug Untergebrachte</small>

Gefangener (Abs. 1): ist, wer in formell ordnungsgemäßer Weise von einer gerichtlichen oder polizeilichen Stelle in staatlichen Gewahrsam genommen wurde, z.B. Strafgefangene (auch wenn sie sich im offenen Vollzug befinden oder während eines Urlaubs oder Vollzugslockerung), Untersuchungsgefangene, von Amtspersonen (nicht von Privaten!) vorläufig Festgenommene. Zu Abs. 4 gehören u.a.: Sicherungsverwahrte, § 66, oder nach §§ 63, 64 Untergebrachte.

Befreien: ist die widerrechtliche Aufhebung des staatlichen Gewahrsams durch einen Dritten.

Verleiten: ist die erfolgreiche Beeinflussung des Gefangenen oder Verwahrten zur Selbstbefreiung. Sie entspricht im Wesentlichen einer Anstiftung.

<small>Idealkonkurrenz, §§ 113, 258, 258a, 303</small>

Förderung: ist die Beihilfe zur Selbstbefreiung, wie z.B. die Sägeblätter in dem in die JVA mitgebrachten Kuchen.

Beispiel: Jonny sitzt, obwohl er in Wirklichkeit unschuldig ist, in Untersuchungshaft wegen Diebstahlsverdacht. Der eigentliche Dieb Robby hat ein schlechtes Gewissen und befreit Jonny während einer Ausführung in die Klinik. Robby hat sich gem. § 120 I Var. 1 strafbar gemacht.

Gefangenenmeuterei § 121 StGB

(1) Gefangene, die sich zusammenrotten und mit vereinten Kräften
1. einen Anstaltsbeamten, einen anderen Amtsträger oder eine mit ihrer Beaufsichtigung, Betreuung oder Untersuchung Beauftragten nötigen (§ 240) oder tätlich angreifen,
2. gewaltsam ausbrechen oder
3. gewaltsam einem von ihnen oder einem anderen Gefangenen zum Ausbruch verhelfen,

werden mit Freiheitsstrafe von drei Monaten bis zu fünf Jahren bestraft.

(2) Der Versuch ist strafbar.

(3) In besonders schweren Fällen ... von sechs Monaten bis zu zehn Jahren ... , wenn der Täter oder ein anderer Beteiligter
1. eine Schußwaffe bei sich führt,
2. eine andere Waffe bei sich führt, um diese bei der Tat zu verwenden, oder
3. durch eine Gewalttätigkeit einen anderen in die Gefahr des Todes oder einer schweren Körperverletzung (§ 224) bringt.

(4) Gefangener im Sinne der Absätze 1 bis 3 ist auch, wer in der Sicherungsverwahrung untergebracht ist.

Zusammenrottung: ist das bedrohliche, räumliche Zusammentreten von mindestens zwei Gefangenen, die zu gewalttätigem Vorgehen bereit sind.

Spezialität, §§ 113, 240
Idealkonkurrenz, § 211 ff., bzw. §§ 223 ff.

Gewaltsam ausbrechen: die Gewalt kann sich gegen Personen oder Sachen richten und muss auf die Überwindung der Abschlusseinrichtungen, die von der Freiheit trennen, gerichtet sein: z.B. zwei Gefangene durchsägen die Gitterstäbe ihres Haftraum-Fensters, um zu fliehen. Das Öffnen einer Gittertür mit Hilfe eines Nachschlüssels reicht nicht.

3. Straftaten gegen die öffentliche Ordnung

Der siebte Abschnitt des Besonderen Teiles reicht vom Hausfriedensbruch, Bildung einer kriminellen Vereinigung und Bildung einer terroristischen Vereinigung, Volksverhetzung bis hin zur Nichtanzeige geplanter Straftaten und Unfallflucht. Primärer Schutzzweck dieser Normen ist die Aufrechterhaltung der öffentlichen Ordnung. Unter öffentlicher Ordnung ist die Gesamtheit der Regeln für das Verhalten

Schutzzweck: öffentliche Ordnung

des Einzelnen in der Öffentlichkeit zu verstehen, deren Einhaltung nach der jeweils herrschenden Anschauung als unerlässliche Voraussetzung eines geordneten Gemeinschaftslebens betrachtet wird.

UNFALLFLUCHT

3.1. Hausfriedensbruch und Landfriedensbruch

Der »einfache Hausfriedensbruch« ist in § 123 geregelt und schützt das Hausrecht und damit die Freiheit der Entscheidung des Berechtigten darüber, wer sich innerhalb der geschützten Räume aufhalten darf. Die qualifizierte Form ist der »schwere Hausfriedensbruch« gem. § 124.

§ 123 StGB

Hausfriedensbruch

(1) Wer in die Wohnung, in die Geschäftsräume oder in das befriedete Besitztum eines anderen oder in abgeschlossene Räume, welche zum öffentlichen Dienst oder Verkehr bestimmt sind, widerrechtlich eindringt, oder wer, wenn er ohne Befugnis darin verweilt, auf die Aufforderung des Berechtigten sich nicht entfernt, wird mit Freiheitsstrafe bis zu einem Jahr oder mit Geldstrafe bestraft.

Schutzgut: Hausrecht

(2) Die Tat wird nur auf Antrag verfolgt.

Zur Erinnerung: § 123 enthält Begehensdelikt (1. HS) und echtes Unterlassungsdelikt (2. HS). Das Einverständnis des Berechtigten schließt bereits den Tatbestand aus.

<small>Hausfriedensbruch: enthält Begehensdelikt und echtes Unterlassungsdelikt.</small>

Eindringen: ist das Betreten gegen den Willen des Berechtigten ohne Vorliegen eines generellen Einverständnisses. Der Berechtigte ist meist der berechtigte Besitzer (Mieter) oder der zur Ausübung des Hausrechts Bevollmächtigte (Hausmeister).

Verweilen: ist das Bleiben trotz Entfernungsaufforderung, obwohl das Betreten zunächst berechtigt war.

Wohnungen: sind umschlossene Räume, die als Unterkunft dienen, z.B. *Zimmer, Zelt, Wohnmobil, Schiff.* Zur Wohnung gehören auch die Nebenräume wie Keller, Garage etc. Befriedetes Besitztum: ist ein Grundstück, das durch eine zusammenhängende Schutzvorrichtung wie Mauer, Zaun oder Hecke gegen willkürliches Betreten »umfriedet«, gesichert ist. Abgeschlossene Räume des öffentlichen Dienstes oder Verkehrs: sind Behörden, Kirchen, Schulen, Universitäten, Bahnhöfe, öffentliche Verkehrsmittel wie Straßenbahnen und Omnibusse.

<small>Wohnungen sind umschlossene Räume, die als Unterkunft dienen.</small>

Beispiel: Der Obdachlose Paul übernachtet auf dem städtischen Friedhof, weil es da so schön ruhig ist. Da der Friedhof mit einer Mauer umgeben ist, also befriedetes Besitztum vorliegt, und von der Stadt kein generelles Einverständnis mit dem Übernachten vorliegt, hat er sich gem. § 123 I strafbar gemacht.

<small>Konsumtion durch §§ 243 I Nr. 1, 244 I Nr. 3</small>

Beispiel: Punk P betritt eine Nobeldisco und wird vom Türsteher aufgefordert, zu gehen. Der Punk macht sich strafbar, wenn er die Aufforderung des Türstehers nicht befolgt und bleibt.

Schwerer Hausfriedensbruch

§ 124 StGB

Wenn sich eine Menschenmenge öffentlich zusammenrottet und in der Absicht, Gewalttätigkeiten gegen Personen oder Sachen mit vereinten Kräften zu begehen, in die Wohnung, in die Geschäftsräume oder in das befriedete Besitztum eines anderen oder in abgeschlossene Räume, welche zum öffentlichen Dienst bestimmt sind, widerrechtlich eindringt, so wird jeder, welcher an diesen Handlungen teilnimmt, mit Freiheitsstrafe bis zu zwei Jahren oder mit Geldstrafe bestraft.

Öffentliche Zusammenrottung: ist das räumliche Zusammentreten einer Menschenmenge (ab 11 Personen) zur friedensstörenden Aggression

<small>Qualifikation zu § 123</small>

Straftaten gegen den Staat

§ 125 StGB

Landfriedensbruch

(1) Wer sich an

1. Gewalttätigkeiten gegen Menschen oder Sachen oder
2. Bedrohungen von Menschen mit einer Gewalttätigkeit,

die aus einer Menschenmenge in einer die öffentliche Sicherheit gefährdeten Weise mit vereinten Kräften begangen werden, als Täter oder Teilnehmer beteiligt oder wer auf die Menschenmenge einwirkt, um ihre Bereitschaft zu solchen Handlungen zu fördern, wird mit Freiheitsstrafe bis zu drei Jahren oder mit Geldstrafe bestraft, ...

Idealkonkurrenz
§ 124

Gewalttätigkeit: ist Einsatz physischer Kraft zur aggressiven Einwirkung auf Menschen oder Sachen.

Beispiel: Am 1. Mai reißt eine größere Menschenmenge Pflastersteine heraus, um die anrückende Polizei damit zu bewerfen.

3.2. Organisationsdelikte und Volksverhetzung

§ 129 StGB

Bildung krimineller Vereinigungen

(1) Wer eine Vereinigung gründet, deren Zwecke oder deren Tätigkeit darauf gerichtet sind, Straftaten zu begehen, oder wer sich an einer solchen Vereinigung als Mitglied beteiligt, für sie wirbt oder sie unterstützt, wird mit Freiheitsstrafe bis zu fünf Jahren oder mit Geldstrafe bestraft.

...

Mindestens drei Personen haben sich zum Zweck der Begehung von Straftaten zusammengeschlossen.

Vereinigung: sind mindestens drei Personen, die sich organisatorisch auf eine gewisse Dauer zur Verfolgung eines gemeinsamen Zwecks, zur Begehung von Straftaten, zusammengeschlossen haben. Eine bloße Bandentätigkeit reicht noch nicht aus.

Beispiel: Ausländer und Deutsche haben einen »Drogenring« zur Beschaffung, Einfuhr und zum Weiterverkauf von Heroin gegründet.

§ 129a StGB

Bildung terroristischer Vereinigungen

(1) Wer eine Vereinigung gründet, deren Zwecke oder deren Tätigkeit darauf gerichtet sind,

1. Mord, Totschlag oder Völkermord (§§ 211, 212 oder 220a),
2. Straftaten gegen die persönliche Freiheit in den Fällen des § 239a oder des § 239b oder
3. Straftaten nach § 305a oder gemeingefährliche Straftaten ...

zu begehen, oder wer sich an einer solchen Vereinigung als Mitglied beteiligt, wird mit Freiheitsstrafe von einem Jahr bis zu zehn Jahren bestraft.
...

Das bekannteste Beispiel für § 129a ist die Rote-Armee-Fraktion (RAF). § 129a ist ebenso wie § 129 ein Organisationsdelikt. § 129a stellt eine Qualifikation zu § 129 dar. Zweck oder Tätigkeit muss auf die in Abs. 1 genannten Straftaten gerichtet sein, allerdings wird man – auch wenn die Überschrift im Text keinen Niederschlag gefunden hat – eine zumindest geringe politische Motivation bei § 129a voraussetzen müssen.

Zusammenschluss zur Begehung schwerster Straftaten mit gewisser politischer Motivation

Volksverhetzung

§ 130 StGB

Wer in einer Weise, die geeignet ist, den öffentlichen Frieden zu stören, die Menschenwürde anderer dadurch angreift, daß er
1. zum Hass gegen Teile der Bevölkerung aufstachelt oder zu Gewalt- oder Willkürmaßnahmen gegen sie auffordert oder
2. die Menschenwürde anderer dadurch angreift, daß er Teile der Bevölkerung beschimpft, böswillig verächtlich macht oder verleumdet,

wird mit Freiheitsstrafe von drei Monaten bis zu fünf Jahren bestraft.
...

Angriff gegen die Menschenwürde eines Bevölkerungsteils muss vorliegen: wenn diesen Personen ihr Existenzrecht als gleichwertige Persönlichkeiten bestritten wird.

Schutzgut: öffentlicher Frieden
Idealkonkurrenz
§§ 111, 185 ff.

Beispiele: Nazistische Judenhetze, öffentliches Leugnen der NS-Judenvernichtung, verhetzende Leserbriefe gegen Ausländer oder Schwule; nicht dagegen bloße Ehrverletzungen wie »Saupreußen« oder »Bayerndeppen«.

3.3. Amtsanmaßung, Titelmissbrauch u.a.

Amtsanmaßung

§ 132 StGB

Wer unbefugt sich mit der Ausübung eines öffentlichen Amtes befaßt oder eine Handlung vornimmt, welche nur kraft eines öffentlichen Amtes vorgenommen werden darf, wird mit Freiheitsstrafe bis zu zwei Jahren oder mit Geldstrafe bestraft.

Schutzgut: staatliche Autorität
Idealkonkurrenz
§§ 242, 253, 263

- 1. Alt.: Täter maßt sich ein inländisches öffentliches Amt an und nimmt eine Handlung vor, die nur kraft öffentlichen Amtes vorgenommen werden darf.
- 2. Alt.: Vornahme einer solchen Handlung, ohne eine solche Amtsposition vorzuspiegeln.

Unbefugt: wenn nicht durch Amtsstellung oder kraft sonstiger Ermächtigung zur Vornahme der Amtshandlung berechtigt. Täter kann grundsätzlich jeder sein, auch ein Amtsträger bezüglich der Ausübung eines anderen Amtes; nicht jedoch bei bloßer Überschreitung seiner Kompetenzen.

Beispiel: Hans Huber wohnt in einer, erst vor kurzem, verkehrsberuhigten Straße. Die vorgeschriebenen 30 km/h werden jedoch von den Autofahrern zum größten Teil nicht eingehalten. Nachdem mehrere Anzeigen Hubers bei der Polizei den erwünschten Erfolg nicht bringen, besorgt er sich eine Polizeikelle, hält damit die Verkehrssünder an und verwarnt sie mündlich. Nachdem bekannt wird, dass dort kontrolliert wird, halten sich die Autofahrer an die Höchstgeschwindigkeit. Huber hat sich gem. § 132 1. Alt. strafbar gemacht, da er sich unbefugt wie ein Polizist aufspielte.

§ 132a StGB   **Mißbrauch von Titeln, Berufsbezeichnungen und Abzeichen**

(1) Wer unbefugt

1. inländische oder ausländische Amts- oder Dienstbezeichnungen, akademische Grade, Titel oder öffentliche Würden führt,
2. die Berufsbezeichnung Arzt, Zahnarzt, Psychologischer Psychotherapeut, Kinder- und Jugendlichenpsychotherapeut, Psychotherapeut, Tierarzt, Apotheker, Rechtsanwalt, Patentanwalt, Wirtschaftsprüfer, vereidigter Buchprüfer, Steuerberater oder Steuerbevollmächtigter führt,
3. die Bezeichnung öffentlich bestellter Sachverständiger führt oder
4. inländische oder ausländische Uniformen, Amtskleidung oder Amtsabzeichen trägt,

wird mit Freiheitsstrafe bis zu einem Jahr oder mit Geldstrafe bestraft.

(2) Den in Absatz 1 genannten Bezeichnungen, akademischen Graden, Titeln, Würden, Uniformen, Amtskleidungen oder Amtsabzeichen stehen solche gleich, die ihnen zum Verwechseln ähnlich sind. ...

Amts- oder Dienstbezeichnung: ist die gesetzliche, förmliche Bezeichnung für ein übertragenes öffentliches Amt, z.B. Polizeiobermeister, Landrat, Professor, Dienstgrad eines Soldaten.

Akademische Grade: sind die einem Hochschulabsolventen von einer staatlichen oder kirchlichen Hoch- oder Fachhochschule verliehenen Graduierungen (Dr., Dipl.-Sozialarbeiter usw.).

Titel: sind nach Gesetzen verliehene Ehrenbezeichnungen, z.B. Honorarprof., Dr. h.c.

Öffentliche Würde: ist z.B. die Ernennung zum Ehrenbürger einer Stadt.

Schutz der Allgemeinheit vor Personen, die durch falsche Titel usw. besondere Vertrauenswürdigkeit oder Fähigkeiten vorspiegeln.

Idealkonkurrenz §§ 132, 263

Verwahrungsbruch § 133 StGB

(1) Wer Schriftstücke oder andere bewegliche Sachen, die sich in dienstlicher Verwahrung befinden oder ihm oder einem anderen dienstlich in Verwahrung gegeben worden sind, zerstört, beschädigt, unbrauchbar macht oder der dienstlichen Verwahrung entzieht, wird mit Freiheitsstrafe bis zu zwei Jahren oder mit Geldstrafe bestraft.

...

Beispiel: Bierbauch schleicht sich mit weißem Kittel in die Räume des Rechtsmedizinischen Institutes ein, um die von ihm am Vorabend genommene Blutprobe auszuschütten.

Schutzgut: amtlicher Verwahrungsbesitz

Nichtanzeige geplanter Straftaten § 138 StGB

(1) Wer von dem Vorhaben oder der Ausführung
...
6. eines Mordes, Totschlags oder Völkermordes (§§ 211, 212 oder 220a),
7. einer Straftat gegen die persönliche Freiheit in den Fällen der §§ 243, 234a, 239a oder 239b,
8. eines Raubes oder einer räuberischen Erpressung (§§ 249 bis 251 oder 255) oder
9. einer gemeingefährlichen Straftat in den Fällen der §§ 306 bis 306c

... zu einer Zeit, zu der die Ausführung oder der Erfolg noch abgewendet werden kann, glaubhaft erfährt und es unterlässt, der Behörde oder dem Bedrohten rechtzeitig Anzeige zu machen, wird mit Freiheitsstrafe bis zu fünf Jahren oder mit Geldstrafe bestraft. ...

Beispiel: Proband Leichtfuß erzählt seiner Bewährungshelferin Gutmensch, dass er keinen Ausweg mehr sehe, aus seinen Schulden herauszukommen, als nächste Woche die Tankstelle in der Moselstraße zu überfallen. G nimmt dies durchaus ernst, möchte aber das mühsam aufgebaute Vertrauensverhältnis zu L nicht gefährden.

Schutzgut: das durch die geplante Tat bedrohte Rechtsgut

Nach § 139 I kann von Strafe abgesehen werden, wenn die in § 138 genannte Tat nicht einmal versucht worden ist.

3.4. Unerlaubtes Entfernen vom Unfallort u.a.

Schutzgut: Feststellung und Sicherung der durch einen Unfall entstandenen privaten Ansprüche.

Das unerlaubte Entfernen vom Unfallort ist mit die kriminalpolitisch wichtigste Vorschrift bei Straftaten im Straßenverkehr. Geschütztes Rechtsgut ist allein die Feststellung und Sicherung der durch einen Unfall entstandenen Ansprüche und der Schutz vor unberechtigten Ansprüchen. Der § 142 beschreibt in Abs. 1 und Abs. 2 zwei unterschiedliche Tatbestände. Neben einer Geldstrafe wird in der Praxis meist die Entziehung der Fahrerlaubnis angeordnet.

§ 142 StGB

Unerlaubtes Entfernen vom Unfallort

(1) Ein Unfallbeteiligter, der sich nach einem Unfall im Straßenverkehr vom Unfallort entfernt, bevor er

1. zugunsten der anderen Unfallbeteiligten und der Geschädigten die Feststellung seiner Person, seines Fahrzeugs und der Art seiner Beteiligung durch seine Anwesenheit und durch die Angabe, daß er an dem Unfall beteiligt ist, ermöglicht hat oder

2. eine nach den Umständen angemessene Zeit gewartet hat, ohne dass jemand bereit war, die Feststellungen zu treffen,

wird mit Freiheitsstrafe bis zu drei Jahren oder mit Geldstrafe bestraft.

(2) Nach Abs. 1 wird auch ein Unfallbeteiligter bestraft, der sich

1. nach Ablauf der Wartefrist (Abs. 1 Nr. 2) oder

2. berechtigt oder entschuldigt

vom Unfallort entfernt hat und die Feststellung nicht unverzüglich nachträglich ermöglicht.

(3) Der Verpflichtung, die Feststellungen nachträglich zu ermöglichen, genügt der Unfallbeteiligte, wenn er den Berechtigten (Abs. 1 Nr. 1) oder einer nahegelegenen Polizeidienststelle mitteilt, daß er an dem Unfall beteiligt gewesen ist, und wenn er seine Anschrift, seinen Aufenthalt sowie das Kennzeichen und den Standort seines Fahrzeugs angibt und dieses zu unverzüglichen Feststellungen für eine ihm zumutbare Zeit zur Verfügung hält. Dies gilt nicht, wenn er durch sein Verhalten die Feststellung absichtlich vereitelt.

(4) Das Gericht mildert in den Fällen der Absätze 1 und 2 die Strafe (§ 49 Abs. 1) oder kann von Strafe nach diesen Vorschriften absehen, wenn der Unfallbeteiligte innerhalb von vierundzwanzig Stunden nach einem Unfall außerhalb des fließenden Verkehrs, der ausschließlich nicht bedeutenden Sachschaden zur Folge hat, freiwillig die Feststellungen nachträglich ermöglicht (Abs. 3).

(5) Unfallbeteiligter ist jeder, dessen Verhalten nach den Umständen zur Verursachung des Unfalls beigetragen haben kann.

Unfall im Straßenverkehr: ist ein plötzliches, mit dem Verkehr und seinen typischen Gefahren ursächlich zusammenhängendes Ereignis, das einen nicht völlig unerheblichen Personenschaden (Hautabschürfungen) oder Sachschaden (20,– €) zur Folge hat. Tathandlung ist nach

- Abs. 1: ein Unfallbeteiligter entfernt sich nach einem Unfall im Straßenverkehr vom Unfallort, bevor er die Pflichten der

  – Nr. 1: Präsenz- und Feststellungsermöglichungspflicht: jemand (bspw. der Geschädigte) ist bereit, Feststellungen über die Person usw. zugunsten der anderen Unfallbeteiligten zu treffen;

  oder

  – Nr. 2: Wartepflicht (ca. 30 – 60 Minuten, abhängig von Schwere des Unfalls): abwarten, ob ein Feststellungsinteressent erscheint.

- Abs. 2: ein Unfallbeteiligter ermöglicht nicht nachträglich Feststellungen, nachdem er sich

  – Nr. 1: nach Ablauf der Wartefrist vom Unfallort entfernt hat;

  oder

  – Nr. 2: sich berechtigt (bspw. durch § 34 gedeckt) oder entschuldigt (bspw. durch § 35) vom Unfallort entfernt hat.

Ob unter Abs. 2 Nr. 2 (»berechtigt oder entschuldigt«) auch derjenige Unfallbeteiligte fällt, der sich ohne Vorsatz (bspw. weil er von dem Unfall nichts mitbekommen hat) vom Unfallort entfernt, ist umstritten. Die Rspr und ein Teil der Lehre wenden hier die Alltagssprache an: wer nicht weiß, dass er einen Unfall verursacht hat, nimmt an, nichts Unrechtes zu tun, wenn er sich entfernt (»berechtigtes« Verhalten, das ihn »entschuldigt«). Allerdings muss zwischen der nachträglichen Kenntniserlangung von dem Unfall und dem Unfall noch ein zeitlicher und räumlicher Zusammenhang bestehen.

Beispiel: Autofahrer Gutsicht fährt auf dem Nachhauseweg bei Dämmerung einen betrunken am Straßenrand Kauernden an. Er fährt weiter, weil er annimmt, er habe einen größeren leeren Karton angefahren. Zu Hause stellt er jedoch Blutflecken am Kotflügel fest, so dass ihm klar wird, dass er einen Menschen angefahren haben muss. Er unternimmt jedoch nichts, da er davon ausgeht, dass der Verletzte inzwischen ärztlich versorgt ist (was zutrifft). – G war Unfallbeteiligter

Unfall im Straßenverkehr ist ein plötzliches, mit dem Straßenverkehr und seinen typischen Gefahren ursächlich zusammenhängendes Ereignis.

Unterscheide bei § 142:
- unerlaubtes Entfernen (Abs. 1)
- Unterlassen nachträglicher Feststellungen (Abs. 2)

Idealkonkurrenz
§§ 113, 211 ff., 223 ff,. 316

Einem früheren Klausurfall nicht ganz unähnlich!

eines Unfalls im Straßenverkehr. Mit dem Verletzten war auch eine feststellungsbereite Person anwesend. G hat den objektiven Tatbestand des § 142 I Nr. 1 erfüllt. Da er aber weder von einem Personen- noch von einem – nicht ganz unerheblichen – Sachschaden ausging, befand er sich diesbezüglich in einem vorsatzausschließenden Tatbestandsirrtum, § 16. Er ist jedoch nach der hM nach § 142 II Nr. 2 strafbar, da er – nachdem er von dem Unfall nachträgliche Kenntnis erlangte – nicht nachträgliche Feststellungen (bspw. durch Fahrt zu einer nahe gelegenen Polizeidienststelle, Abs. 3) ermöglichte, zumal der zeitlich-räumliche Zusammenhang zwischen Unfall und Kenntniserlangung vom Unfall gegeben ist. – Ein Teil der Lehre kommt zur Straflosigkeit, weil Abs. 2 Nr. 2 als nicht anwendbar angesehen wird.

Beispiel: Robert Wichtig ist zu einem Termin unterwegs. Dabei rammt er ein parkendes Fahrzeug und hinterlässt seine Visitenkarte unter dem Scheibenwischer. Ein Zeuge des Unfalls (Schaden über 500,– €) ist nicht in Sicht. W fährt sofort weiter. Er ist gem. § 142 I Nr. 2 strafbar, da die Visitenkarte für die Feststellung nicht genügt.

§ 145 StGB — Mißbrauch von Notrufen und Beeinträchtigung von Unfallverhütungs- und Nothilfemitteln

(1) Wer absichtlich oder wissentlich
1. Notrufe oder Notzeichen mißbraucht oder
2. vortäuscht, daß wegen eines Unglücksfalles oder wegen gemeiner Gefahr oder Not die Hilfe anderer erforderlich sei,

wird mit Freiheitsstrafe bis zu einem Jahr oder mit Geldstrafe bestraft.
...

Schutzgut: verlässliches Funktionieren von Notrufen usw.

Beispiel: Zwei Zechkumpanen rufen – unter Vorspiegelung, am Donauplatz sei ein schwerer Unfall passiert – die Tel.-Nr. 112 an, weil sie gerne die Feuerwehr ausrücken sehen und hören. – Beachte: Eventualvorsatz reicht nicht (s.o.!).

§ 145d StGB — Vortäuschen einer Straftat

(1) Wer wider besseres Wissen einer Behörde oder einer zur Entgegennahme von Anzeigen zuständigen Stelle vortäuscht,
1. daß eine rechtswidrige Tat begangen worden sei oder ...

wird mit Freiheitsstrafe bis zu drei Jahren oder mit Geldstrafe bestraft, wenn die Tat nicht in § 164, § 258 oder § 258a mit Strafe bedroht ist.

(2) Ebenso wird bestraft, wer wider besseres Wissen eine der in Abs. 1 bezeichneten Stellen über den Beteiligten
1. an einer rechtswidrigen Tat oder ...

zu täuschen sucht.

Beispiel: Trinkgern streift auf dem nächtlichen Nachhauseweg von einer Gaststätte ein geparktes Fahrzeug und fährt, ohne sich um den Schaden zu kümmern, weiter, obwohl seine Verlobte F als Beifahrerin Bedenken äußert. Eine Stunde später steht die Polizei vor der Tür. T erklärt nun – nachdem er noch schnell das Einverständnis der F eingeholt hat – F sei gefahren, er sei Beifahrer gewesen. F bestätigt die Angaben. Die Blutprobe ergibt bei T 1,5 Prom., bei F 0,0 Prom. – T hat ein Delikt nach § 145d II Nr. 1 begangen (die Einwilligung der F ist irrelevant, weil § 145d den Schutz der Rechtspflege bezweckt); allerdings ist § 145d gegenüber dem von ihm begangenen § 164 subsidiär. F hat ebenfalls § 145d II Nr. 1 tatbestandsmäßig, rechtswidrig und schuldhaft verwirklicht, die Subsidiaritätsklausel in Abs. 1, die auch für Abs. 2 gilt, greift nicht, weil ihre Bestrafung nach § 258 VI nicht möglich ist (s.u.).

Schutz der Rechtspflege

Idealkonkurrenz
§§ 142, 257, 263, 267

4. Geld- und Wertzeichenfälschung

DER FÄLSCHER

Geldfälschung § 146 StGB

(1) Mit Freiheitsstrafe nicht unter einem Jahr wird bestraft, wer
1. Geld in der Absicht nachmacht, daß es als echt in Verkehr gebracht oder daß ein solches Inverkehrbringen ermöglicht werde, oder Geld

in dieser Absicht so verfälscht, daß der Anschein eines höheren Wertes hervorgerufen wird,
2. falsches Geld in dieser Absicht sich verschafft oder
3. falsches Geld, das er unter den Voraussetzungen der Nummern 1 oder 2 nachgemacht, verfälscht oder sich verschafft hat, als echt in Verkehr bringt.

...

Schutzgut: Sicherheit des Geldverkehrs

Nachmachen: ist das Herstellen von Falschgeld, so dass dieses den Anschein eines gültigen Zahlungsmittels erweckt und eine reale Verwechslungsgefahr im gewöhnlichen Verkehr vorliegt.

Verfälschen: ist die Veränderung echten Geldes, so dass der Anschein eines höheren Wertes erweckt wird.

Inverkehrbringen von Falschgeld: ist die Aufgabe der Verfügungsgewalt im Außenverhältnis unter Vorspiegelung der Echtheit.

Sichverschaffen: ist die Begründung eigener Verfügungsgewalt zu eigenen Zwecken.

Idealkonkurrenz § 263
Subsidiarität §§ 147, 149, 267

Geldfälschung, § 146

- Objektiver Tatbestand:
  - falsches Geld
  - Nachmachen oder Verfälschen § 146 I Nr. 1 oder
  - Sichverschaffen von Falschgeld § 146 I Nr. 2 oder
  - Inverkehrbringen von Falschgeld § 146 I Nr. 3, wenn zuvor Handlung nach Nr. 1-2 vorliegt (sonst § 147)
- Subjektiver Tatbestand: mindestens bedingter Vorsatz und Absicht bei § 146 I Nr. 1 und 2
- Rechtswidrigkeit
- Schuld

§ 147 StGB

Inverkehrbringen von Falschgeld

(1) Wer, abgesehen von den Fällen des § 146, falsches Geld als echt in Verkehr bringt, wird mit Freiheitsstrafe bis zu fünf Jahren oder mit Geldstrafe bestraft.

...

Beispiel: V stellt bei Durchsicht seiner Geldbörse fest, dass er bei irgendeiner Gelegenheit einen falschen 50,– €-Schein bekommen hat;

um ihn wieder loszuwerden, gibt er ihn beim nächsten Restaurantbesuch in Zahlung.

§ 148 stellt die Wertzeichenfälschung unter Strafe. Amtliche Wertzeichen: sind Marken oder Ähnliches, die die Zahlung von Gebühren oder sonstigen Beträgen nachweisen oder ersetzen sollen (Briefmarken, Gebührenmarken usw.).

Wertzeichenfälschung, § 148 StGB: Briefmarken, Gebührenmarken usw.

5. Falschaussage und Meineid

Die staatliche Rechtspflege soll bei der Erforschung und Feststellung des wahren Sachverhalts vor unwahren Aussagen geschützt werden. Das Grunddelikt ist die vorsätzliche uneidliche Falschaussage (§ 153). Der Meineid (§ 154) ist die erschwerte Form der Falschaussage. Die falsche Versicherung an Eides Statt (§ 156) spielt im Zwangsvollstreckungsverfahren häufig eine Rolle. § 163 stellt den fahrlässigen Falscheid und die fahrlässige falsche Versicherung an Eides Statt unter Strafe.

Falsche uneidliche Aussage

§ 153 StGB

(1) Wer vor Gericht oder vor einer anderen zur eidlichen Vernehmung von Zeugen oder Sachverständigen zuständigen Stelle als Zeuge oder Sachverständiger uneidlich falsch aussagt, wird mit Freiheitsstrafe von drei Monaten bis zu fünf Jahren bestraft.

...

Falsche uneidliche Aussage, § 153

- Objektiver Tatbestand:
  - als Zeuge oder Sachverständiger
  - uneidliche falsche Aussage
  - vor Gericht oder einer anderen für die eidliche Vernehmung von Zeugen oder Sachverständigen zuständigen Stelle (nicht: Polizei, Staatsanwalt)
- Subjektiver Tatbestand: mindestens bedingter Vorsatz einschließlich des Bewusstseins einer unwahren Aussage oder eines Verschweigens
- Rechtswidrigkeit
- Schuld
- Milderungsmöglichkeit (§ 49 Abs. 2) bei Aussagenotstand (§ 157) oder rechtzeitiger Berichtigung (§ 158)

Idealkonkurrenz
§§ 145d, 164, 186, 187, 257, 263

Straftaten gegen den Staat

Jede Ähnlichkeit mit einem früheren Klausurfall wäre – nicht ganz zufällig!

Beispiel: A sieht des Abends, wie der mit zwei Personen besetzte Pkw seines mit ihm verfeindeten Nachbarn B in Schlangenlinien die Straße entlang fährt. Obwohl er nicht erkennen kann, wer der Fahrer ist, ruft er die Polizei an und erklärt, er habe genau gesehen, dass B am Steuer gesessen habe. Die dem B entnommene Blutprobe weist eine BAK von 1,5 ⁰/₀₀ auf. In der gegen B geführten Hauptverhandlung wiederholt A als Zeuge seine Aussage, weil er befürchtet, sonst wegen seiner falschen Angaben bei der Polizei bestraft zu werden. B und seine Verlobte V sagen aus, V sei gefahren. Darauf hin wird A, der im Sitzungssaal geblieben war, nochmals vor den Richtertisch gerufen, wo er einräumt, den Fahrer des Wagens nicht erkannt zu haben. B wird freigesprochen. Tatsächlich hatte er jedoch den Wagen gefahren. – Nach der von der hM vertretenen objektiven Theorie ist eine Aussage falsch, wenn der Inhalt der Aussage nicht mit dem tatsächlichen (»objektiven«) Geschehen oder Sachverhalt übereinstimmt. Dies ist hier der Fall. Mit seiner Entlassung als Zeuge war die Aussage des A abgeschlossen. Er befand sich jedoch im Aussagenotstand nach § 157, weil er glaubte, sich durch seine falschen Angaben vor der Polizei strafbar gemacht zu haben (im Rahmen des § 157 kommt es nur auf die Vorstellung des Täters an). Das Gericht kann im Falle des § 157 die Strafe mildern oder ganz von Strafe absehen. Es greift aber auch § 158: Berichtigung einer falschen Aussage. A hat bei seiner erneuten Befragung zu erkennen gegeben, dass seine frühere Aussage falsch war und diese rechtzeitig – dem B war noch kein Schaden entstanden – berichtigt. Das Gericht kann im Falle des § 158 ebenfalls die Strafe mildern oder ganz von Strafe absehen.

§ 154 StGB

Meineid

(1) Wer vor Gericht oder vor einer anderen zur Abnahme von Eiden zuständigen Stelle falsch schwört, wird mit Freiheitsstrafe nicht unter einem Jahr bestraft.

…

Eidlich ist die Versicherung der Wahrheit in besonderer Form.

Eidlich ist die Versicherung der Wahrheit in gesetzlich vorgeschriebener, feierlicher Form mit dem Satz: »Ich schwöre…«.

§ 156 StGB

Falsche Versicherung an Eides Statt

Wer vor einer zur Abnahme einer Versicherung an Eides Statt zuständigen Behörde eine solche Versicherung falsch abgibt oder unter Berufung auf eine solche Versicherung falsch aussagt, wird mit Freiheitsstrafe bis zu drei Jahren oder mit Geldstrafe bestraft.

Eidesstattliche Versicherung vor einer Behörde: dazu gehört auch ein Gericht (vgl. § 11); sie ist häufig nach der ZPO oder dem FGG, aber auch im Verwaltungsverfahren, im verwaltungsgerichtlichen, arbeits- oder sozialgerichtlichen Verfahren zur Glaubhaftmachung einer Tatsache vorgeschrieben.

Beispiel: Eidesstattliche Versicherung des Schuldners in der Zwangsvollstreckung nach §§ 803 ff. ZPO (früher: »Offenbarungseid«).

Idealkonkurrenz
§§ 263, 267

früherer »Offenbarungseid«

6. Falsche Verdächtigung

Falsche Verdächtigung

§ 164 StGB

(1) Wer einen anderen bei einer Behörde oder einem zur Entgegennahme von Anzeigen zuständigen Amtsträger oder militärischen Vorgesetzten oder öffentlich wider besseres Wissens einer rechtswidrigen Tat oder der Verletzung einer Dienstpflicht in der Absicht verdächtigt, ein behördliches Verfahren oder andere behördliche Maßnahmen gegen ihn herbeizuführen oder fortdauern zu lassen, wird mit Freiheitsstrafe bis zu fünf Jahren oder mit Geldstrafe bestraft.

(2) Ebenso wird bestraft, wer in gleicher Absicht bei einer der in Absatz 1 bezeichneten Stellen oder öffentlich über einen anderen wider besseres Wissen eine sonstige Behauptung tatsächlicher Art aufstellt, die geeignet ist, ein behördliches Verfahren oder andere behördliche Maßnahmen gegen ihn herbeizuführen oder fortdauern zu lassen.

Falsche Verdächtigung, § 164

- Objektiver Tatbestand:
  - objektiv falsche Verdächtigung eines anderen
  - der Begehung einer rechtswidrigen Tat (§ 11 I Nr. 5) oder
  - der Verletzung einer Dienstpflicht
  - bei einer zuständigen Behörde oder öffentlich

- Subjektiver Tatbestand:
  - wider besseres Wissen und
  - mit Absicht der Herbeiführung oder Weiterführung eines behördlichen Verfahrens oder einer behördlichen Maßnahme

- Rechtswidrigkeit (insbesondere: die Rechtswidrigkeit entfällt wegen des doppelten Schutzgutes nicht bei Einwilligung des Beschuldigten)

- Schuld

Schutzgüter: staatliche Rechtspflege und Schutz des Einzelnen

Idealkonkurrenz
§ 187
Subsidiarität
§ 145d

Verdächtigung: ist jedes Tätigwerden, durch das ein Verdacht auf eine andere Person gelenkt oder verstärkt werden soll.

Beispiel: Im Internet tummeln sich im Sommer 2003 Hunderte von Anbietern, die gegen Entgelt Verkehrsordnungswidrigkeiten einschließlich der »Punkte in Flensburg« übernehmen. Die beteiligten Personen machen sich einer falschen Verdächtigung nach § 164 II (in Tateinheit mit mittelbarer Falschbeurkundung, § 271) strafbar.

7. Straftaten gegen Personenstand, Ehe und Familie

Schutzgüter: richtiger Personenstand, Ehe und Familie

Das folgende Kapitel ist insbesondere für die Sozialarbeit interessant. In diesem Abschnitt des StGB sind Personenstandsfälschung (§ 169), Verletzung der Unterhaltspflicht (§ 170), Verletzung der Fürsorge- oder Erziehungspflicht (§ 171), Doppelehe (§ 172) und Beischlaf zwischen Verwandten (§ 173) geregelt.

§ 169 StGB

Personenstandsfälschung

(1) Wer ein Kind unterschiebt oder den Personenstand eines anderen gegenüber einer zur Führung von Personenstandsbüchern oder zur Feststellung des Personenstands zuständigen Behörde falsch angibt oder unterdrückt, wird mit Freiheitsstrafe bis zu zwei Jahren oder mit Geldstrafe bestraft.

Alternativen:

(2) Der Versuch ist strafbar.

- Unterschieben eines Kindes

Unterschieben eines Kindes: ist Täuschung eines anderen mit dem Ziel, dass dieser das Kind fälschlich für sein eigenes hält.

Beispiel: Anna erscheint eines Tages mit ihrem ein Jahre alten Kind bei Bruno, mit dem sie vor einiger Zeit einen »one-night-Stand« hatte, und gibt das Kind als das von B aus, wohl wissend, dass ein anderer Mann der Vater des Kindes ist. – Auch das vorsätzliche Verwechseln eines Kindes in der Klinik kann ein Unterschieben sein.

- Falsche Angabe des Personenstands

Falsche Angabe des Personenstands (insbesondere gegenüber dem Standesamt).

Beispiel: Vorsätzlich falsche Angabe des Vaters bei der Anzeige der Geburt eines Kindes durch die Mutter. – Bewusst falsche Anerkennung der Vaterschaft für ein nicht-ehelich geborenes Kind (bspw. gegen Geldzahlung durch den wirklichen – allerdings schon anderweitig verheirateten – Vater).

Unterdrücken des Personenstands (insbesondere gegenüber dem Standesamt).

• Unterdrücken des Personenstands

Beispiel: Frau verheimlicht die Geburt ihres Kindes und kommt ihrer Anzeigepflicht der Geburt gegenüber dem Standesamt nicht nach.

Verletzung der Unterhaltspflicht

§ 170 StGB

(1) Wer sich einer gesetzlichen Unterhaltspflicht entzieht, so daß der Lebensbedarf des Unterhaltsberechtigten gefährdet ist oder ohne die Hilfe anderer gefährdet wäre, wird mit Freiheitsstrafe bis zu drei Jahren oder mit Geldstrafe bestraft.

...

Unterhaltspflichten können sich insbesondere gegenüber dem getrennt lebenden oder geschiedenen Ehegatten (§§ 1569 ff. BGB) und den Kindern (§§ 1601 ff. BGB) ergeben. Nach einer neuen Untersuchung (Herbst 2003) erhalten zwei Drittel der Frauen, die Anspruch auf Trennungsunterhalt haben, keine Zahlungen. Bei drei Vierteln der Frauen, die Geld bekommen, geht es nur unregelmäßig oder unvollständig ein. Ähnlich sieht es beim Unterhalt für Kinder aus. Dabei war nach der Studie die große Mehrheit der unterhaltspflichtigen Männer durchaus zahlungsfähig. Verstöße gegen § 170 geschehen demnach in Hunderttausenden von Fällen, ohne dass es zu einer entsprechenden strafrechtlichen Verfolgung kommt!

Verletzung der Unterhaltspflicht nach §§ 1569 ff. bzw. §§ 1601 ff. BGB ist Massendelikt.

Verletzung der Fürsorge- oder Erziehungspflicht

§ 171 StGB

Wer seine Fürsorge- oder Erziehungspflicht gegenüber einer Person unter sechzehn Jahren gröblich verletzt und dadurch den Schutzbefohlenen in die Gefahr bringt, in seiner körperlichen oder psychischen Entwicklung erheblich geschädigt zu werden, einen kriminellen Lebenswandel zu führen oder der Prostitution nachzugehen, wird mit Freiheitsstrafe bis zu drei Jahren oder mit Geldstrafe bestraft.

Rechtsgut ist die gesunde körperliche und psychische Entwicklung von Kindern und Jugendlichen (unter 16 Jahren). Es muss sich um schwerwiegende Verletzung mind. einer der genannten Pflichten handeln.

Schutzgut: gesunde körperliche und seelische Entwicklung von jungen Menschen.

Beispiel: Fortgesetztes Alleinlassen des Kleinkindes ohne Versorgung über einen längeren Zeitraum. – Nichtaufsuchen eines Arztes trotz Anzeichen einer ernsthaften Erkrankung. – Häufiges Verabreichen von Alkohol an Kleinkind, um es still zu halten.

8. Wiederholungsfragen

- 1. Was schützen die §§ 113, 114? Lösung S. 121
- 2. Wie definiert das Gesetz einen Amtsträger und nennen Sie Beispiele? Lösung S. 123
- 3. Was ist eine Vollstreckungshandlung bei § 113? Lösung S. 123
- 4. Was versteht man unter einem Gefangenen? Lösung S. 124
- 5. Wann liegt eine Zusammenrottung bei § 121 vor? Lösung S. 125
- 6. Wie heißt das Schutzgut des § 123 (Hausfriedensbruch)? Lösung S. 126
- 7. Was versteht man unter einer Wohnung i.S.d. § 123? Lösung S. 127
- 8. Was versteht man unter einer kriminellen Vereinigung? Lösung S. 128
- 9. Hat sich jemand, der sich als Arzt ausgibt, ohne einer zu sein, strafbar gemacht? Lösung S. 130 f.
- 10. Was schützt der § 142? Lösung S. 132
- 11. Wie definiert man einen Unfall bei § 142? Lösung S. 133
- 12. Welche Tathandlungen sind bei Geldfälschung unter Strafe gestellt? Lösung S. 136
- 13. Welche Aussagedelikte gibt es? Lösung S. 137 f.
- 14. Wann liegt eine eidliche Aussage vor? Lösung S. 138
- 15. Wann liegt eine falsche Verdächtigung vor? Lösung S. 139 f.

Besonderer Teil:
Straftaten gegen Personen

1. Sexualdelikte 144

2. Ehrdelikte und Verletzung des persönlichen Lebensbereichs 148

3. Tötungsdelikte 155

4. Körperverletzungsdelikte 165

5. Freiheitsdelikte 172

6. Wiederholungsfragen 178

1. Sexualdelikte

Die folgenden Straftatbestände schützen die sexuelle Selbstbestimmung, die ungestörte sexuelle Entwicklung des jungen Menschen und vor schwerwiegenden Belästigungen in sexueller Hinsicht. Die Dunkelziffer der nicht angezeigten Delikte dürfte hoch sein. Zentrales Tatbestandsmerkmal ist die sexuelle Handlung. Sexuelle Handlungen sind solche, die unter Einsatz des eigenen oder fremden Körpers das Geschlechtliche im Menschen zum Gegenstand haben, wobei dies nach außen hin erkennbar und von gewisser Bedeutung und Intensität sein muss (§ 184c). Diese Erheblichkeit liegt bei bloßen Takt- oder Geschmacklosigkeiten nicht vor. Nachfolgend werden die in der Praxis bedeutsamsten Delikte ausführlicher behandelt. In diesem Abschnitt sind u.a. auch Menschenhandel und schwerer Menschenhandel (§§ 180b, 181), Zuhälterei (§ 181a) und Exhibitionistische Handlungen (§ 183) sowie Erregung öffentlichen Ärgernisses (§ 183a) geregelt.

Schutzgüter: sexuelle Selbstbestimmung, ungestörte sexuelle Entwicklung von jungen Menschen u.a.

Zentrales Tatebestandsmerkmal: sexuelle Handung

§ 174 StGB

Sexueller Missbrauch von Schutzbefohlenen

(1) Wer sexuelle Handlungen

1. an einer Person unter sechzehn Jahren, die ihm zur Erziehung, zur Ausbildung oder zur Betreuung in der Lebensführung anvertraut ist,

2. an einer Person unter achtzehn Jahren, die ihm zur Erziehung, zur Ausbildung oder zur Betreuung in der Lebensführung anvertraut oder im Rahmen eines Dienst- oder Arbeitsverhältnisses untergeordnet ist, unter Mißbrauch einer mit dem Erziehungs-, Ausbildungs-, Betreuungs-, Dienst- oder Arbeitsverhältnis verbundenen Abhängigkeit oder

3. an seinem noch nicht achtzehn Jahre alten leiblichen oder angenommenen Kind

vornimmt oder an sich von dem Schutzbefohlenen vornehmen läßt, wird mit Freiheitsstrafe bis zu fünf Jahren oder mit Geldstrafe bestraft.

...

Sexueller Mißbrauch von Schutzbefohlenen, § 174

- Objektiver Tatbestand: Sexuelle Handlung von Erheblichkeit

    - § 174 I Nr. 1: Kind unter 16 Jahren durch Sorge- bzw. Erziehungsberechtigte wie Pflege- oder Stiefeltern, Lehrer, Lehrherrn, Pfarrer, Arzt

    - § 174 I Nr. 2: Kind unter 18 Jahren durch Vorgesetzten unter Missbrauch dieses Vorgesetztenverhältnisses

    - § 174 I Nr. 3: Eigenes Kind (auch Adoptivkind) unter 18 Jahren

- Subjektiver Tatbestand: mindestens bedingter Vorsatz

- Rechtswidrigkeit

- Schuld

Schutzgut: ungestörte sexuelle Entwicklung von jungen Menschen in Abhängigkeitsverhältnissen

Idealkonkurrenz
§§ 173, 240

Spezialität
§§ 183, 185

Sexueller Mißbrauch von Kindern   § 176 StGB

(1) Wer sexuelle Handlungen an einer Person unter vierzehn Jahren (Kind) vornimmt oder an sich von dem Kind vornehmen läßt, wird mit Freiheitsstrafe von sechs Monaten bis zu zehn Jahren, in minder schweren Fällen mit Freiheitsstrafe bis zu fünf Jahren oder mit Geldstrafe bestraft.

(2) Ebenso wird bestraft, wer ein Kind dazu bestimmt, daß es sexuelle Handlungen an einem Dritten vornimmt oder von einem Dritten an sich vornehmen läßt.
...

Sexueller Mißbrauch von Kindern, § 176

- Objektiver Tatbestand:

    - Kind (unter 14 Jahren)

    - sexuelle Handlung an Kind oder vor Kind von einiger Erheblichkeit

- Subjektiver Tatbestand: mindestens bedingter Vorsatz

- Rechtswidrigkeit

- Schuld

Idealkonkurrenz
§§ 173, 174, 223 ff., 240

§ 177 StGB	**Sexuelle Nötigung; Vergewaltigung**

(1) Wer eine andere Person
1. mit Gewalt
2. durch Drohung mit gegenwärtiger Gefahr für Leib oder Leben oder
3. unter Ausnutzung einer Lage, in der das Opfer der Einwirkung des Täters schutzlos ausgeliefert ist,

nötigt, sexuelle Handlungen des Täters oder eines Dritten an sich zu dulden oder an dem Täter oder einem Dritten vorzunehmen, wird mit Freiheitsstrafe nicht unter einem Jahr bestraft.

(2) In besonders schweren Fällen ist die Strafe Freiheitsstrafe nicht unter zwei Jahren. Ein besonders schwerer Fall liegt in der Regel vor, wenn

1. der Täter mit dem Opfer den Beischlaf vollzieht oder ähnliche sexuelle Handlungen an dem Opfer vornimmt oder an sich von ihm vornehmen läßt, die dieses besonders erniedrigen, insbesondere, wenn sie mit einem Eindringen in den Körper verbunden sind (Vergewaltigung), oder
2. die Tat von mehreren gemeinschaftlich begangen wird.

(3) Auf Freiheitsstrafe nicht unter drei Jahren ist zu erkennen, wenn der Täter

1. eine Waffe oder ein anderes gefährliches Werkzeug bei sich führt,
...

(4) Auf Freiheitsstrafe nicht unter fünf Jahren ist zu erkennen, wenn der Täter

1. bei der Tat eine Waffe oder ein anderes gefährliches Werkzeug verwendet oder
2. das Opfer
   a) bei der Tat körperlich schwer mißhandelt oder
   b) durch die Tat in die Gefahr des Todes bringt.

... .

Wichtige Definitionen: Gewalt, Drohung, Nötigen	Gewalt: sind alle, eine gewisse körperliche Kraftentfaltung darstellenden Handlungen, die von der Person, gegen die sie gerichtet sind, als körperlicher Zwang empfunden werden. Drohung: ist das Inaussichtstellen eines Übels, auf dessen Eintritt der Drohende Einfluss zu haben, vorgibt. Nötigen: ist die Veranlassung eines anderen zu einem von diesem nicht gewollten Verhalten. – Der völlig neu gefasste § 177 unterscheidet nicht mehr nach dem Geschlecht des Opfers und des Täters. Täter einer sexuellen Nötigung kann auch eine Frau sein, die
Vergewaltigung ist ein besonders schwerer Fall der sexuellen Nötigung	einen Mann zu sexuellen Handlungen zwingt. Die Vergewaltigung ist

nunmehr ein besonders schwerer Fall der sexuellen Nötigung; Opfer einer Vergewaltigung kann – wie schon gesagt – auch ein Mann sein.

Sexueller Mißbrauch von Jugendlichen § 182 StGB

(1) Eine Person über achtzehn Jahre, die eine Person unter sechzehn Jahre dadurch mißbraucht, daß sie
1. unter Ausnutzung einer Zwangslage oder gegen Entgelt sexuelle Handlungen an ihr vornimmt oder an sich von ihr vornehmen läßt oder
2. diese unter Ausnutzung einer Zwangslage dazu bestimmt, sexuelle Handlungen an einem Dritten vorzunehmen oder von einem Dritten an sich vornehmen zu lassen,

wird mit Freiheitsstrafe bis zu fünf Jahren oder mit Geldstrafe bestraft.
...

Beispiel: Ein Freier hat mit einem 15-jährigen südosteuropäischen Strichjungen Sexualverkehr. Strafbarkeit des Freiers nach § 182 I Nr. 1.

Verbreitung pornographischer Schriften § 184 StGB

(1) Wer pornographische Schriften (§ 11 Abs. 3)
1. einer Person unter achtzehn Jahren anbietet, überläßt oder zugänglich macht,
2. an einem Ort, der Personen unter achtzehn Jahren zugänglich ist oder von ihnen eingesehen werden kann, ausstellt, anschlägt, vorführt oder sonst zugänglich macht,
...

wird mit Freiheitsstrafe bis zu einem Jahr oder mit Geldstrafe bestraft.
...

Beispiel: Die Kripo hat im Sommer 2003 ein neues Suchprogramm entwickelt, um Personen, die kinderpornographische Seiten aus dem Internet heruntergeladen haben, aufzuspüren. Diese haben sich nach § 184 V strafbar gemacht.

Idealkonkurrenz
§ 185

Ausübung der verbotenen Prostitution § 184d StGB

Wer einem durch Rechtsverordnung erlassenen Verbot, der Prostitution an bestimmten Orten überhaupt oder zu bestimmten Tageszeiten nachzugehen, beharrlich zuwiderhandelt, wird mit Freiheitsstrafe bis zu sechs Monaten oder mit Geldstrafe bis zu einhundertachtzig Tagessätzen bestraft.

148   Straftaten gegen Personen

Sperrbezirksverordnungen

Einzelne Städte erlassen diese sogenannten »Sperrbezirksverordnungen«, die zumeist in den gesamten Innenstädten die Prostitution verbieten. Beharrlich: bedeutet, dass der Täter das Verbot aus Missachtung oder Gleichgültigkeit immer wieder übertritt (vgl. oben: Abgrenzung zur Ordnungswidrigkeit).

2. Ehrdelikte und Verletzung des persönlichen Lebensbereichs

Schutzgut: Achtung der Persönlichkeit des Einzelnen

Die Vorschriften des 14. Abschnitts »Beleidigung« dienen der Achtung der Persönlichkeit des Einzelnen. Der wesentliche Unterschied zwischen Beleidigung (§ 185), übler Nachrede (§ 186) und Verleumdung (§ 187) liegt darin, dass bei §§ 186, 187 nur Äußerungen von Tatsachen, bei § 185 auch Äußerungen von Werturteilen unter Strafe gestellt werden. Die Beleidigung: ist die Kundgabe eigener Miss- oder Nichtachtung der Ehre eines anderen. Üble Nachrede: ist das Behaupten oder Verbreiten einer ehrenrührigen Tatsache in Beziehung auf einen anderen. Verleumdung ist das bewusst wahrheitswidrige Behaupten oder Verbreiten einer ehrenrührigen Tatsache.

BELEIDIGUNG

Beleidigung

§ 185 StGB

Die Beleidigung wird mit Freiheitsstrafe bis zu einem Jahr oder mit Geldstrafe und, wenn die Beleidigung mittels einer Tätlichkeit begangen wird, mit Freiheitsstrafe bis zu zwei Jahren oder mit Geldstrafe bestraft.

Beleidigung, § 185

- Objektiver Tatbestand: Beleidigung

    - Kundgabe der Miss- oder Nichtachtung der Ehre einer anderen Person

    - durch Wort, Schrift, Handzeichen usw. (1. Alt.) oder durch eine Tätlichkeit (2. Alt.)

- Subjektiver Tatbestand: mindestens bedingter Vorsatz

- Rechtswidrigkeit (beachte § 193)

- Schuld

- Strafantrag (§ 194)

Beleidigung ist die Kundgabe der Miss- oder Nichtachtung der Ehre eines anderen.

Tatsachen: sind alle konkreten, vergangenen oder gegenwärtigen Zustände oder Verhältnisse, die dem Beweis zugänglich sind.

Werturteile: drücken bloße Meinungen aus, ohne dass sie durch Tatsachen belegt werden können.

Beleidigungsfähigkeit: besitzt jeder Einzelne oder ein klar abgrenzbarer Personenkreis: hierzu zählen Parteien, Gewerkschaften, juristische Personen etc. (Kollektivbeleidigung); z.B. »*Familie Krajewski sind alle Schweine*«, *Abgeordnete, Bundeswehrsoldaten.*

Kollektivbeleidigung ist hinsichtlich eines klar abgrenzbaren Personenkreises möglich.

Idealkonkurrenz §§ 113, 223 Subsidiarität §§ 186, 187

Miss-, Gering- oder Nichtachtung: liegt vor, wenn die Äußerung dem Betroffenen den elementaren Menschenwert oder seinen ethischen oder sozialen Wert ganz oder teilweise abspricht und dadurch seinen Achtungsanspruch verletzt.

Beleidigung

Formen der Beleidigung und Beispiele:
- Meinungsäußerung *(»Arschloch, Schwein, Schlampe«)*
- Symbolische Handlung *(Vogelzeigen,* »*Scheibenwischer«)* oder ehrkränkende Behandlung

Formen der Beleidigung

- Ehrverletzende körperberührende Handlung *(Ohrfeige, Griff an die Brüste einer Frau, Anspucken)*
- Zumutung strafbarer oder unsittlicher Handlung *(kompromittierendes Zeitungsinserat unter fremden Namen)*
- Formalbeleidigung *(Schilderungen aus dem Intimleben)*

Beispiel: Peter hat auf seinem Auto einen Aufkleber mit dem Text: »Soldaten sind Mörder, Kurt Tucholsky«. Unter Beachtung des Grundrechts auf freie Meinungsäußerung Art. 5 GG ist nicht eindeutig aus der Formulierung zu entnehmen, dass hier ein abgrenzbarer Personenkreis wie die Bundeswehrsoldaten gemeint war (BVerfG 1994). Peter ist nicht wegen Beleidigung strafbar.

§ 186 StGB

Üble Nachrede

Wer in Beziehung auf einen anderen eine Tatsache behauptet oder verbreitet, welche denselben verächtlich zu machen oder in der öffentlichen Meinung herabzuwürdigen geeignet ist, wird, wenn nicht diese Tatsache erweislich wahr ist, mit Freiheitsstrafe bis zu einem Jahr oder mit Geldstrafe und, wenn die Tat öffentlich oder durch Verbreiten von Schriften (§ 11 Abs. 3) begangen ist, mit Freiheitsstrafe bis zu zwei Jahren oder mit Geldstrafe bestraft.

Spezialität
§ 185

Objektive Bedingung der Strafbarkeit: Nichterweislichkeit der Tatsache

Verächtlich machen: den anderen hinstellen, als ob er seinen Pflichten in der Gesellschaft nicht gerecht wird.

Herabwürdigen: ist, den guten Ruf des anderen schmälern.

Behaupten: heißt, etwas nach eigener Überzeugung als gewiss oder richtig hinstellen.

Beispiel: Bruno Petz behauptet, dass sein Nachbar Müller ein ganz gerissener Betrüger sei, obwohl ein Strafverfahren gegen ihn eingestellt wurde. Der Vorwurf der Betrugsstrafbarkeit ist nicht erweislich wahr. Bruno Petz hat sich somit wegen übler Nachrede strafbar gemacht.

§ 187 StGB

Verleumdung

Wer wider besseres Wissen in Beziehung auf einen anderen eine unwahre Tatsache behauptet oder verbreitet, welche denselben verächtlich zu machen oder in der öffentlichen Meinung herabzuwürdigen oder dessen Kredit zu gefährden geeignet ist, wird mit Freiheitsstrafe bis zu zwei Jahren oder mit Geldstrafe und, wenn die Tat öffentlich, in einer Versammlung oder durch Verbreiten von Schriften (§ 11 Abs. 3) begangen ist, mit Freiheitsstrafe bis zu fünf Jahren oder mit Geldstrafe bestraft.

Kreditgefährdung: bedeutet das Vertrauen in die Leistungsfähigkeit und Leistungswilligkeit einer Person zu beeinträchtigen.

Wahrheitsbeweis durch Strafurteil § 190 StGB

Ist die behauptete oder verbreitete Tatsache eine Straftat, so ist der Beweis der Wahrheit als erbracht anzusehen, wenn der Beleidigte wegen dieser Tat rechtskräftig verurteilt worden ist. Der Beweis der Wahrheit ist dagegen ausgeschlossen, wenn der Beleidigte von der Behauptung oder Verbreitung rechtskräftig freigesprochen worden ist.

Beleidigung trotz Wahrheitsbeweises § 192 StGB

Der Beweis der Wahrheit der behaupteten oder verbreiteten Tatsache schließt die Bestrafung nach § 185 nicht aus, wenn das Vorhandensein einer Beleidigung aus der Form der Behauptung oder Verbreitung oder aus den Umständen, unter welchen sie geschah, hervorgeht.

Beispiel: Gunther wurde von seiner Frau mit dem Milchmann betrogen. Um die beiden zu ärgern, läuft G mit einem Transparent durch die Straßen, auf dem der Milchmann als Ehebrecher bezeichnet wird. Die Tatsache ist zwar wahr, die Veröffentlichung dieser intimen Tatsachen stellt jedoch eine Ehrverletzung im Sinne einer Formalbeleidigung dar.

Wahrnehmung berechtigter Interessen § 193 StGB

Tadelnde Urteile über wissenschaftliche, künstlerische oder gewerbliche Leistungen, desgleichen Äußerungen, welche zur Ausführung oder Verteidigung von Rechten oder zur Wahrnehmung berechtigter Interessen gemacht werden, sowie Vorhaltungen und Rügen der Vorgesetzten gegen ihre Untergebenen, dienstliche Anzeigen oder Urteile von seiten eines Beamten und ähnliche Fälle sind nur insofern strafbar, als das Vorhandensein einer Beleidigung aus der Form der Äußerung oder aus den Umständen, unter welchen sie geschah, hervorgeht.

Wahrnehmung berechtigter Interessen: bedeutet die Verfolgung eines vom Recht als schutzwürdig anerkannten öffentlichen oder privaten, ideellen oder materiellen Zwecks.

Beispiel: Die Behauptung eines Angeklagten, der Zeuge würde lügen, ist zwar eine Beleidigung, jedoch nach § 193 nicht rechtswidrig.

Beispiel: vgl. Beispiel oben zu § 153: A sieht des Abends, wie der mit zwei ...

Die Behauptung des A, er habe B genau als Fahrer erkannt, bedeutet (da Alkoholisierung des B feststeht), B habe eine Straftat nach § 315c I begangen. Die behauptete Tatsache ist ehrenrührig und geeignet, den B verächtlich zu machen. A hat die Behauptung auch Dritten gegenüber (Richter, Staatsanwalt usw.) in Beziehung auf den B geäußert. Zwar ist üble Nachrede nach hM gem. § 193 gerechtfertigt, wenn der Täter seiner Zeugenpflicht nachkommt; dies hat A aber durch seine Zeugenaussage gerade nicht getan. Objektive Bedingung der Strafbarkeit ist, dass die Tatsache nicht erweislich wahr ist. Die von A geäußerte Behauptung ist nicht erweislich wahr; dies wäre der Fall, wenn das Gericht im Verfahren gegen B zu der Überzeugung gelangt wäre, sie sei wahr. A ist strafbar (§ 186 1. Alt.). Ob die üble Nachrede auch öffentlich begangen war (2. Alt.), hängt davon ab, ob unbeteiligte Zuhörer im Gerichtssaal anwesend waren (dann ja) oder nur Richter, StA, Protokollführer, Verteidiger (dann nein). – A könnte auch eine Beleidigung gegenüber B begangen haben (§ 185), da er die ehrenrührige Tatsachenbehauptung in Anwesenheit des B gemacht hat. Bei § 185 ist die Unwahrheit der Behauptung Tatbestandsmerkmal, da der Betroffene nur im Fall der Unwahrheit herabgewürdigt wird. Da im Strafverfahren nicht festgestellt werden kann, ob B oder V gefahren ist, muss dies »in dubio pro reo« zugunsten des A gewertet werden: A ist nicht nach § 185 strafbar. – Indem B die V als Täterin einer Straßenverkehrsgefährdung bezeichnete, hat er in Bezug auf die V eine unwahre ehrenrührige Tatsachenbehauptung aufgestellt. B handelte vorsätzlich und hinsichtlich der Unwahrheit der Behauptung wider besseres Wissen. Allerdings dürfte die Tat (§ 187) durch die Einwilligung der V gerechtfertigt sein (str.).

Die Vorschriften des 15. Abschnitts »Verletzung des persönlichen Lebens- und Geheimbereichs« haben als Rechtsgut den Schutz der Intimsphäre, Datenschutz.

Neben den abgedruckten Vorschriften sind in diesem Abschnitt Verletzung des Briefgeheimnisses (§ 202), Ausspähen von Daten (§ 202a), Verwertung fremder Geheimnisse (§ 204) und Verletzung des Post- und Fernmeldegeheimnisses (§ 206) geregelt. Strafantrag ist in den Fällen der §§ 201 I und II, 202 – 204 erforderlich (§ 205). »Unbefugt« muss in allen Vorschriften die Verletzung sein. Die Befugnis ist nach hM als Rechtfertigungsgrund anzusehen: bspw. die Einwilligung des Gesprächspartners mit der Aufzeichnung, Notwehr (§ 32) gegenüber einem Erpresser oder einziges Mittel zum Schutz eines höherwertigen Rechtsgutes (s.o. bei Rechtfertigungsgründen).

Verletzung der Vertraulichkeit des Wortes § 201 StGB

(1) Mit Freiheitsstrafe bis zu drei Jahren oder mit Geldstrafe wird bestraft, wer unbefugt

1. das nichtöffentlich gesprochene Wort eines anderen auf einen Tonträger aufnimmt oder
2. eine so hergestellte Aufnahme gebraucht oder einem Dritten zugänglich macht.

(2) Ebenso wird bestraft, wer unbefugt

1. das nicht zu seiner Kenntnis bestimmte nichtöffentlich gesprochene Wort eines anderen mit einem Abhörgerät abhört oder ... .

Beispiele: Aufzeichnung eines Telefongespräches ohne Kenntnis des Gesprächpartners (§ 201 I Nr. 1). – Anbringen von »Wanzen« in den Geschäftsräumen der Konkurrenz (§ 201 II Nr. 1).

Verletzung von Privatgeheimnissen § 203 StGB

(1) Wer unbefugt ein fremdes Geheimnis, namentlich ein zum persönlichen Lebensbereich gehörendes Geheimnis oder ein Betriebs- oder Geschäftsgeheimnis, offenbart, das ihm als

1. Arzt, Zahnarzt, Tierarzt, Apotheker oder Angehörigen eines anderen Heilberufes ...
2. Berufspsychologen ...
3. Rechtsanwalt, Patentanwalt, Notar, Verteidiger ...
4. Ehe-, Familien-, Erziehungs- oder Jugendberater sowie Berater für Suchtfragen, die von einer Behörde oder Körperschaft, Anstalt oder Stiftung des öffentlichen Rechts anerkannt ist.
4a. Mitglied oder Beauftragten einer anerkannten Beratungsstelle nach den §§ 3 und 8 des Schwangerschaftskonfliktgesetzes,
5. staatlich anerkanntem Sozialarbeiter oder staatlich anerkanntem Sozialpädagogen oder

...

anvertraut worden oder sonst bekanntgeworden ist, wird mit Freiheitsstrafe bis zu einem Jahr oder mit Geldstrafe bestraft.

...

(3) ... Den in Absatz 1 und Satz 1 Genannten stehen ihre berufsmäßig tätigen Gehilfen und die Personen gleich, die bei ihnen zur Vorbereitung auf den Beruf tätig sind. ...

Geheimnis: sind solche Tatsachen, die nur einem einzelnen oder wenigen Personen bekannt sind und an deren Geheimhaltung der Betroffene ein schutzwürdiges Interesse hat. Das Geheimnis muss dem Sozialarbeiter (bzw. einem Angehörigen der anderen genannten Berufe) in

Wichtige Definition: »Geheimnis«!

seiner beruflichen Eigenschaft mitgeteilt worden sein und durch ihn offenbart worden sein, was auch durch Unterlassen geschehen kann.

Beispiel: In einer Drogenberatungsstelle erfährt Sozialarbeiter von einem Klienten »unter dem Siegel der Verschwiegenheit«, dass er AIDS-krank ist. Sozialarbeiter lässt die Aktennotiz auf dem Schreibtisch offen liegen, so dass andere Klienten, Putzfrau usw. sie lesen können.

Rechtfertigungsgrund gegeben, wenn Offenbarungsbefugnis oder Verpflichtung besteht: z.B. rechtfertigender Notstand oder Anzeige- oder Berichtspflicht.	Wenn Offenbarungsbefugnisse oder -verpflichtungen bestehen, handelt Sozialarbeiter *(erfasst sind durch § 203 bspw. auch Urlaubsvertretung, Schreibkraft, Praktikantin)* nicht rechtswidrig; z.B. dann, wenn:

- der Betroffene einwilligt *(z.B. in Erörterung in Supervision)*
- rechtfertigender Notstand (§ 34) vorliegt: *Klientin erzählt »nur Ihnen«, dass ihr Lebensgefährte ihre zehnjährige Tochter missbraucht, Sozialarbeiter sieht keine andere Möglichkeit als Anzeige, um das Kind vor weiterem Missbrauch zu schützen*
- Anzeigepflicht nach § 138 (s.o.) oder § 182 II 2 StVollzG: *Anstaltspsychologe erfährt in Therapie von geplanter Geiselnahme.*
- Berichtspflicht des Bewährungshelfers nach § 56d III 3 und 4 (s.o.)
- Zeugnispflicht – etwa im Strafverfahren – besteht. § 53 StPO gibt nur Mitarbeitern in anerkannten Drogenberatungs- und Schwangerenkonfliktberatungsstellen Zeugnisverweigerungsrecht. Andere Sozialarbeiter sollten Richter auf ihre Schweigepflicht – etwa nach §§ 61 ff. SGB VIII (KJHG), 67 ff. SGB X – hinweisen; nach BVerfG kann sich in gravierenden Konfliktfällen ausnahmsweise ein ZVR aus Art.1 I; 2 I GG ergeben.

3. Tötungsdelikte

MORD UND TOTSCHLAG

Aus dem Art. 2 II 1 GG folgt der Grundsatz des absoluten menschlichen Lebensschutzes. Der strafrechtliche Schutz des menschlichen Lebens beginnt mit dem Einsetzen der Geburtswehen (anders als in § 1 BGB!) und endet mit dem Hirntod (= dem irreversiblen Erlöschen der gesamten Hirntätigkeit). Erfasst wird durch die §§ 211 ff. nur die Tötung eines anderen Menschen: Selbsttötung, Versuch der Selbsttötung, Beteiligung an der Selbsttötung eines anderen (mangels Haupttat) bleiben straflos. Zur Abgrenzung zwischen strafbarer aktiver Sterbehilfe und strafloser passiver Sterbehilfe (durch Unterlassen lebensverlängernder Maßnahmen) vgl. oben!

absoluter Schutz menschlichen Lebens

3.1. Mord

Mord ist die besonders verwerfliche Tötung eines anderen Menschen und ist daher mit lebenslanger Freiheitsstrafe bedroht. Nach der
- Lehre ist § 212 (Totschlag) das Grunddelikt, § 211 (Mord) das qualifizierte Delikt. Konsequenz bei der 1. und 3. Gruppe der Mordmerkmale: Teilnehmer werden über § 28 II nur nach § 212 bestraft, wenn bei ihnen das (täterbezogene) Mordmerkmal fehlt.

Mord ist die besonders verwerfliche Tötung eines anderen Menschen.

Verhältnis Mord zu Totschlag: zwischen Lehre und Rechtsprechung streitig.

- Auffassung des BGH sind § 211 (Mord) und § 212 (Totschlag) zwei selbständige Tatbestände. Konsequenz: Teilnehmer werden immer nach § 211 bestraft (wenn beim Haupttäter § 211 bejaht wird), evtl. nach § 28 I milder.

Der Mordtatbestand kennt drei Gruppen von Merkmalen:

Mordmerkmale:
- 1. Gruppe: Motiv verwerflich
- 2. Gruppe: Tatausführung verwerflich
- 3. Gruppe: Zielsetzung verwerflich

- erste Gruppe = Verwerflichkeit des Motivs (Beweggrundes) (da täterbezogen-subjektiv: zu prüfen im subjektiven Tatbestand; Konsequenz: s.o.)
- zweite Gruppe = Art und Weise der Tatausführung (da tatbezogen-objektiv: zu prüfen im objektiven Tatbestand; Teilnehmer werden ebenfalls nach § 211 bestraft)
- dritte Gruppe = Verwerfliche Zielsetzung (da täterbezogen-subjektiv: zu prüfen im subjektiven Tatbestand; Konsequenz: s.o.).

§ 211 StGB

Mord

(1) Der Mörder wird mit lebenslanger Freiheitsstrafe bestraft.

(2) Mörder ist, wer

aus Mordlust, zur Befriedigung des Geschlechtstriebs, aus Habgier oder sonst aus niedrigen Beweggründen,

heimtückisch oder grausam oder mit gemeingefährlichen Mitteln oder

um eine andere Straftat zu ermöglichen oder zu verdecken,

einen Menschen tötet.

Mord, § 211 – Merkmale zweiter Gruppe (Tatausführung)

Mordmerkmale der 2. Gruppe

- Objektiver Tatbestand:
    - Tötung eines Menschen
    - besonders verwerfliche Art und Weise der Tatbegehung
        - grausam oder
        - mit gemeingefährlichen Mitteln oder
        - auf heimtückische Weise
- Subjektiver Tatbestand: mindestens bedingter Vorsatz
- Rechtswidrigkeit
- Schuld

Wichtige Definitionen: grausam ...

Grausam: ist das Zufügen besonders schwerer Qualen körperlicher oder seelischer Art aus unbarmherziger Gesinnung.

Gemeingefährliche Mittel: sind Tatmittel, deren Auswirkungen der Täter im Einzelfall nicht sicher zu beherrschen vermag und deren Einsatz daher eine Gefahr für eine unbestimmte Anzahl anderer Personen mit sich bringt *(z.B. Sprengstoff, Bomben)*.

Wichtige Definitionen: ... gemeingefährliche Mittel, Heimtücke, Arglosigkeit, Wehrlosigkeit, Ausnutzen!

Heimtücke: ist das bewusste Ausnutzen der Arg- und Wehrlosigkeit des Opfers, in feindseliger Willensrichtung; liegt nicht vor, wenn der Täter offen feindselig auftritt. Bereits oben wurde darauf hingewiesen, dass es nach der Rspr »mildere Fälle« gibt, bei der von der absoluten Strafdrohung (lebenslänglich) abgesehen werden kann (sog. Haustyrannenmordfälle). In diesen Fällen wird oft von der »Notwehr des kleinen Mannes« gesprochen.

Arglosigkeit: ist gegeben, wenn sich das Opfer zum Zeitpunkt der Tat keines Angriffs auf Körper und Leben versieht. Das Opfer muss jedoch zum Argwohn fähig sein; letzteres fehlt *z.B. bei Bewusstlosen und wohl auch bei Kleinkindern.* Der Schlafende wird idR seine Arglosigkeit mit in den Schlaf nehmen.

Wehrlosigkeit: ist gegeben, wenn das Opfer infolge seiner Arglosigkeit zur Verteidigung unfähig oder eingeschränkt ist.

Ausnutzen: liegt vor, wenn die Arg- und Wehrlosigkeit in hinterhältiger, feindseliger Willensrichtung zum überraschenden Angriff genutzt wird.

Mord, § 211 – Merkmale erster Gruppe (Beweggrund)

- Objektiver Tatbestand: Tötung eines Menschen

Mordmerkmale der 1. Gruppe

- Subjektiver Tatbestand:

– mindestens bedingter Vorsatz und

– besondere Verwerflichkeit des Beweggrundes:

  - Mordlust oder

  - zur Befriedigung des Geschlechtstriebs oder

  - aus Habgier oder

  - sonstige niedrige Beweggründe

- Rechtswidrigkeit

- Schuld

Mordlust: liegt vor, wenn das Motiv Freude daran ist, einen Menschen sterben zu sehen (Sadist).

Wichtige Definitionen: Mordlust...

158 *Straftaten gegen Personen*

Wichtige Definitionen: ... zur Befriedigung des Geschlechtstriebs, Habgier, sonstige niedrige Beweggründe!

Idealkonkurrenz
§§ 178, 239a, 239b, 242 ff., 249 ff. 315b
Subsidiarität
§§ 223 ff.

Befriedigung des Geschlechtstriebs: liegt vor, wenn wesentliches Motiv die geschlechtliche Befriedigung durch Töten (Lustmord) oder nach dem Töten ist.

Habgier: ist das ungezügelte und rücksichtslose Streben nach Gewinn um jeden Preis *(Erbonkel, der »nicht sterben will«).*

Sonstige niedrige Beweggründe: sind alle sonstigen Tatantriebe, die sittlich auf niedrigster Stufe stehen und nach allgemeinen Wertmaßstäben besonders verwerflich sind *(nur, weil Opfer schwarze Hautfarbe hat).*

Mordmerkmale der 3. Gruppe

Mord, § 211 – Merkmale dritter Gruppe (Zweck)

- Objektiver Tatbestand: Tötung eines Menschen

- Subjektiver Tatbestand: mindestens bedingter Vorsatz bezüglich Tötung und Absicht bezüglich der Merkmale dritter Gruppe (besonders verwerflicher Zweck)
    - Ermöglichung einer anderen Straftat oder
    - Verdeckung einer anderen Straftat

- Rechtswidrigkeit

- Schuld

Wichtige Definitionen: Ermöglichen bzw. Verdecken einer Straftat

Ermöglichen einer Straftat: Tötung muss aus der Sicht des Täters notwendiges Mittel zur Ermöglichung einer anderen Straftat sein *(Wachmann wird getötet, um ins Warenlager zu gelangen, das »geräumt« werden soll).*

Verdecken: ist gegeben, wenn die Tötung Mittel ist, um nicht wegen einer anderen Straftat verfolgt zu werden *(Einbruchsdieb tötet Wohnungsinhaber, der ihn überrascht).*

3.2. Totschlag

§ 212 StGB

Totschlag
(1) Wer einen Menschen tötet, ohne Mörder zu sein, wird als Totschläger mit Freiheitsstrafe nicht unter fünf Jahren bestraft.
(2) In besonders schweren Fällen ist auf lebenslange Freiheitsstrafe zu erkennen.

Totschlag, § 212

- Objektiver Tatbestand: Tod eines anderen Menschen
- Subjektiver Tatbestand: mindestens bedingter Vorsatz
- Rechtswidrigkeit
- Schuld
- evtl. § 213 Minder schwerer Fall (Strafzumessungsregel)

Idealkonkurrenz und Subsidiarität wie § 211

Beispiel: Jil und Jonny streiten sich, prügeln aufeinander ein. Jil erwürgt Jonny dabei. Jil ist des Totschlags strafbar. Mordmerkmale nach § 211 sind hier nicht ersichtlich.

Beispiel: Der bei einem Autounfall verunglückte Fritz Pech ist schwerverletzt und wird mit Hilfe der Herz-Lungen-Maschine nur noch einige Tage leben. Um ein anderes Unfallopfer zu retten, entnimmt der Arzt das Herz von Pech und verpflanzt es. Pech stirbt und der andere überlebt. Der Arzt hat sich eines Totschlags strafbar gemacht, da Pech noch am Leben war, seine Gehirnfunktion war noch tätig. Jede lebensverkürzende Tötung, auch wenn sie ein Leben nur minimal abkürzt und selbst wenn sie ein anderes Leben rettet, ist tatbestandsmäßig im Sinne des § 212.

Minder schwerer Fall des Totschlags

§ 213 StGB

War der Totschläger ohne eigene Schuld durch eine ihm oder einem Angehörigen zugefügte Mißhandlung oder schwere Beleidigung von dem Getöteten zum Zorn gereizt und hierdurch auf der Stelle zur Tat hingerissen worden oder liegt sonst ein minder schwerer Fall vor, so ist die Strafe Freiheitsstrafe von einem Jahr bis zu zehn Jahren.

§ 213 ist Strafzumessungsregel. Totschlag im Affekt: liegt dann vor, wenn bei Gesamtwürdigung von Tat und Täter die Anwendung des normalen Strafrahmens des Totschlags gem. § 212 zu hart sein würde, wie z.B. bei vorangegangenen schweren Beleidigungen, Beschimpfung wegen sexueller Leistungsunfähigkeit oder: Ehemann erwischt Ehefrau mit ihrem Liebhaber »in flagranti«.

Insbesondere bei Totschlag im Affekt gilt Strafzumessungsregel des § 213.

Tötung auf Verlangen

§ 216 StGB

(1) Ist jemand durch das ausdrückliche und ernstliche Verlangen des Getöteten zur Tötung bestimmt worden, so ist auf Freiheitsstrafe von sechs Monaten bis zu fünf Jahren zu erkennen.

(2) Der Versuch ist strafbar.

Tötung auf Verlangen, § 216 (= Privilegierung)

Tötung auf Verlangen ist Privilegierung zu Totschlag.

- Objektiver Tatbestand: Tötung eines Menschen
  - ausdrückliches und ernsthaftes Verlangen des Opfers
  - Verlangen des Opfers muss Täter zur Tat bestimmt haben; nicht wenn Täter schon zur Tat entschlossen war.
- Subjektiver Tatbestand: mindestens bedingter Vorsatz
- Rechtswidrigkeit
- Schuld

Unterscheide § 216 von strafloser Beihilfe zur Selbsttötung.

Tötung: es darf sich nicht um bloße Beihilfe zur Selbsttötung handeln (diese ist nicht strafbar). Die Abgrenzung erfolgt danach, wer das Geschehen tatsächlich beherrscht.

Verlangen: es muss ein opfereigener Wunsch gewesen sein und mehr als nur eine Einwilligung.

Ernsthaft: ist das Verlangen nur dann, wenn es auf einem frei-verantwortlichen Willensentschluss beruht.

Beispiel: Der unheilbar krebskranke Patient bittet den Arzt um die erlösende Spritze, die dieser ihm injiziert. Für den Arzt greift die Privilegierung des § 216 und schließt somit Totschlag aus.

3.3. Schwangerschaftsabbruch

Der § 218 ist immer wieder Objekt hitziger politischer Debatten gewesen. Das BVerfG hatte mehrfach über die Verfassungsmäßigkeit der wechselnden Regelungen zu befinden. Die Frage des Schwangerschaftsabbruches berührt die Frage, wann Leben beginnt. Nur unter engen (Ausnahme-) Voraussetzungen ist der – grundsätzlich strafbare – Schwangerschaftsabbruch nicht strafbar. Dabei spielt die vorgeschriebene Schwangerenberatung durch eine anerkannte Schwangerschaftskonfliktberatungsstelle eine besondere Rolle (§ 219). Inzwischen ist weitgehend Ruhe »an dieser Front« eingekehrt.

Schutzgut: werdendes Leben

§ 218 StGB

Schwangerschaftsabbruch

(1) Wer eine Schwangerschaft abbricht, wird mit Freiheitsstrafe bis zu drei Jahren oder mit Geldstrafe bestraft. Handlungen, deren Wirkung vor Abschluß der Einnistung des befruchteten Eies in der Gebärmutter eintritt, gelten nicht als Schwangerschaftsabbruch im Sinne dieses Gesetzes.

(2) In besonders schweren Fällen ist die Strafe Freiheitsstrafe von sechs Monaten bis zu fünf Jahren. Ein besonders schwerer Fall liegt in der Regel vor, wenn der Täter

1. gegen den Willen der Schwangeren handelt oder
2. leichtfertig die Gefahr des Todes oder einer schweren Gesundheitsschädigung der Schwangeren verursacht.

(3) Begeht die Schwangere die Tat, so ist die Strafe Freiheitsstrafe bis zu einem Jahr oder Geldstrafe.

(4) Der Versuch ist strafbar. Die Schwangere wird nicht wegen Versuchs bestraft.

Straflosigkeit des Schwangerschaftsabbruchs § 218a StGB

(1) Der Tatbestand des § 218 ist nicht verwirklicht, wenn

1. die Schwangere den Schwangerschaftsabbruch verlangt und dem Arzt durch eine Bescheinigung nach § 219 Abs.2 Satz 2 nachgewiesen hat, daß sie sich mindestens drei Tage vor dem Eingriff hat beraten lassen,
2. der Schwangerschaftsabbruch von einem Arzt vorgenommen wird und
3. seit der Empfängnis nicht mehr als zwölf Wochen vergangen sind.

(2) Der mit Einwilligung der Schwangeren von einem Arzt vorgenommene Schwangerschaftsabbruch ist nicht rechtswidrig, wenn der Abbruch der Schwangerschaft unter Berücksichtigung der gegenwärtigen und zukünftigen Lebensverhältnisse der Schwangeren nach ärztlicher Erkenntnis angezeigt ist, um eine Gefahr für das Leben oder die Gefahr einer schwerwiegenden Beeinträchtigung des körperlichen oder seelischen Gesundheitszustandes der Schwangeren abzuwenden, und die Gefahr nicht auf eine andere für sie zumutbare Weise abgewendet werden kann.

(3) Die Voraussetzungen des Absatzes 2 gelten bei einem Schwangerschaftsabbruch, der mit Einwilligung der Schwangeren von einem Arzt vorgenommen wird, auch als erfüllt, wenn nach ärztlicher Erkenntnis an der Schwangeren eine rechtswidrige Tat nach den §§ 176 bis 179 des Strafgesetzbuches begangen worden ist, dringende Gründe für die Annahme sprechen, daß die Schwangerschaft auf der Tat beruht, und seit der Empfängnis nicht mehr als zwölf Wochen vergangen sind.

...

(4) Die Schwangere ist nicht nach § 218 strafbar, wenn der Schwangerschaftsabbruch nach Beratung (§ 219) von einem Arzt vorgenommen worden ist und seit der Empfängnis nicht mehr als zweiundzwanzig Wochen verstrichen sind. Das Gericht kann von Strafe nach § 218

absehen, wenn die Schwangere sich zur Zeit des Eingriffs in besonderer Bedrängnis befunden hat.

| § 219 StGB | **Beratung der Schwangeren in einer Not- und Konfliktlage** |

(1) Die Beratung dient dem Schutz des ungeborenen Lebens. Sie hat sich von dem Bemühen leiten zu lassen, die Frau zur Fortsetzung der Schwangerschaft zu ermutigen und ihr Perspektiven für ein Leben mit dem Kind zu eröffnen; sie soll ihr helfen, eine verantwortliche und gewissenhafte Entscheidung zu treffen. Dabei muß der Frau bewußt sein, daß das Ungeborene in jedem Stadium der Schwangerschaft auch ihr gegenüber ein eigenes Recht auf Leben hat und daß deshalb nach der Rechtsordnung ein Schwangerschaftsabbruch nur in Ausnahmesituationen in Betracht kommen kann, wenn der Frau durch das Austragen des Kindes eine Belastung erwächst, die so schwer und außergewöhnlich ist, daß sie die zumutbare Opfergrenze übersteigt. ...

(2) Die Beratung hat nach dem Schwangerschaftskonfliktgesetz durch eine anerkannte Schwangerschaftskonfliktberatungsstelle zu erfolgen. Die Beratungsstelle hat der Schwangeren nach Abschluß der Beratung hierüber eine ... Bescheinigung ... auszustellen. Der Arzt, der den Abbruch der Schwangerschaft vornimmt, ist als Berater ausgeschlossen.

Differenzierte Vorgehensweise des Gesetzgebers, je nachdem, ob
- Tatbestand nicht erfüllt
- Rechtfertigungsgrund vorliegt
- persönlicher Strafausschließungsgrund vorliegt
- Schwangere wegen besonderer Bedrängnis straffrei bleibt.

Der Gesetzgeber hat versucht, den Vorgaben des BVerfG zu folgen; er differenziert:

- unter den Voraussetzungen des § 218a I ist der Tatbestand des § 218 nicht erfüllt;
- unter den Voraussetzungen des § 218a II (physisch-psychisch medizinische Indikation: auch wenn Mutter bspw. an der zu erwartenden Behinderung des Kindes voraussichtlich psychisch erkranken wird) oder des § 218a III (kriminologische Indikation: Kind entspringt einer Vergewaltigung) ist zwar der Tatbestand des § 218 erfüllt, es liegt aber ein Rechtfertigungsgrund vor;
- unter der Voraussetzung des § 218a IV 1 liegt ein persönlicher Strafausschließungsgrund vor;
- befand sich die Schwangere zur Zeit des Eingriffs in besonderer Bedrängnis (sehr schwierige materielle oder psychische Situation), kann das Gericht nach § 218a IV 2 von Strafe absehen, auch wenn die übrigen Voraussetzungen nicht erfüllt sind (Fristen nicht eingehalten, nicht von Arzt vorgenommen, keine Pflichtberatung in Anspruch genommen).

Leibesfrucht: Das in der Gebärmutter eingenistete befruchtete Ei (nicht in Retorte).

Abbruch: jede Einwirkung, die die Abtötung der Leibesfrucht bewirkt.

3.4. Aussetzung

Aussetzung § 221 StGB

(1) Wer einen Menschen
1. in eine hilflose Lage versetzt oder
2. in einer hilflosen Lage im Stich läßt, obwohl er ihn in seiner Obhut hat oder ihm sonst beizustehen verpflichtet ist,

und ihn dadurch der Gefahr des Todes oder einer schweren Gesundheitsschädigung aussetzt, wird mit Freiheitsstrafe von drei Monaten bis zu fünf Jahren bestraft.

(2) Auf Freiheitsstrafe von einem Jahr bis zu zehn Jahren ist zu erkennen, wenn der Täter
1. die Tat gegen sein Kind oder eine Person begeht, die ihm zur Erziehung oder zur Betreuung in der Lebensführung anvertraut ist, oder
2. durch die Tat eine schwere Gesundheitsschädigung des Opfers verursacht.

(3) Verursacht der Täter durch die Tat den Tod des Opfers, so ist die Strafe Freiheitsstrafe nicht unter drei Jahren.

...

Es handelt sich um ein konkretes Gefährdungsdelikt in Bezug auf das Leben oder eine schwere Gesundheitsschädigung eines anderen. Unterscheide bei Abs. 1:

- nach Nr. 1 führt der Täter die hilflose Lage des Opfers herbei, wobei idR eine Veränderung des Aufenthaltsortes erfolgt
- nach Nr. 2 lässt der Täter das Opfer im Stich, wobei eine Obhuts- oder Beistandspflicht des Täters vorausgesetzt wird; für diese Pflicht sind die Grundsätze der Garantenstellung beim unechten Unterlassungsdelikt maßgebend (z.B. aus Gesetz, Gewährsübernahme, aus pflichtwidrigem Vorverhalten).

Folge der Tathandlung nach Nr. 1 oder Nr. 2 muss die Gefahr des Todes oder einer schweren Gesundheitsschädigung sein, wobei die erhebliche Intensivierung einer bereits vorliegenden Gefahr genügt.

Abs. 2 enthält eine Qualifizierung: wenn sich die Tat gegen das eigene Kind, das Pflegekind, das Heimkind, den im Heim untergebrachten psychisch Kranken usw. richtet, erhöht sich die Strafdrohung. Nach Abs.3 tritt weitere Strafschärfung ein, wenn durch die Tat der Tod des Opfers (wenigstens fahrlässig, § 18) verursacht wird. § 221 III ist gegenüber § 222 spezieller; gegenüber vorsätzlichem Tötungsdelikt jedoch subsidiär.

Margin notes:
- konkretes Gefährdungsdelikt in Bezug auf Leben oder schwere Gesundheitsschädigung eines anderen
- Idealkonkurrenz §§ 142, 169, 223 ff.
- Abs. 2 enthält Qualifizierung.

3.5. Fahrlässige Tötung

Zu den Fahrlässigkeitdelikten sind im Allg. Teil umfangreiche Ausführungen enthalten; bitte zunächst vergleichen!

§ 222 StGB

Fahrlässige Tötung

Wer durch Fahrlässigkeit den Tod eines Menschen verursacht, wird mit Freiheitsstrafe bis zu fünf Jahren oder mit Geldstrafe bestraft.

Fahrlässige Tötung, § 222

Idealkonkurrenz
§§ 315 ff.
Subsidiarität
§§ 226, 239 III

- Objektiver Tatbestand:

  - Tötung eines anderen Menschen

  - objektive Sorgfaltspflichtverletzung

  - objektive Vorhersehbarkeit der Tatbestandsverwirklichung

  - Pflichtwidrigkeitszusammenhang zwischen Sorgfaltspflichtverletzung und Erfolg (Vermeidbarkeit des Erfolgs bei rechtmäßigem Alternativverhalten?)

- Rechtswidrigkeit

- Schuld.

  - subjektive Sorgfaltspflichtverletzung

  - subjektive Vorhersehbarkeit

4. Körperverletzungsdelikte

KÖRPERVERLETZUNG

Der Rechtsgüterschutz bezweckt die körperliche Unversehrtheit eines anderen Menschen, aber auch die psychische Gesundheit wird in der zweiten Variante des Grundtatbestands, § 223, geschützt.

Rechtsgüter: körperliche Unversehrtheit, psychische Gesundheit

Qualifizierungen sind:

Qualifizierungen

- Gefährliche Körperverletzung, § 224
- Schwere Körperverletzung, § 226
- Körperverletzung mit Todesfolge, § 227

Sondertatbestände sind:

Sondertatbestände

- Mißhandlung von Schutzbefohlenen, § 225
- Beteiligung an einer Schlägerei, § 231

4.1. Grundtatbestand

Körperverletzung § 223 StGB

(1) Wer eine andere Person körperlich mißhandelt oder an der Gesundheit beschädigt, wird mit Freiheitsstrafe bis zu fünf Jahren oder mit Geldstrafe bestraft.
(2) Der Versuch ist strafbar.

Körperverletzung, § 223

Idealkonkurrenz §§ 113, 177

- Objektiver Tatbestand:
  - körperliches Misshandeln oder
  - Gesundheitsbeschädigung
  - eines anderen Menschen
- Subjektiver Tatbestand: mindestens bedingter Vorsatz
- Rechtswidrigkeit
- Schuld
- Strafantrag, § 230

Wichtige Definitionen: körperliches Misshandeln, Gesundheitsbeschädigung

Körperliches Misshandeln: ist jede üble unangemessene Behandlung, die das körperliche Wohlbefinden oder die körperliche Unversehrtheit nicht nur unerheblich beeinträchtigt. Darunter fallen alle substanzverletzenden Einwirkungen, *wie Beibringen einer Beule oder Prellung, des Verlustes von Zähnen usw.* Häufig wird die Tathandlung einen körperlichen Schmerz hervorrufen, zwingend ist dies jedoch nicht.

Gesundheitsbeschädigung: Hervorrufen oder Steigern eines krankhaften (pathologischen) Zustandes körperlicher oder psychischer Art. *Hierunter fallen z.B. das vorsätzliche Anstecken mit einer Krankheit (auch AIDS), aber auch die Herbeiführung einer psychischen Erkrankung durch nächtliche Telefonanrufe oder anderen »Psychoterror«.*

Oft wird die Tathandlung beide Varianten erfüllen (gleichwohl nur *eine* Körperverletzung).

4.2. Qualifizierungen

§ 224 StGB

Gefährliche Körperverletzung

(1) Wer die Körperverletzung
1. durch Beibringung von Gift oder anderen gesundheitsschädlichen Stoffen,
2. mittels einer Waffe oder eines anderen gefährlichen Werkzeugs,
3. mittels eines hinterlistigen Überfalls,
4. mit einem anderen Beteiligten gemeinschaftlich oder
5. mittels einer das Leben gefährdenden Behandlung

begeht, wird mit Freiheitsstrafe von sechs Monaten bis zu zehn Jahren, in minder schweren Fällen mit Freiheitsstrafe von drei Monaten bis zu fünf Jahren bestraft.

(2) Der Versuch ist strafbar.

Gefährliche Körperverletzung, §§ 224

- Objektiver Tatbestand:
  - Körperverletzung gem. § 223
  - in einer der fünf Varianten des § 224
- Subjektiver Tatbestand: mindestens bedingter Vorsatz
- Rechtswidrigkeit
- Schuld

gefährliche Begehungsweise maßgebend

Gift: ist jeder organische oder anorganische Stoff, der durch chemische Wirkung die Gesundheit zu beeinträchtigen vermag *(Arsen, Strychnin usw.)*. Gesundheitsschädliche Stoffe: sind solche, die in der konkreten Verwendung geeignet sind, erhebliche Gesundheitsschäden herbeizuführen *(Haushaltsreinigungsmittel usw.)*.

Wichtige Definitionen: Gift, gefährliches Werkzeug, Waffe, hinterlistiger Überfall, lebensgefährdende Behandlung!

Gefährliches Werkzeug: ist jeder Gegenstand, der nach seiner konkreten Verwendung geeignet ist, erhebliche Verletzungen herbeizuführen *(also auch der Kugelschreiber, der ins Auge getrieben wird; der Tritt mit einem mit Eisenkanten versehenen Stiefel in die Weichteile usw.)*.

Waffe: iSv § 1 WaffG ist nur ein Unterfall, ein »besonders gefährliches Werkzeug«.

Hinterlistiger Überfall: ist jeder unerwartete Angriff auf einen Ahnungslosen, der planmäßig-berechnend die tatsächliche Absicht verdeckt, um die Abwehr zu erschweren *(Einladung zu einem privaten Versöhnungsessen in der Absicht, die ahnungslose Freundin, die sich vom Täter getrennt hat, zu »malträtieren«)*.

Mit einem anderen Beteiligten gemeinschaftlich: mindestens zwei Personen wirken – meist als Mittäter (aber nicht zwingend) – an der Tatbegehung mit.

Lebensgefährdende Behandlung: liegt vor, wenn die verletzende Handlung konkret geeignet ist, das Leben des Opfers zu gefährden.

Schwere Körperverletzung   § 226 StGB

(1) Hat die Körperverletzung zur Folge, daß die verletzte Person
1. das Sehvermögen auf einem Auge oder beiden Augen, das Gehör, das Sprechvermögen oder die Fortpflanzungsfähigkeit verliert,
2. ein wichtiges Glied des Körpers verliert oder dauernd nicht mehr gebrauchen kann oder

3. in erheblicher Weise dauernd entstellt wird oder in Siechtum, Lähmung oder geistige Krankheit oder Behinderung verfällt,

so ist die Strafe Freiheitsstrafe von einem Jahr bis zu zehn Jahren.

(2) Verursacht der Täter eine der in Absatz 1 bezeichneten Folgen absichtlich oder wissentlich, so ist die Strafe Freiheitsstrafe nicht unter drei Jahren.

...

schwerwiegende Tatfolgen maßgebend

Während § 224 auf die gefährliche Begehensweise abstellt, hat § 226 die Folgen der Tat, nämlich: soweit durch die Körperverletzung ein bleibender Schaden beim Opfer (Dauerschaden) herbeigeführt wird, im Auge.

Beliebte Prüfungsfrage bei Nr. 1: das Opfer wird auf einem Ohr taub: Verlust des Gehörs? Nein – wie sich aus einem Vergleich mit den anderen Varianten der Nr. 1 ergibt.

Definitionen: wichtiges Glied, in erheblicher Weise dauernd entstellt, Verfallen in Siechtum

Wichtiges Glied: ist ein Körperteil (nicht ein inneres Organ), dessen Verlust zu einer erheblichen Beeinträchtigung regelmäßiger Verrichtungen führt (Verlust einer Hand usw.); wobei streitig ist, ob es auf die individuellen Verhältnisse des Opfers (insbesondere, ob das Glied beruflich gebraucht wird: *z.B. ein Finger des Pianisten*) ankommt; zunehmend wird darauf hingewiesen, dass § 226 auf objektive Folgen abstellt.

In erheblicher Weise dauernd entstellt: ist eine bleibende, wesentliche Verunstaltung der äußeren Erscheinung *(Brandnarben über Gesichtshälfte, Nasenspitze abgebissen usw.).*

Verfallen in Siechtum: ist ein erheblicher, chronischer Krankheitszustand, der zumindest partielle Pflegebedürftigkeit zur Folge hat, ohne Erwartung einer Besserung.

§ 227 StGB

Körperverletzung mit Todesfolge

(1) Verursacht der Täter durch die Körperverletzung (§§ 223 bis 226) den Tod der verletzten Person, so ist die Strafe Freiheitsstrafe nicht unter drei Jahren.

...

typisches erfolgsqualifiziertes Delikt

§ 227 stellt ein erfolgsqualifiziertes Delikt dar, zusammengesetzt aus:

– dem vorsätzlich begangenen Grundtatbestand (§§ 223 bis 226) und

– der dadurch zumindest fahrlässig – unmittelbar verursachten – Todesfolge (§ 18).

An dem Unmittelbarkeitserfordernis fehlt es, wenn der Tod erst durch Behandlungsfehler im Krankenhaus erfolgt. Im Einzelnen ist diesbezüglich vieles umstritten; es muss auf die Ausführungen im Allg. Teil zum Kausalverlauf verwiesen werden.

Tod muss unmittelbare Folge der Körperverletzung sein.

Beispiel: Jonny schlägt mit einem gezielten Schlag seinen Intimfeind Lars nieder. Dieser fällt so unglücklich auf die Gehsteigkante, dass er sich das Genick bricht und stirbt. Zwar hatte J keinen Vorsatz bzgl. des Todes, jedoch liegen die Voraussetzungen für fahrlässige Verursachung der Folge (objektive Vorhersehbarkeit usw.) vor.

Eine Beteiligung an § 227 ist möglich, da das erfolgsqualifizierte Delikt als vorsätzliche Haupttat anzusehen ist, § 11 II.

4.3. Sondertatbestände

Mißhandlung von Schutzbefohlenen § 225 StGB

(1) Wer eine Person unter achtzehn Jahren oder eine wegen Gebrechlichkeit oder Krankheit wehrlose Person, die
1. seiner Fürsorge oder Obhut untersteht
2. seinem Hausstand angehört,
3. von dem Fürsorgepflichtigen seiner Gewalt überlassen worden oder
4. ihm im Rahmen eines Dienst- oder Arbeitsverhältnisses untergeordnet ist, quält oder roh mißhandelt, oder wer durch böswillige Vernachlässigung seiner Pflicht, für sie zu sorgen, sie an der Gesundheit schädigt, wird mit Freiheitsstrafe von sechs Monaten bis zu zehn Jahren bestraft.
(2) Der Versuch ist strafbar.
...

§ 225 stellt auf das Zufügen körperlichen oder seelischen Übels an Personen ab, zu denen der Täter in einem besonderen Pflichtenverhältnis steht (leibliches oder Pflegekind, Kind/Jugendlicher in Heimunterbringung nach § 34 SGB VIII (KJHG), von einer Tagesmutter betreutes Kind, pflegebedürftiger Heimbewohner, Auszubildender usw).

Täter steht zum Opfer in einem besonderen Pflichtenverhältnis.

Quälen: ist das Zufügen längerdauernder oder wiederholter Schmerzen oder Leiden physischer oder psychischer Art.

Definitionen: Quälen, rohes Misshandeln, böswillig, wehrlos

Rohes Misshandeln: ist die üble, unangemessene Behandlung aus gefühlloser, fremdes Leiden missachtender Gesinnung mit erheblichen Folgen für das körperliche Wohlbefinden des Opfers.

Böswillig: ist das Handeln aus besonders verwerflichen Motiven (Hass, Verachtung Schwächerer, Ausnutzen der Machtstellung).

Wehrlos: ist, wer sich nicht in entsprechender Weise zur Wehr setzen kann.

§ 231 StGB — Beteiligung an einer Schlägerei

(1) Wer sich an einer Schlägerei oder an einem von mehreren verübten Angriff beteiligt, wird schon wegen dieser Beteiligung mit Freiheitsstrafe bis zu drei Jahren oder mit Geldstrafe bestraft, wenn durch die Schlägerei oder den Angriff der Tod eines Menschen oder eine schwere Körperverletzung (§ 226) verursacht worden ist.

(2) Nach Absatz 1 ist nicht strafbar, wer an der Schlägerei oder dem Angriff beteiligt war, ohne daß ihm dies vorzuwerfen ist.

Beteiligung an einer Schlägerei, § 231

Idealkonkurrenz §§ 212, 221, 224

- Objektiver Tatbestand: Beteiligung an einer Schlägerei oder einem Angriff
- Subjektiver Tatbestand: mindestens bedingter Vorsatz
- Rechtswidrigkeit
- Schuld
- objektive Bedingung der Strafbarkeit: Verursachung des Todes eines Menschen oder einer schweren Körperverletzung (§ 226).

Definitionen:
- *Schlägerei (mindestens drei Personen),*
- *von mehreren verübter Angriff (mindestens zwei Personen),*
- *Beteiligung*

Schlägerei: ist der tätliche Streit mit gegenseitigen Körperverletzungen zwischen mindestens drei Personen.

Von mehreren verübter Angriff: ist die feindselige, auf den Körper eines anderen zielende Einwirkung durch mindestens zwei Personen.

Beteiligung: ist die Anwesenheit und physische oder psychische (durch Anfeuern usw.) Mitwirkung an den Tätlichkeiten.

Beispiel: Nach einem Fußballspiel gibt es eine Schlägerei von zehn rivalisierenden Fans, in der Franz und Kurti auf verschiedenen Seiten mitmischen. Franz zieht plötzlich ein Messer. Kurti kann diesen Angriff nur durch einen tödlichen Schlag abwehren. Kurti ist zwar nicht wegen Totschlags nach § 212 aufgrund der vorliegenden Notwehr gem. § 32 strafbar, jedoch nach § 231, da der Tod des Franz letztlich auf die besondere Eigendynamik (und daher Unberechenbarkeit / Gefährlichkeit) einer Schlägerei zurückzuführen ist.

4.4. Fahrlässige Körperverletzung

Vgl. zunächst die Ausführungen im Allgem. Teil zur Fahrlässigkeit!

Fahrlässige Körperverletzung § 229 StGB
Wer durch Fahrlässigkeit die Körperverletzung einer anderen Person verursacht, wird mit Freiheitsstrafe bis zu drei Jahren oder mit Geldstrafe bestraft.

Fahrlässige Körperverletzung, § 229

Idealkonkurrenz
§§ 240, 315

- Objektiver Tatbestand:

  - Körperverletzung: Körperliches Misshandeln oder Gesundheitsbeschädigung (Definit. s. bei § 223)
  - objektive Sorgfaltspflichtverletzung
  - objektive Vorhersehbarkeit
  - Pflichtwidrigkeitszusammenhang zwischen Sorgfaltspflichtverletzung und Erfolg (Vermeidbarkeit des Erfolgs bei rechtmäßigem Alternativverhalten?)

- Rechtswidrigkeit

- Schuld:

  - subjektive Sorgfaltspflichtverletzung
  - subjektive Vorhersehbarkeit

4.5. Einwilligung und Strafantrag

Einwilligung § 228 StGB
Wer eine Körperverletzung mit Einwilligung der verletzten Person vornimmt, handelt nur dann rechtswidrig, wenn die Tat trotz der Einwilligung gegen die guten Sitten verstößt.

Vgl. hierzu die Ausführungen im Allg. Teil (Rechtfertigungsgründe).

Strafantrag § 230 StGB
(1) Die vorsätzliche Körperverletzung nach § 223 und die fahrlässige Körperverletzung nach § 229 werden nur auf Antrag verfolgt, es sei denn, daß die Strafverfolgungsbehörde wegen des besonderen öffentlichen Interesses an der Strafverfolgung ein Einschreiten von Amts wegen für geboten hält. ...

5. Freiheitsdelikte

Schutzgut:
persönliche Freiheit

Schutzgut des 8. Abschnitts ist die persönliche Freiheit. Die §§ 234 – 236 (Menschenraub, Verschleppung, Entziehung Minderjähriger, Kinderhandel) haben keine allzu große Bedeutung; daher wird nur § 234 beispielhaft behandelt. Die wichtigsten Freiheitsdelikte sind die Freiheitsberaubung (§ 239) und die Nötigung (§ 240). Während § 239 die Fortbewegungsfreiheit betrifft, schützt § 240 die allgemeine Freiheit der Willensentschließung und Willensbetätigung. Außerhalb des 8. Abschnitts sind zwar auch Straftatbestände enthalten, die die persönliche Freiheit schützen (bspw. Sexuelle Nötigung, Raub, Erpressung), aber dort werden noch weitere Rechtsgüter (sexuelle Selbstbestimmung, Eigentum usw.) geschützt.

§ 234 StGB

Menschenraub

(1) Wer sich eines Menschen mit Gewalt, durch Drohung mit einem empfindlichen Übel oder durch List bemächtigt, um ihn in hilfloser Lage auszusetzen, in Sklaverei oder Leibeigenschaft zu bringen oder dem Dienst in einer militärischen oder militärähnlichen Einrichtung im Ausland zuzuführen, wird mit Freiheitsstrafe nicht unter einem Jahr bestraft.

...

Definitionen:
Sichbemächtigen, List, Gewalt, Drohung, Aussetzen in hilfloser Lage

Sichbemächtigen: ist das Erlangen der physischen Herrschaft über das Opfer.

List: ist das geschickte Verbergen der wahren Absicht, *wie z.B. Einladung zu einer Fahrt, Ausnützen eines Irrtums.*

Gewalt: ist jeder physisch oder psychisch vermittelte Zwang zur Überwindung eines geleisteten oder erwarteten Widerstandes *(z.B. Einsperren, Aussperren, Blockaden).*

Drohung: ist das Inaussichtstellen eines zukünftigen Übels, auf das der Drohende Einfluss zu haben vorgibt.

Spezialität
§ 239

Aussetzen in hilfloser Lage: ist das Verbringen des Hilflosen von einer gesicherten in eine ihn gefährdende Lage, so dass er nicht imstande ist, sich ohne fremde Hilfe gegen die bedrohende Gefahr zu helfen *(Schlauchboot auf hoher See, Baby im Wald).*

§ 239 StGB

Freiheitsberaubung

(1) Wer einen Menschen einsperrt oder auf andere Weise der Freiheit beraubt, wird mit Freiheitsstrafe bis zu fünf Jahren oder mit Geldstrafe bestraft.

(2) Der Versuch ist strafbar.

(3) Auf Freiheitsstrafe von einem Jahr bis zu zehn Jahren ist zu erkennen, wenn der Täter

1. das Opfer länger als eine Woche der Freiheit beraubt oder
2. durch die Tat oder eine während der Tat begangene Handlung eine schwere Gesundheitsschädigung des Opfers verursacht.

(4) Verursacht der Täter durch die Tat oder eine während der Tat begangene Handlung den Tod des Opfers, so ist die Strafe Freiheitsstrafe nicht unter drei Jahren.

...

§ 239 schützt die potentielle individuelle Bewegungsfreiheit, d.h. die Möglichkeit des Ortswechsels; entscheidend ist, dass es der Person objektiv unmöglich gemacht wird, den Aufenthaltsort zu verändern.

Beispiel: Der Einbrecher Hans Knack entdeckt in der Wohnung den schlafenden Bewohner. Diesen schließt er in seinem Schlafzimmer ein, um sich in Ruhe bedienen zu können. Auch Schlafende oder Bewusstlose können der Freiheit beraubt werden, solange das Erwachen während des Eingesperrtseins möglich ist. Knack hat somit eine Freiheitsberaubung begangen.

Einsperren: heißt, eine Person durch äußere Vorrichtungen (Schloss usw.) am Verlassen eines Raumes zu hindern.

Auf andere Weise der Freiheit beraubt: *z.B. Festbinden am Bett, »Zwangsjacke«, Fesseln, Betäuben, Entfernen des Rollstuhls des Gelähmten.*

Mittelbare Täterschaft ist möglich, wenn der Täter bspw. *mit gefälschten Fotos die Verhaftung eines Unschuldigen durch den gutgläubigen Polizisten erreicht.* Freiheitsberaubung durch Unterlassen ist möglich, wenn der Täter das Opfer versehentlich eingeschlossen hat und es nach Bewusstwerden dort belässt. Das Einverständnis des Betroffenen schließt bereits den Tatbestand aus.

Rechtfertigungsgründe können sich aus einer rechtskräftigen Verurteilung zu vollstreckbarer Freiheitsstrafe, § 127 StPO (vorläufige Festnahme), § 1631b BGB (mit Freiheitsentziehung verbundene Unterbringung des Kindes – etwa in der geschlossenen Abteilung der Jugendpsychiatrie – durch die Eltern mit Genehmigung des Familiengerichts), § 1906 BGB (mit Freiheitsentziehung verbundene Unterbringung des Betreuten – etwa Fixierung am Bett, § 1906 IV – durch den Betreuer mit Genehmigung des Vormundschaftsgerichts) ergeben.

Geschützt ist die potentielle individuelle Bewegungsfreiheit.

Idealkonkurrenz §§ 113, 177, 185, 223 ff.

Definitionen: Einsperren, auf andere Weise der Freiheit berauben

Mittelbare Täterschaft denkbar, ebenso: Freiheitsberaubung durch Unterlassen.

Rechtfertigungsgründe können sich insbesondere bei freiheitsentziehenden Maßnahmen ergeben.

Strafverschärfungen werden vorgenommen bei längerer Dauer der Freiheitsentziehung (Abs. 3 Nr. 1) oder bei schwerer Gesundheitsbeschädigung (Abs. 3 Nr. 2) oder beim Tod des Opfers (Abs. 4).

§ 239a StGB

Erpresserischer Menschenraub

(1) Wer einen Menschen entführt oder sich eines Menschen bemächtigt, um die Sorge des Opfers um sein Wohl oder die Sorge eines Dritten um das Wohl des Opfers zu einer Erpressung (§ 253) auszunutzen, oder wer die von ihm durch eine solche Handlung geschaffene Lage eines Menschen zu einer solchen Erpressung ausnutzt, wird mit Freiheitsstrafe nicht unter fünf Jahren bestraft.

...

Definitionen: Entführen, Sichbemächtigen

Entführen: ist das Verbringen des Opfers an einen Ort, an dem es der Einflussnahme des Täters preisgegeben ist.

Sichbemächtigen: ist das Erlangen der physischen Herrschaft über das Opfer.

§ 239b StGB

Geiselnahme

(1) Wer einen Menschen entführt oder sich eines Menschen bemächtigt, um ihn oder einen Dritten durch die Drohung mit dem Tod oder einer schweren Körperverletzung (§ 226) des Opfers oder mit dessen Freiheitsentziehung von über einer Woche Dauer zu einer Handlung, Duldung oder Unterlassung zu nötigen, oder wer die von ihm durch eine solche Handlung geschaffenen Lage eines anderen zu einer solchen Nötigung ausnutzt, wird mit Freiheitsstrafe nicht unter fünf Jahren bestraft. ...

Unterscheidung: erpresserischer Menschenraub – Geiselnahme nach Zielrichtung und Mitteln

Erpresserischer Menschenraub und Geiselnahme unterscheiden sich durch die Zielrichtung und die Art der Mittel. Beim erpresserischen Menschenraub hat der Täter Erpresserabsicht, will sich also bereichern und wendet dafür die in § 239a genannten Nötigungsmittel an *(Entführung des Millionärssohns mit Lösegeldforderung gegenüber den Eltern).* Bei der Geiselnahme hingegen will der Täter nur ein bestimmtes Verhalten abnötigen mit den speziellen Nötigungsmitteln des § 239b *(Bankräuber setzt Kundin Pistole an die Schläfe, um »freien Abzug« gegenüber der eingetroffenen Polizei zu erreichen).*

§ 240 StGB

Nötigung

(1) Wer einen Menschen rechtswidrig mit Gewalt oder durch Drohung mit einem empfindlichen Übel zu einer Handlung, Duldung oder Unterlassung nötigt, wird mit Freiheitsstrafe bis zu drei Jahren oder mit Geldstrafe bestraft.

> (2) Rechtswidrig ist die Tat, wenn die Anwendung der Gewalt oder die Androhung des Übels zu dem angestrebten Zweck als verwerflich anzusehen ist.
> (3) Der Versuch ist strafbar.
> (4) In besonders schweren Fällen ist die Strafe Freiheitsstrafe von sechs Monaten bis zu fünf Jahren. Ein besonders schwerer Fall liegt in der Regel vor, wenn der Täter
> 1. eine andere Person zu einer sexuellen Handlung nötigt,
> 2. eine Schwangere zum Schwangerschaftsabbruch nötigt oder
> 3. seine Befugnisse oder seine Stellung als Amtsträger mißbraucht.

§ 240 hat die rechtspolitische Diskussion immer wieder beschäftigt, insbesondere die Frage, ob eine Sitzblockade zur Durchsetzung politischer Ziele Gewalt iSv § 240 darstellt. Während früher unter den Gewaltbegriff nur körperliche Kraftentfaltung des Täters fiel, die auf das Opfer körperliche Zwangswirkung entfaltete, wurde später – z.B. Laepple-Urteil des BGH: Sitzblockade auf Straßenbahnschienen – die Notwendigkeit körperlicher Kraftentfaltung fallengelassen; danach reiche auch eine psychische Zwangswirkung beim Opfer aus.

<small>Strafbarkeit von Sitzblockaden ist umstritten.</small>

Das BVerfG hat 1995 festgestellt, der erweiterte (»vergeistigte«) Gewaltbegriff verstoße gegen das Bestimmtheitsgebot des Art. 103 II GG. Neuerdings wird von der Rspr darauf abgestellt, ob eine »physische Barriere« errichtet wird: dies wurde im Falle von Demonstranten bejaht, die sich an das Tor einer atomaren Wiederaufbereitungsanlage angekettet und dadurch die Zufahrt für zwei Stunden blockiert hatten; damit hätten sie Dritten ihren Willen aufgezwängt. – Mit Sicherheit ist diesbezüglich noch nicht das letzte juristische Wort gesprochen!

<small>Rechtsprechung stellt darauf ab, ob physische Barriere errichtet wird.</small>

Nötigung bedeutet, dem Opfer ein anderes Verhalten, als es seinem freien Willen entsprechen würde, aufzuzwingen. Einverständnis des Betroffenen schließt daher den Tatbestand aus. § 240 ist ein Erfolgsdelikt: der Betroffene muss zu einer Handlung, Duldung oder Unterlassung gezwungen werden. Die Rechtswidrigkeit muss – soweit nicht ohnehin Rechtfertigungsgründe greifen – positiv gem. der Regel des § 240 II festgestellt werden.

<small>Aufzwingen eines anderen Verhaltens (als gewollt)</small>

<small>Erfolgsdelikt</small>

<small>Rechtswidrigkeit muss positiv festgestellt werden.</small>

Nötigung, § 240

- Objektiver Tatbestand:
  - Gewalt oder
  - Drohung mit einem empfindlichen Übel
  - Erfolg: abgenötigte Handlung, Duldung oder Unterlassen des Opfers
- Subjektiver Tatbestand: mindestens bedingter Vorsatz, hinsichtlich des abgenötigten Verhaltens jedoch zielgerichtetes Verhalten
- Rechtswidrigkeit: Wenn Rechtfertigungsgründe nicht vorliegen, dann Verwerflichkeit gem. § 240 II prüfen
- Schuld

Gewalt; möglich als:
- vis absoluta: Gegenwehr des Opfers ist unmöglich.
- vis compulsiva: Opfer beugt sich zwangsweise dem Willen des Täters.

Gewalt: sind alle, eine gewisse körperliche Kraftentfaltung darstellenden Handlungen, die von anderer Person / anderen Personen als körperlicher, nicht nur rein seelischer Zwang empfunden werden; in zwei Erscheinungsformen möglich:

- vis absoluta: durch sie wird dem Opfer eine Willensbildung oder -betätigung von Anfang an unmöglich gemacht *(z.B. Fesseln, Bewusstlosschlagen, Betäuben, Einsperren)*
- vis compulsiva: durch sie wird der Wille des Betroffenen in eine bestimmte Richtung gezwängt *(z.B. Verprügeln, Zufahren mit dem Pkw auf einen Fußgänger).*

Die Gewalt kann sich auch gegen einen Dritten (»Sympathieperson« des Genötigten) oder eine Sache richten, soweit sie auf den Genötigten – zumindest mittelbar – körperlich wirkt.

Beispiel: Vermieter hängt Türen und Fenster aus, um den Mieter zur Räumung der Wohnung zu zwingen.

Drohung: ist das Inaussichtstellen eines zukünftigen Übels, auf das der Drohende Einfluss hat oder zu haben vorgibt.

Also:

Bei Gewalt wird Übel sofort zugefügt, bei Drohung wird Übel in Aussicht gestellt.

- Gewalt: ist gegenwärtige Realisierung
- Drohung: ist Inaussichtstellen künftiger Realisierung.

Beispiel: Vorhalten der Pistole ist Drohung, keine Gewalt (anders: BGH).

Verwerflich: Die Anwendung dieses Mittels zu diesem Zweck unterliegt einem erhöhten Grad sittlicher Missbilligung, wobei die Fernziele

– insbesondere bei politisch motivierten Handlungen – mit zu berücksichtigen sind. Bedeutsam sind auch die Intensität der Beeinträchtigung (u.a. Zeitdauer) und der Grad der Gefährdung. Stark verkürzt gefasst: das nötigende Verhalten ist erheblich sozialwidrig.

Beispiel: Hugo Blitz fährt mit seinem Sportwagen auf der linken Spur der Autobahn. Der vor ihm fahrende, einen Lkw überholen wollende, Anton Gemütlich ist ihm zu langsam. Hugo Blitz fährt auf drei Meter auf und versucht, durch Blinkersetzen, Lichthupe und Andeuten von Rechtsüberholen über eine längere Fahrstrecke, Anton Gemütlich endlich auf die rechte »Schneckenspur« zu drängeln. Dieser bricht darauf hin den Überholvorgang ab und schert ängstlich in die rechte Spur ein. Blitz wendet Gewalt i.S.v. § 240 an.

Abs. 4 enthält drei Regelbeispiele für besonders schwere Fälle der Nötigung, die keine allzu große Bedeutung haben, weil die Nötigung häufig bereits in einem anderen Delikt (z.B. § 177) enthalten ist; dann ist § 177 spezieller als § 240.

Wenn Nötigung in »Spezialdelikten« zum Tatbestand gehört (§§ 113, 177 usw.) sind diese spezieller.

Eine gewisse Bedeutung hat noch § 241: Bedrohung. Darin wird die Bedrohung mit der Begehung eines Verbrechens und das Vortäuschen eines bevorstehenden Verbrechens – gegenüber dem Opfer oder einer ihm nahestehenden Person – unter Strafe gestellt.

Bedrohung, § 241

6. Wiederholungsfragen

○ 1. Was versteht man unter einer sexuellen Handlung? Lösung S. 144

○ 2. Was besagt der »Sperrbezirksparagraph«? Lösung S. 147 f.

○ 3. Wie unterscheidet sich die Beleidigung von der Verleumdung und der üblen Nachrede? Lösung S. 148

○ 4. Was versteht man unter einer Kollektivbeleidigung? Lösung S. 149

○ 5. Was versteht der Strafrechtsschutz unter Leben? Lösung S. 155

○ 6. In welchem Verhältnis steht Mord § 211 zu Totschlag § 212? Lösung S. 155 f.

○ 7. Welche drei Gruppen von Mordmerkmalen gibt es und wo werden sie im Einzelnen geprüft? Lösung S. 156

○ 8. Wann ist eine Tathandlung heimtückisch? Lösung S. 157

○ 9. Was ist Habgier? Lösung S. 158

○ 10. Was ist ein gefährliches Werkzeug? Lösung S. 167

○ 11. Was versteht man unter einem hinterlistigen Überfall? Lösung S. 167

○ 12. Wodurch unterscheidet sich die gefährliche von der schweren Körperverletzung? Lösung S. 167 f.

○ 13. Was versteht man unter Gewalt bei der Nötigung? Lösung S. 176

○ 14. Was unter Drohung mit einem empfindlichen Übel? Lösung S. 176

Besonderer Teil: Straftaten gegen Eigentum und Vermögen

1. Diebstahl und Unterschlagung — 180
2. Raub und Erpressung — 192
3. Anschlussstraftaten: Begünstigung, Strafvereitelung und Hehlerei — 201
4. Betrug und Untreue — 206
5. Wiederholungsfragen — 218

1. Diebstahl und Unterschlagung

KETTENDIEBSTAHL

Rund zwei Drittel aller begangenen Straftaten sind Diebstähle. Diebstahl ist damit der Spitzenreiter in der Kriminalstatistik und reicht vom einfachen Fahrrad- oder Laden- bis hin zum Einbruchsdiebstahl. Die Klausurrelevanz ist beträchtlich, es empfiehlt sich, die Definitionen zu § 242 auswendig zu lernen, damit Sie sie »im Fall des Falles« parat haben!

<small>Diebstahl und Unterschlagung schließen sich gegenseitig aus.

Unterscheide:
- Beim Diebstahl nimmt der Täter etwas weg.
- Bei Unterschlagung hat der Täter schon etwas in Gewahrsam.</small>

Die beiden wichtigsten Grundstraftatbestände innerhalb der Eigentumsdelikte sind Diebstahl gem. § 242 und Unterschlagung gem. § 246, die sich gegenseitig ausschließen.

Der Unterschied zwischen beiden liegt darin,

- dass beim Diebstahl der Täter eine Sache wegnimmt, um sie sich zuzueignen
- bei Unterschlagung der Täter idR eine Sache schon im Gewahrsam hat, sich diese aber zueignet.

Besonders schwere Fälle des Diebstahls, wie Einbruchsdiebstahl oder gewerbsmäßiger Diebstahl, sind in § 243 geregelt. Der § 243 ist jedoch kein eigener Straftatbestand, sondern enthält Regelbeispiele in der Form benannter Strafzumessungsregeln. Bei Vorliegen der Voraussetzungen erhöht sich lediglich der Strafrahmen.

Qualifizierte Fälle des Diebstahls sind der Diebstahl mit Waffen, der Bandendiebstahl und der Wohnungseinbruchdiebstahl gem. § 244.

1.1. Diebstahl

Diebstahl § 242 StGB

(1) Wer eine fremde bewegliche Sache einem anderen in der Absicht wegnimmt, dieselbe sich rechtswidrig zuzueignen, wird mit Freiheitsstrafe bis zu fünf Jahren oder mit Geldstrafe bestraft.
(2) Der Versuch ist strafbar.

Diebstahl, § 242

Schutzgüter: Eigentum und Gewahrsam an Sachen

- Objektiver Tatbestand:
  - Sache
  - beweglich
  - fremd
  - Wegnahme

- Subjektiver Tatbestand:
  - mindestens bedingter Vorsatz bezüglich objektiven Tatbestands und
  - Absicht, die Sache sich rechtswidrig zuzueignen

- Rechtswidrigkeit

- Schuld

- Strafantrag bei Fällen der §§ 247, 248a

Sachen: sind körperliche Gegenstände oder Tiere (§§ 90, 90a BGB); nicht dazu gehören mangels Körperlichkeit: elektrische Energie (dafür § 248c), auch nicht geistiges Eigentum (Raubkopien von Computerprogrammen usw.; dafür § 202a bzw. Verstoß gegen Urheberrecht).

Beweglich: sind alle Sachen, die fortbewegt werden können, auch Flüssigkeiten, Gase und Dämpfe; aber auch Bestandteile von »Immobilien«: Fenster, Heizkörper.

Fremd: ist eine Sache, wenn sie (zumindest auch) im Eigentum eines anderen steht, also Allein-, Mit-, Gesamthandseigentum eines anderen nach den Regeln des BGB besteht. Herrenlose Sachen (§§ 958 ff. BGB) gehören nicht dazu, evtl. kommt Wilderei in Betracht.

Wegnahme: ist der Bruch fremden und Begründung neuen – nicht zwingend, aber regelmäßig – tätereigenen Gewahrsams. Liegt Einverständnis des »Opfers« vor, fehlt es schon an dem Bruch (= Handeln gegen oder ohne Willen des Gewahrsaminhabers) fremden Gewahrsams (und damit an der Wegnahme).

Gewahrsam: ist die tatsächliche Sachherrschaft, getragen von einem Herrschaftswillen. Tatsächliche Sachherrschaft liegt vor, wenn der Berechtigte auf die Sache unter normalen Umständen einwirken kann (körperlichen Zugriff auf die Sache hat). Dass der Berechtigte sich räumlich von der Sache entfernt hat, schläft oder bewusstlos ist (gelockerter Gewahrsam), ändert nichts am Bestehen von Gewahrsam, wenn dies sozial üblich ist (z.B. Ladeninhaber wohnt weit entfernt vom Geschäft, Baumaschinen stehen über das Wochenende auf der Baustelle). Gewahrsam endet, wenn die tatsächliche Sachherrschaft endet und / oder der Herrschaftswille aufgegeben wird. Wenn der Berechtigte die Sache

- außerhalb seines Herrschaftsbereiches verliert, hört die Sachherrschaft auf; Folge: wer die Sache findet und für sich behält, begeht Unterschlagung;
- vergisst, sich aber an den Ort des Zurücklassens erinnert, besteht Gewahrsam fort; Folge: wer die Sache findet und für sich behält, begeht Diebstahl.

Gewahrsamswechsel: tritt bei schwer zu transportierenden Sachen spätestens mit dem Verlassen des fremden Herrschaftsbereichs, häufig schon nach dem Passieren der Kasse ein, bei kleineren und leicht transportablen Sachen genügt schon das Einstecken in den »Tabubereich«, die Schaffung einer »Gewahrsamsenklave« *(Einstecken in Handtasche, Hose, Mantel).*

Zueignung: ist die Verschaffung einer eigentümerähnlichen Herrschaftsmacht über die Sache; setzt voraus:
- dauernde Enteignung und
- zumindest vorübergehende Aneignung

der Sache oder des in ihr verkörperten Werts.

Achtung: es kommt nur auf die Absicht der Zueignung an, nicht darauf, dass die Zueignung tatsächlich erfolgt ist! Zueignungsabsicht fehlt, wenn der Täter die Sache nur vorübergehend nutzen will: dann allenfalls Gebrauchsanmaßung gem. § 248b.

Rechtswidrigkeit der Zueignung: liegt vor bei Fehlen eines fälligen und einredefreien Anspruchs auf Übereignung der weggenommenen Sache.

Rechtswidrigkeit der Zueignung: wenn Anspruch auf Übereignung der weggenommenen Sache fehlt.

Aufbauschema für Feststellung der Zueignungsabsicht:
- Dauernde Enteignung: es genügt Eventualvorsatz!
  - der Sache selbst oder
  - des der Sache »innewohnenden« Sachwerts?
- Wenigstens vorübergehende Aneignung: Absicht (=dolus dir. 1. Grad) erforderlich!
  - Selbst-Aneignung der Sache selbst oder des »innewohnenden« Sachwerts oder
  - Dritt-Aneignung der Sache selbst oder des »innewohnenden« Sachwerts?

Beispiel: Haushälterin Amalie ist beim plötzlichen Tod des Millionärs allein zugegen; bevor sie die beiden Söhne des Verstorbenen, die Erben sind, anruft, »sackt« sie Geld und einige Schmuckstücke ein. Den Söhnen fehlt die tatsächliche Sachherrschaft, sie haben noch keinen Gewahrsam. Daher liegt »nur« Unterschlagung, § 246, vor.

fehlender Gewahrsam bei Tod

Beispiel: Albert nimmt am Morgen die im Briefkasten des Nachbarn steckende Zeitung mit. Albert hat einen Diebstahl begangen, da sich die Zeitung bereits im Gewahrsam des Nachbarn befand, der »generellen Herrschaftswillen« hatte.

genereller Herrschaftswille über Inhalt des Briefkastens

Beispiel: Anton ist Ladenangestellter in einem Supermarkt und lässt mehrere Waren »mitgehen«. Da Anton gegenüber dem Geschäftsinhaber / Filialleiter nur untergeordneten Gewahrsam an den Waren hatte, hat er dessen Gewahrsam gebrochen und somit keine Unterschlagung, sondern Diebstahl begangen.

untergeordneter Gewahrsam des Ladenangestellten

Beispiel: Aurelia ist Kassiererin in einem Supermarkt und führt die Kasse in alleiniger Verantwortung, d.h. bis zur Abrechnung darf niemand gegen ihren Willen Geld aus dieser Kasse entnehmen. Sie hat also Alleingewahrsam und begeht, wenn sie Geld für sich »abzweigt«, eine veruntreuende Unterschlagung, § 246, keinen Diebstahl.

Alleingewahrsam der Kassiererin

Beispiel: Arnold wirft Falschgeld in einen Automaten, um so günstig an Zigaretten zu kommen. Auch hier liegt Wegnahme und deshalb Diebstahl vor, weil der Eigentümer des Automaten sein Einverständnis zur Wegnahme nur gegen Echtgeld erteilt hat.

Automatendiebstahl bei Verwendung von Falschgeld

Fehlende Zueignungsabsicht bei »Spritztour«	*Beispiel: August entwendet ein Auto für eine Spritztour in die Stadt und lässt es in der Nähe eines Polizeireviers stehen. August hat keinen Diebstahl begangen, da er keine Zueignungsabsicht hatte, er ist »nur« nach § 248b strafbar. Etwas anderes würde dann gelten, wenn er das Auto so abgestellt hat, dass es vom Zufall abhängt, ob der Eigentümer es jemals wieder erhält.*
Vereinigungstheorie: vereint Substanz- und Sachwerttheorie	*Beispiel: Attila stiehlt das Sparbuch von Rudi, hebt alles ab und legt das Sparbuch wieder an den ursprünglichen Platz. Nach der früher geltenden Substanztheorie läge hier keine Zueignung vor; nach der Sachwerttheorie verkörpert das Sparbuch das Guthaben und die Möglichkeit, über das Geld zu verfügen, so dass hier schon mit der Wegnahme des Sparbuchs in der Absicht, das Guthaben für sich zu verwenden, vollendeter Diebstahl vorliegt. Heute hM ist die Vereinigungstheorie, die die Substanz- und Sachwerttheorie vereint, indem sie anerkennt, dass neben der Sachsubstanz auch ein funktionsspezifischer Sachwert als Zueignungsobjekt in Frage kommt (s. Schema oben!).*
Enklaventheorie: bei kleinen Sachen genügt Einstecken in »Tabubereich«.	*Beispiel: Der Ladendetektiv beobachtet, wie Axel im Supermarkt eine Tafel Schokolade in die Jackentasche steckt, er stellt Axel noch vor der Kasse. Axel meint jedoch, es sei – vor Passieren der Kasse – noch keine Wegnahme erfolgt. Er irrt, denn für die Begründung neuen Gewahrsams genügt bei kleinen und leicht transportablen Sachen schon das Verbringen in den »Tabubereich« (»einen Ort, wo fremde Hände nichts zu suchen haben« – »Enklaventheorie«).*
Wenn sperrige Sachen noch im fremden Herrschaftsbereich: versuchter Diebstahl.	*Beispiel: Die Kassiererin beobachtet, wie Azul einen großen Karton mit einem PC an einer unbesetzten Kasse vorbeitragen will; sie stellt ihn noch im Kassenbereich. Es handelt sich um sperriges Gut, der Wegschaffung stehen noch Hindernisse entgegen, so dass der Gewahrsam des Berechtigten noch nicht endgültig gebrochen ist; es liegt versuchter Diebstahl vor.*

§ 243 StGB   Besonders schwerer Fall des Diebstahls

(1) In besonders schweren Fällen wird der Diebstahl mit Freiheitsstrafe von drei Monaten bis zu zehn Jahren bestraft. Ein besonders schwerer Fall liegt in der Regel vor, wenn der Täter

1. zur Ausführung der Tat in ein Gebäude, einen Dienst- oder Geschäftsraum oder in einen anderen umschlossenen Raum einbricht, einsteigt, mit einem falschen Schlüssel oder einem anderen nicht zur ordnungsmäßigen Öffnung bestimmten Werkzeug eindringt oder sich in dem Raum verborgen hält,

> 2. eine Sache stiehlt, die durch ein verschlossenes Behältnis oder eine andere Schutzvorrichtung gegen Wegnahme besonders gesichert ist,
> 3. gewerbsmäßig stiehlt,
> 4. – 6. ...
>
> (2) In den Fällen des Absatzes 1 Nr. 1 bis 6 ist ein besonders schwerer Fall ausgeschlossen, wenn sich die Tat auf eine geringwertige Sache bezieht.

Besonders schwerer Fall des Diebstahls, §§ 242, 243 (Regelbeispiele in der Form benannter Strafzumessungsregeln)

- Objektiver Tatbestand: Wegnahme einer fremden beweglichen Sache, § 242

- Subjektiver Tatbestand:
  - mindestens bedingter Vorsatz bzgl. objektiven Tatbestands und
  - Absicht rechtswidriger Zueignung, § 242

- Rechtswidrigkeit

- Schuld

- Verwirklichung eines Regelbeispiels als Strafzumessungsregel, § 243 I
  - Nr. 1 in Form des Einbrechens in ein Gebäude zur Tatausführung oder ...

- evtl. Ausnahme: Geringwertigkeit der Sache, § 243 II.

Umschlossener Raum: ist jedes Raumgebilde, das zum Betreten durch Menschen bestimmt und mit Vorkehrungen versehen ist, die ein Eindringen Unbefugter nicht unerheblich erschweren sollen.

Einbrechen: ist das gewaltsame Öffnen einer zutrittswehrenden Umschließung.

Einsteigen: ist das Hineingelangen durch eine nicht zum ordnungsgemäßen Zutritt bestimmte Öffnung unter Überwindung von gewissen Hindernissen und Schwierigkeiten (durchs Toilettenfenster).

Falscher Schlüssel bzw. nicht ordnungsgemäßes Werkzeug: Schlüssel ist ein Instrument zum Öffnen von Schlössern (auch Chipkarte im Hotel); nicht ordnungsgemäßes...: z.B. Dietrich. Falsch...: ist alles,

Randnotizen:

§ 243 enthält keinen Straftatbestand, sondern Regelbeispiele in Form benannter Strafzumessungsregeln.
Gleichwohl verdrängen §§ 242, 243 I Nr. 1 die §§ 123, 303 (Konsumtion).

Wichtige Definitionen:
- Einbrechen ist das gewaltsame Öffnen einer zutrittswehrenden Umschließung
- Einsteigen ist das Hineingelangen durch eine nicht zum ordnungsgemäßen Zutritt bestimmte Öffnung, verbunden mit gewissen Schwierigkeiten.

was zur Tatzeit nicht bzw. nicht mehr vom Berechtigten zum Öffnen bestimmt ist.

Verschlossenes Behältnis: ist ein zur Aufnahme von Sachen, aber nicht zum Betreten durch Menschen bestimmtes Raumgebilde, das gegen ordnungswidrigen Zugriff von außen durch ein Schloss oder sonstige Schließvorrichtung gesichert ist.

Geringwertigkeit: wenn Verkehrswert der Sache unter 30-50 Euro.

Geringwertigkeit: liegt vor, wenn der Verkehrswert (Verkaufswert) der Sache zur Tatzeit weniger als ca. 30 € (Tendenz der Rspr: bis zu 50 €) beträgt.

Probleme treten beim Versuch auf. Da § 243 Strafzumessungsregeln enthält, ist darin nichts über die Strafbarkeit des Versuchs geregelt. Versuch kann es nur bei Straftatbeständen geben, § 22. Daher immer prüfen: §§ 242, 22, 23 iVm § 243!

Prüfung beim Versuch: §§ 242, 22, 23 iVm § 243

Beim Rücktritt vom Versuch allein §§ 242, 22, 24 maßgebend, auch wenn bereits eingebrochen usw. iSv § 243.

Auch beim Rücktritt vom Versuch: allein die Perspektive der §§ 242, 22 ist maßgebend, unabhängig von einer evtl. »Vollendung« des § 243 *(bspw. Täter ist bereits in ein Antiquitätengeschäft eingebrochen, um eine wertvolle Heiligenstatue zu stehlen; aus plötzlicher Scham über den religiösen Frevel bricht er sein Vorhaben ab)*. Höchst umstritten ist die folgende Konstellation:

Täter will gerade in das Antiquitätengeschäft einbrechen, um ein wertvolles Bild zu stehlen, als die Polizei erscheint (versuchtes »Grunddelikt« und »versuchtes« Regelbeispiel). Der BGH bejaht hier versuchten Diebstahl in einem besonders schweren Fall und begründet dies mit dem tatbestandsähnlichen Charakter des § 243; die hL wendet hier nur §§ 242, 22 an und begründet dies damit, dass § 22 nur an Tatbestände anknüpft, und dass ein Regelbeispiel nicht vorliegen kann, wenn seine Verwirklichung misslungen ist.

§ 244 StGB

Diebstahl mit Waffen; Bandendiebstahl; Wohnungseinbruchdiebstahl

(1) Mit Freiheitsstrafe von sechs Monaten bis zu zehn Jahren wird bestraft, wer
1. einen Diebstahl begeht, bei dem er oder ein anderer Beteiligter
   a) eine Waffe oder ein anderes gefährliches Werkzeug bei sich führt,
   b) sonst ein Werkzeug oder Mittel bei sich führt, um den Widerstand einer anderen Person durch Gewalt oder Drohung mit Gewalt zu verhindern oder zu überwinden,

> 2. als Mitglied einer Bande, die sich zur fortgesetzten Begehung von Raub oder Diebstahl verbunden hat, unter Mitwirkung eines anderen Bandenmitglieds stiehlt oder
> 3. einen Diebstahl begeht, bei dem er zur Ausführung der Tat in eine Wohnung einbricht, einsteigt, mit einem falschen Schlüssel oder einem anderen nicht zur ordnungsgemäßen Öffnung bestimmten Werkzeug eindringt oder sich in der Wohnung verborgen hält.
> (2) Der Versuch ist strafbar.
> ...

Die Qualifikation zielt auf die Gefährlichkeit:
- der Tatbegehung, Nr. 1
- die sich aus der Organisationsstruktur ergibt, Nr. 2;

bzw.
- auf den starken Eingriff in die Intimsphäre und die häufigen psychischen Folgen (Angstzustände usw.) eines Wohnungseinbruchsdiebstahls, Nr. 3

ab.

Qualifizierung zu § 242; zielt auf Gefährlichkeit
- *der Tatbegehung, Nr. 1*
- *der Organisationsstruktur, Nr. 2*

ab. Wohnungseinbruchdiebstahl bedeutet starken Eingriff in Intimsphäre.

Nr. 1 a:

Waffe oder anderes gefährliches Werkzeug bei sich führt: knüpft an § 224 an (vgl. dort!). Gefährliche Werkzeuge: stellen den Oberbegriff dar, eine Waffe ist ein besonders gefährliches Werkzeug.

Zu den Waffen gehören:
- Schusswaffen und
- (sonstige) Waffen im technischen Sinn.

Schusswaffen: sind Gegenstände, bei denen Geschosse durch einen Lauf nach vorne getrieben werden: Pistolen, Gewehre, auch Luftgewehre oder Luftpistolen.

(Sonstige) Waffen im technischen Sinn sind
- mechanische Waffen, insbesondere Hieb- und Stichwaffen: Stahlrute, Schlagring, Gummiknüppel, Dolch, Degen, Sprungmesser.
- chemische Waffen: Gaspistole (bei der das Gas aus der Mündung austritt), chemische Keule; nach neuerer Entscheidung des BGH (NJW 2003, 1677) auch die geladene Schreckschusspistole, bei der der Explosionsdruck nach vorn austritt; begründet wird dies damit, dass diese Schreckschusspistolen in großem Umfang als Angriffsmittel verwendet werden, (auf das Gesicht eines Menschen) aufgesetzte Schüsse erhebliche, teilweise lebensgefährliche

Gefährliches Werkzeug ist der Oberbegriff: darunter fallen auch Waffen. Waffen ist der Oberbegriff: für Schusswaffen (Geschosse werden durch Lauf nach vorne getrieben) und sonstige Waffen im technischen Sinn (Hieb-, Stichwaffen; auch geladene Schreckschusspistole, bei der Explosionsdruck nach vorne austritt).

Verletzungen herbeiführen können und daher eine mit echten Waffen vergleichbare Gefährlichkeit aufweisen.

<small>Bei Nr. 1 a kommt es nur auf die Verfügbarkeit des gefährlichen Werkzeugs an.</small>

Bei sich führen: es kommt auf die Verfügbarkeit bei dem Diebstahl an, keine Gebrauchsabsicht erforderlich.

Beispiel: Ein Polizeibeamter begeht während des Dienstes (ausgerüstet mit Dienstpistole und Schlagstock) einen Ladendiebstahl. Nach hM fallen unter die strenge Vorschrift § 244 I Nr. 1a auch solche Täter, die zum Waffentragen verpflichtet sind, auch wenn ein Gefährlichkeitszusammenhang zwischen dem Beisichführen einer Waffe und der Tat nicht ohne weiteres ersichtlich ist; es kommt vielmehr auch hier auf die erhöhte Gefährlichkeit der Tat wegen der Einsatzmöglichkeit der Waffe (etwa bei nicht vorhergesehenen »Komplikationen«) an.

Nr. 1b:

Hier wird – im Gegensatz zu Nr. 1a – Verwendungsabsicht verlangt. Da alle Waffen und gefährlichen Werkzeuge bereits unter Nr. 1a fallen, bleiben nur Werkzeuge und Mittel:

<small>Bei Nr. 1 b wird Verwendungsabsicht anderer Mittel verlangt: Handschellen, Knebeltuch, Scheinwaffe wie Spielzeugpistole usw.</small>

- die einfache (§ 223), nicht erhebliche (§ 224) Verletzungen herbeiführen können
- Fesselungs- und Knebelwerkzeuge: Handschellen, Schnüre, Tücher
- Scheinwaffen, d.h. Mittel, die objektiv nicht geeignet sind, Tod oder Körperverletzung herbeizuführen: Spielzeugpistole, ungeladene Schusswaffe, Bombenattrappe.

Nr. 2

<small>Bande ist hier ein Zusammenschluss von mindestens drei Personen zur fortgesetzten Begehung von Eigentumsdelikten.</small>

Bande: ist ein Zusammenschluss von mind. drei Personen (inzwischen ganz hM) zur fortgesetzten Begehung selbständiger, im einzelnen aber noch ungewisser Taten im Bereich der Eigentumsdelikte. – Täter können nur Bandenmitglieder sein, für außenstehende Beteiligte kommt nur Teilnahme nach § 26 oder § 27 in Betracht. Dabei ist streitig, ob die Bandenmitgliedschaft ein strafschärfendes besonderes persönliches (= täterbezogenes) Merkmal, § 28 II, darstellt (so die wohl hM) oder ein tatbezogenes (s.u.).

Beispiel (nach Rengier, BT 1 S. 89 f.): A, B und C haben sich zu einer Bande zusammengeschlossen. A stiehlt – während B und C Urlaub machen – einen teuren Pkw, auf den ihn B aufmerksam gemacht hat. A erfüllt § 244 I Nr. 2 als Täter, B ist gem. §§ 244 I Nr. 2, 26 strafbar.

Beispiel (aaO): Bandenchef C hat einen raffinierten Bankeinbruch ausgeheckt. Während die Bandenmitglieder A und B vor Ort den Tre-

sor knacken, gibt C per Handy Anweisungen; die Beute soll »brüderlich« geteilt werden. F, der kein Bandenmitglied ist, fährt A und B in Kenntnis aller Umstände aus Freundschaft zum Tatort. A, B und C (bei ihm wäre § 25 II besonders gründlich zu prüfen) sind gem. §§ 244 I Nr. 2, 25 II strafbar. Für F entfallen über § 28 II die §§ 244 I Nr. 2, 27, so dass man nur zu den §§ 242 (iVm 243), 27 kommt (hM: täterbezogen); beachtliche Gegenmeinung (tatbezogen): F wird akzessorisch nach den §§ 244 I Nr. 2, 27 bestraft.

Nr. 3:

Wohnung: vgl. § 123. Allerdings wird hier für Nebenräume wie Keller, Flur, Toilette usw. verlangt, dass sie in unmittelbarem Zusammenhang mit dem eigentlichen Wohnbereich stehen.

<small>Begriff Wohnung wie in § 123</small>

1.2. Unterschlagung

Unterschlagung   § 246 StGB

(1) Wer eine fremde bewegliche Sache sich oder einem Dritten rechtswidrig zueignet, wird mit Freiheitsstrafe bis zu drei Jahren oder mit Geldstrafe bestraft, wenn die Tat nicht in anderen Vorschriften mit schwererer Strafe bedroht ist.

(2) Ist in den Fällen des Absatzes 1 die Sache dem Täter anvertraut, so ist die Strafe Freiheitsstrafe bis zu fünf Jahren oder Geldstrafe.

(3) Der Versuch ist strafbar.

Geschütztes Rechtsgut ist das Eigentum. Im Gegensatz zu § 242 (charakteristisch: Gewahrsam brechende Wegnahme, Zueignungsabsicht als subjektives Tatbestandsmerkmal) ist für § 246 kennzeichnend:

<small>Schutzgut: Eigentum</small>

- Täter hat idR bereits Alleingewahrsam (oder erlangt ihn mit der Zueignung einer herrenlosen Sache)
- als objektives Tatbestandsmerkmal wird Zueignung verlangt, sie bedarf der Manifestation.

<small>Kennzeichen: Täter hat bereits Gewahrsam, Zueignung der Sache (äußerlich erkennbar).</small>

Die Unterschlagung ist gegenüber anderen Eigentums- und Vermögensdelikten wie §§ 242, 249, 253, 259, 266 subsidiär, Abs. 1 letzter HS; diese Delikte müssen daher zunächst geprüft werden.

<small>Subsidiarität gegenüber §§ 242, 249, 253, 259, 266</small>

Einfache Unterschlagung, § 246 I

- Objektiver Tatbestand:
  - fremde bewegliche Sache

- sich oder einem Dritten zueignet, wobei sich dies in einem nach außen erkennbaren Verhalten manifestieren muss
- Rechtswidrigkeit der Zueignung

- Subjektiver Tatbestand:
  - mindestens bedingter Vorsatz hins. des objektiven Tatbestands
  - Zueignungswille

- Rechtswidrigkeit

- Schuld

- Strafantrag in Fällen der §§ 247, 248a

Unterscheide bei der Unterschlagung:
- *einfache, Abs. 1*
- *veruntreuende (Sache ist dem Täter anvertraut), Abs. 2.*

Anvertraut iSv § 246 II liegt vor, wenn dem Täter die Sachherrschaft mit der Verpflichtung eingeräumt worden ist, die Sache zurückzugeben oder nur bestimmungsgemäß zu verwenden.

Bei der Unterschlagung einer anvertrauten Sache (Veruntreuende Unterschlagung), § 246 II, muss das Merkmal »die Sache ist dem Täter anvertraut« ergänzend beim objektiven Tatbestand geprüft werden!

Zu den Definitionen vgl. zunächst § 242!

Anvertraut: sind die Sachen, bei denen dem Täter die Sachherrschaft mit der Verpflichtung eingeräumt worden ist, die Sache zurückzugeben oder nur zu bestimmten Zwecken zu verwenden: z.B. Miete, Leihe, Verwahrung von Sachen oder unter Eigentumsvorbehalt gekaufte Sachen.

Beispiel: Anton leiht sich das Fahrrad von Rudi und verkauft es auf dem Flohmarkt. Anton hat sich einer veruntreuenden Unterschlagung gem. § 246 II strafbar gemacht.

Beispiel (nach Rengier, BT 1 S. 96): G ist Alleingeschäftsführer einer Baustofffirma. Um sein Gehalt aufzubessern, bietet er dem X aus den Lagerbeständen 5 Paletten mit Backsteinen an; X lehnt ab. Hier liegt keine versuchte Unterschlagung, §§ 246 III, 22 vor, weil bei einer Sachgesamtheit Teile bereits objektiv bestimmt, d.h. ausgesondert sein müssen (Manifestation); hier ist aber zur Aussonderung noch nicht unmittelbar angesetzt worden (§ 22).

Manifestation der Zueignung erfordert bei Sachgesamtheit Aussonderung bestimmter Teile.

Bei Fundunterschlagung und Leichenfledderei fallen Gewahrsamserlangung und Zueignung zusammen.

Beispiel: Toni Glück findet auf der Straße eine wertvolle Uhr und steckt sie ein, ohne sie im Fundbüro abzuliefern (Fundunterschlagung). – Einige Tage später sieht er beim Joggen vor ihm einen anderen Jogger tödlich zusammenbrechen. Er nimmt die Geldscheine und die wertvolle Uhr des Toten an sich (Leichenfledderei). – Es handelt sich um Fälle der Unterschlagung, wo Gewahrsamserlangung und Zueignungshandlung zusammenfallen.

1.3. Antragserfordernis

Haus- und Familiendiebstahl § 247 StGB

Ist durch einen Diebstahl oder eine Unterschlagung ein Angehöriger, der Vormund oder der Betreuer verletzt oder lebt der Verletzte mit dem Täter in häuslicher Gemeinschaft, so wird die Tat nur auf Antrag verfolgt.

Diebstahl und Unterschlagung geringwertiger Sachen § 248a StGB

Der Diebstahl und die Unterschlagung geringwertiger Sachen werden in den Fällen der §§ 242 und 246 nur auf Antrag verfolgt, es sei denn, daß die Strafverfolgungsbehörde wegen des besonderen öffentlichen Interesses an der Strafverfolgung ein Einschreiten von Amts wegen für geboten hält.

Zur Geringwertigkeit s. bei § 243 II

1.4. Fahrzeugbenutzung

Unbefugter Gebrauch eines Fahrzeugs § 248b StGB

(1) Wer ein Kraftfahrzeug oder ein Fahrrad gegen den Willen des Berechtigten in Gebrauch nimmt, wird mit Freiheitsstrafe bis zu drei Jahren oder mit Geldstrafe bestraft, wenn die Tat nicht in anderen Vorschriften mit schwererer Strafe bedroht ist.

(2) Der Versuch ist strafbar.

(3) Die Tat wird nur auf Antrag verfolgt.

(4) Kraftfahrzeuge im Sinne dieser Vorschrift sind die Fahrzeuge, die durch Maschinenkraft bewegt werden, Landkraftfahrzeuge nur insoweit, als sie nicht an Bahngleise gebunden sind.

Unbefugter Gebrauch eines Fahrzeugs, § 248b

- Objektiver Tatbestand:
  - Ingebrauchnehmen eines Kfz, § 248b IV, oder Fahrrades
  - gegen den Willen des Berechtigten

- Subjektiver Tatbestand: mindestens bedingter Vorsatz

- Rechtswidrigkeit

- Schuld

- Strafantrag, § 248b III

Schutzgut: unbeeinträchtigter fremder Gewahrsam

Kraftfahrzeuge i.S.d. § 248b: Autos, Motorräder, Motorboote und Flugzeuge.

Ingebrauchnahme: ist das vorübergehende eigenmächtige Benutzen eines Fahrzeuges.

Beispiel: Toni weiß, dass Oscar seine Autoschlüssel immer unter der Sonnenblende versteckt. Er nimmt sich das Cabrio von Oscar ohne dessen Einverständnis für eine Fahrt ins Kino, um bei Peggy Eindruck zu schinden. Nachdem er Peggy nach Hause gebracht hat, stellt er das Auto Oscar wieder vor die Tür. Oscar ist sehr sauer und zeigt Toni an. Diebstahl gem. § 242 scheidet aus, da Toni keine Zueignungsabsicht hatte. Toni ist jedoch strafbar gem. § 248b. Der Verbrauch von Benzin und Öl ist im § 248b mitenthalten, darf also nicht gem. §§ 242 oder 246 bestraft werden.

Subsidiarität §§ 242, 246 bzgl. verbrauchten Benzins, Öls

Beispiel: Manuel hat für eine Woche einen Mietwagen gemietet; da der Pkw ihm gut gefällt, nutzt er ihn – ohne Erlaubnis der »Verleihfirma« – zwei weitere Wochen; Strafbarkeit nach § 248b. Erst bei ausgedehnten (Urlaubs-) Fahrten, die zu einer wesentlichen Wertminderung des Fahrzeugs führen (Wesentlichkeitsschwelle ab etwa 10 % Wertminderung überschritten), wird die Gebrauchsanmaßung zum Diebstahl.

Bei wesentlicher Wertminderung des Kfz wird Gebrauchsanmaßung zum Diebstahl.

2. Raub und Erpressung

RAUB

In diesem Abschnitt sind hauptsächlich aus anderen Tatbeständen wie Diebstahl, Nötigung oder Betrug zusammengesetzte eigenständige Delikte zu finden, die teilweise schwierig untereinander abzugrenzen sind.

Der Raub gem. § 249 ist ein selbstständiges Delikt, zusammengesetzt aus Nötigung, § 240, und Diebstahl, § 242, wobei die Nötigung Mittel zur Wegnahme (in Zueignungsabsicht) sein muss. Im Teil »Diebstahl« stimmt § 249 mit § 242 völlig überein; hinsichtlich der Definitionen und Probleme kann weitgehend auf § 242 verwiesen werden. Im Teil »Nötigung« werden die Nötigungsmittel des § 240 insoweit qualifiziert, als nur Gewalt »gegen eine Person« bzw. Drohungen »mit gegenwärtiger Gefahr für Leib oder Leben« ausreichen.

Der Schwere Raub gem. § 250 enthält eine Qualifikation des einfachen Raubes. Der Raub mit Todesfolge gem. § 251 ist die Erfolgsqualifikation zu Raubdelikten.

Der dann folgende räuberische Diebstahl gem. § 252 ist ein vollendeter Diebstahl, bei dem zur Sicherung der Beute weitere Tathandlungen wie Gewalt oder Drohungen vorgenommen werden.

Die Erpressung gem. § 253 und räuberische Erpressung gem. § 255 sind ähnlich dem Betrug Vermögensverschiebungsdelikte. Im Gegensatz zum Raub wird dem Geschädigten die Sache nicht weggenommen, sondern er gibt sie gezwungenermaßen selbst hin. Die räuberische Erpressung, § 255, ist wiederum Qualifikation zur einfachen Erpressung, § 253.

> Raub- und Erpressungsdelikte: sind hauptsächlich aus anderen Tatbeständen wie Diebstahl, Nötigung oder Betrug zusammengesetzte eigenständige Delikte.

2.1. Raub

Raub § 249 StGB

(1) Wer mit Gewalt gegen eine Person oder unter Anwendung von Drohungen mit gegenwärtiger Gefahr für Leib oder Leben eine fremde bewegliche Sache einem anderen in der Absicht wegnimmt, die Sache sich oder einem Dritten rechtswidrig zuzueignen, wird mit Freiheitsstrafe nicht unter einem Jahr bestraft.

(2) In minder schweren Fällen ist die Strafe Freiheitsstrafe von sechs Monaten bis zu fünf Jahren.

Raub, § 249

- Objektiver Tatbestand:
- Wegnahme einer fremden beweglichen Sache (siehe oben bei § 242)

> Schutzgüter: Eigentum, Gewahrsam, persönliche Freiheit

- Nötigungsmittel (ähnlich wie § 240):
  - Gewalt gegen eine Person oder
  - Drohung mit gegenwärtiger Gefahr für Leib und Leben
- Einsatz des Nötigungsmittels zur Wegnahme (»finale Verknüpfung«)

• Subjektiver Tatbestand:
- mindestens bedingter Vorsatz und
- Absicht rechtswidriger Zueignung (siehe bei § 242)

• Rechtswidrigkeit

• Schuld

Zu den Definitionen: vgl. §§ 242, 240!

<small>*Raub ist zusammengesetzt aus Diebstahl und Nötigung (mit qualifizierten Mitteln), wobei finale Verknüpfung des Nötigungsmittels zur Wegnahme erforderlich ist.*</small>

<small>*Gewalt gegen Sachen reicht hier nicht.*</small>

Besonderheiten: Gewalt gegen Sachen reicht bei § 249 nicht aus *(bspw. würde das Zerstechen der Autoreifen durch den Täter, um die Wohnung des Pkw-Halters in der Zwischenzeit »ausräumen« zu können; oder: das Quälen des Lieblingstiers, um den Widerstand zu brechen, nicht ausreichen).*

<small>*Zum Gewaltbegriff: s. bei § 240*</small>

Beispiel: Charlie sieht im Zigarettenladen, wie der Besitzer Hans Pfeifer in das Hinterzimmer geht. Charlie schließt blitzschnell diese Türe zu und räumt die Kasse leer. Allein das Einsperren ist (mittelbare) Gewalt gegen eine Person. Er ist wegen Raubes strafbar.

<small>*Wenn nur Überraschung des Opfers genutzt wird: keine Gewalt!*</small>

Beispiel: Peggy schlendert durch die Straßen und hält ihre Handtasche nur mit einem Finger. Charlie kommt mit dem Moped von hinten angefahren, hat leichtes Spiel beim Packen der Handtasche und erbeutet Geld. Es liegt kein Raub vor, wenn das Überraschungsmoment (List, Schnelligkeit, Geschicklichkeit) die Tatausführung bestimmt, nicht die Widerstand überwindende Kraftentfaltung. Hier also nur Diebstahl.

Anders wäre der Fall, wenn Peggy die Handtasche festgehalten hätte, so dass Charlie die Tasche mit Wucht entreißen musste. Nun liegt Raub vor.

Beispiel: Im vorigen Fall hat es Charlie nur auf das vermutete Geld in der Handtasche abgesehen; die gewaltsam entrissene Handtasche enthält aber »nichts Brauchbares«; er wirft sie samt Inhalt weg. Hier wird man versuchten Raub, §§ 249, 22, 23 bzgl. des Geldes annehmen, hins. der Tasche fehlt Zueignungsabsicht.

Schwerer Raub § 250 StGB

(1) Auf Freiheitsstrafe nicht unter drei Jahren ist zu erkennen, wenn

1. der Täter oder ein anderer Beteiligter am Raub

   a) eine Waffe oder ein anderes gefährliches Werkzeug bei sich führt,

   b) sonst ein Werkzeug oder Mittel bei sich führt, um den Widerstand einer anderen Person durch Gewalt oder Drohung mit Gewalt zu verhindern oder zu überwinden,

   c) eine andere Person durch die Tat in die Gefahr einer schweren Gesundheitsschädigung bringt oder

2. der Täter den Raub als Mitglied einer Bande, die sich zur fortgesetzten Begehung von Raub oder Diebstahl verbunden hat, unter Mitwirkung eines anderen Bandenmitglieds begeht.

(2) Auf Freiheitsstrafe nicht unter fünf Jahren ist zu erkennen, wenn der Täter oder ein anderer Beteiligter am Raub

1. bei der Tat eine Waffe oder ein anderes gefährliches Werkzeug verwendet,

2. in den Fällen des Absatzes 1 Nr. 2 eine Waffe bei sich führt oder

3. eine andere Person

   a) bei der Tat körperlich schwer mißhandelt oder

   b) durch die Tat in die Gefahr des Todes bringt.

(3) In minder schweren Fällen der Absätze 1 und 2 ist die Strafe Freiheitsstrafe von einem Jahr bis zu zehn Jahren.

Qualifikation zu § 249

Abs. 1:

Nr. 1a: vgl. die Ausführungen zu § 244 I Nr. 1a.

Beispiel: Beisichführen eines Kampfhundes.

Nr. 1b: vgl. die Ausführungen zu § 244 I Nr. 1b.

Beispiel: Beisichführen von Handschellen, Schnüren, Knebeltüchern, echt aussehenden Scheinwaffen, um Widerstand ... zu verhindern oder zu überwinden.

Nr. 1c: Täter muss eine andere Person vorsätzlich

- durch die Tat
- in die konkrete Gefahr
- einer schweren Gesundheitsschädigung bringen.

- Nr. 1 a) wie bei § 244 I Nr. 1 a
- Nr. 1 b) wie bei § 244 I Nr. 1 b

Nr. 1 c erfordert erhebliche Gefährdung einer anderen Person.

Beispiel: Charlie hat das Auto von Krämer geraubt, wird von der Polizei entdeckt und flüchtet daraufhin mit dem Auto durch die Fußgängerzone.

Nr. 2 wie bei § 244 I Nr. 2

Nr. 2: vgl. die Ausführungen zu § 244 I Nr. 2.

Abs. 2:

Nr. 1 erfordert Verwenden eines gefährlichen Werkzeugs iSv Abs. 1 Nr. 1a.

Nr. 1: setzt das tatsächliche Verwenden (nicht nur Beisichführen) einer Waffe oder eines gefährlichen Werkzeugs iSv Abs. 1 Nr. 1a (nicht Nr. 1b) voraus.

Beispiel: Täter bedroht Opfer mit einer Schusswaffe, um es ausrauben zu können.

Nr. 2 erfordert Beisichführen einer Waffe bei Bandenraub.

Nr. 2: hier genügt das bloße Beisichführen von Waffen (sonstige gefährliche Werkzeuge reichen nicht).

Nr. 3 erfordert körperlich schwere Misshandlung bzw. konkrete Todesgefahr.

Nr. 3a: körperlich schwere Misshandlung liegt vor, wenn die Tat erhebliche Folgen für die physische Gesundheit hat oder mit erheblichen Schmerzen verbunden ist.

Nr. 3b: ähnlich wie Abs. 1 Nr. 1c: nur wird hier konkrete Todesgefahr verlangt.

§ 251 StGB

Raub mit Todesfolge

Verursacht der Täter durch den Raub (§§ 249 und 250) wenigstens leichtfertig den Tod eines anderen Menschen, so ist die Strafe lebenslange Freiheitsstrafe oder Freiheitsstrafe nicht unter zehn Jahren.

Raub mit Todesfolge, § 251 (erfolgsqualifiziertes Delikt)

Erfolgsqualifiziertes Delikt

- Objektiver Tatbestand:
  - Raub gem. § 249
  - Tod eines anderen durch Raub unmittelbar verursacht
  - objektive Vorhersehbarkeit des Todes

- Subjektiver Tatbestand: mindestens bedingter Vorsatz bezüglich § 249

- Rechtswidrigkeit

- Schuld:
  - subjektive Sorgfaltspflichtverletzung: mindestens Leichtfertigkeit hinsichtlich der Todesfolge
  - subjektive Vorhersehbarkeit des Todes.

Leichtfertigkeit: ist ein erhöhter Grad von Fahrlässigkeit, entspricht grober Fahrlässigkeit.

Beispiel: Charlie schießt in der Fußgängerzone dreimal gegen eine Wand, um dem Geldboten seine Bereitschaft auf ihn zu schießen, zu verdeutlichen; dadurch kann C die Geldtasche entreißen. Durch einen Querschläger wird ein Passant tödlich getroffen.

Beispiel: Dieter bedroht nachts in einem Park einen Mann mit einer ungeladenen Schusswaffe, um ihn ausrauben zu können; das herzkranke Opfer stirbt an einem Herzinfarkt. Hier ist § 251 wegen fehlender Leichtfertigkeit zu verneinen; D ist »nur« wegen §§ 249, 250 I Nr. 1b (Scheinwaffe) zu bestrafen.

> Leichtfertige Verursachung: entspricht etwa grober Fahrlässigkeit.

Räuberischer Diebstahl

Wer, bei einem Diebstahl auf frischer Tat betroffen, gegen eine Person Gewalt verübt oder Drohungen mit gegenwärtiger Gefahr für Leib oder Leben anwendet, um sich im Besitz des gestohlenen Gutes zu erhalten, ist gleich einem Räuber zu bestrafen.

§ 252 StGB

Der räuberische Diebstahl ist ein raubähnliches Sonderdelikt. Es liegt ein vollendeter Diebstahl vor; der – auf frischer Tat betroffene – Täter »verteidigt seine Beute« mit Raubmitteln. Beachte den Zeitraum: § 252 greift nur in dem Zeitraum zwischen Vollendung und Beendigung des Diebstahls! »auf frischer Tat...«: Es wird ein enger örtlicher und zeitlicher Zusammenhang mit der Tat verlangt; der Täter muss nach Vollendung der Wegnahme am Tatort oder in dessen unmittelbarer Nähe und alsbald nach der Tat angetroffen, gestellt werden. Gewalt oder Drohungen vor der Wegnahme stellen Raub dar! Die Verweisung »ist gleich einem Räuber zu bestrafen« beinhaltet auch einen Verweis auf die Qualifikationen der §§ 250 und 251.

> Raubähnliches Sonderdelikt: zusammengesetzt aus vollendetem Diebstahl und »Verteidigung der Beute« mit Raubmitteln; spielt sich im Zeitraum zwischen Vollendung und Beendigung ab.

Räuberischer Diebstahl, § 252

- Objektiver Tatbestand:
  - vollendeter Diebstahl (mit Vollendung der Wegnahme) als Vortat
  - auf frischer Tat betroffen
  - Gewaltanwendung gegen eine Person oder
  - Drohung mit gegenwärtiger Gefahr für Leib oder Leben

- Subjektiver Tatbestand:
  - mindestens bedingter Vorsatz und
  - Besitzerhaltungsabsicht hinsichtlich des gestohlenen Gutes

- Rechtswidrigkeit

- Schuld

Beispiel: Ede und Fritz transportieren im Supermarkt einen Computer an einer unbesetzten Kasse vorbei und laden ihn ihr Auto. Zwei Angestellte verfolgen die Täter und versuchen sie, am Wegfahren zu hindern. Ede und Fritz fahren auf die Angestellten zu, die zur Seite springen. Ede und Fritz entkommen. Sie sind wegen gemeinschaftlichen schweren räuberischen Diebstahls, §§ 252, 25 II iVm §§ 249, 250 II Nr. 1 zu bestrafen.

Idealkonkurrenz
§§ 113, 211, 223 ff., 255
Spezialität
§§ 242, 244, 239, 240

2.2. Erpressung

Die Erpressung ähnelt vom Tatbestand dem Betrug. Während beim Betrug eine irrtumsbedingte Vermögensverfügung erfolgt, verlangt die hM bei der Erpressung eine nötigungsbedingte Vermögensverfügung. Die Nötigungsmittel bei der einfachen Erpressung, § 253, entsprechen denen des § 240, die Nötigungsmittel bei der qualifizierten räuberischen Erpressung, § 255, denen des § 249.

Schutzgüter: Vermögen und persönliche Entscheidungsfreiheit

§ 253 StGB

Erpressung

(1) Wer einen Menschen rechtswidrig mit Gewalt oder durch Drohung mit einem empfindlichen Übel zu einer Handlung, Duldung oder Unterlassung nötigt und dadurch dem Vermögen des Genötigten oder eines anderen Nachteil zufügt, um sich oder einen Dritten zu Unrecht zu bereichern, wird mit Freiheitsstrafe bis zu fünf Jahren oder mit Geldstrafe bestraft.

(2) Rechtswidrig ist die Tat, wenn die Anwendung der Gewalt oder die Androhung des Übels zu dem angestrebten Zweck als verwerflich anzusehen ist.
(3) Der Versuch ist strafbar.
(4) In besonders schweren Fällen ist die Strafe Freiheitsstrafe nicht unter einem Jahr. ...

Erpressung, § 253

- Objektiver Tatbestand:
- Nötigungsmittel: Gewalt gegen Sache oder Drohung mit einem empfindlichen Übel (siehe bei § 240) *(Gewalt hier nur gegen Sachen möglich (gegen Personen: § 255)*
- Nötigungserfolg: eine Handlung, Duldung oder Unterlassung
- Vermögensverfügung des Genötigten (str., s. bei § 255)
- Vermögensschaden beim Genötigten oder einem Dritten

- Subjektiver Tatbestand:
- mindestens bedingter Vorsatz bezüglich Nötigung
- Bereicherungsabsicht: Absicht der Erlangung eines objektiv rechtswidrigen Vermögensvorteils *(Spezialität §§ 240, 241)*

- Rechtswidrigkeit:
- Verwerflichkeit der Tat im Ganzen, § 253 II (vgl. bei § 240 II)

- Schuld

Vermögensverfügung: ist jedes willentliche Verhalten (Handeln, Dulden oder Unterlassen), durch das der Genötigte unmittelbar auf sein Vermögen einwirkt; bei der »Dreieckserpressung« auf das Vermögen eines in seinem »Lager« stehenden Dritten einwirkt.

Vermögensnachteil: ist jede Wertminderung des Vermögens, wobei jedoch bei der Saldierung erlangte Vermögensvorteile zu berücksichtigen sind (näher b. Betrug).

Beispiel: Jack Knebel droht dem Politiker Herbert Stier mit der Übersendung von intimen Fotos mit seiner Geliebten an die Ehefrau und Presse, falls er nicht 1.000,– € zahle. Stier zahlt. Knebel ist strafbar gem. § 253. Die Veröffentlichung der Fotos wäre aus der Sicht von Stier ein empfindliches Übel. Die Zahlung ist die abgenötigte Vermögensverfügung, die zum Vermögensschaden von Stier führt. Die Verwerflichkeit gem. § 253 II liegt ebenfalls vor.

Beispiel: Vincent hat bei einem Einbruch ein teures Gemälde von Picasso gestohlen. Da sein Hehler wegen der Berühmtheit des Bildes dieses auf dem Markt nicht loswird, bietet er dem Eigentümer die unbeschädigte Rückgabe gegen eine »Gebühr« von 10.000,– € an. Vincent ist gem. § 253 strafbar. Auch wenn der Eigentümer das unbeschädigte Bild für das Geld erhalten hat, liegt bei ihm ein Vermögensschaden vor, denn er hätte ohnehin einen Herausgabeanspruch gegen Vincent gehabt.

§ 255 StGB

Räuberische Erpressung

Wird die Erpressung durch Gewalt gegen eine Person oder unter Anwendung von Drohungen mit gegenwärtiger Gefahr für Leib oder Leben begangen, so ist der Täter gleich einem Räuber zu bestrafen.

Räuberische Erpressung, § 255

Schutzgut: wie bei § 253

Qualifizierung zu § 253

Gewalt muss hier gegen eine Person gerichtet sein.

- Objektiver Tatbestand:
  – Nötigungsmittel: Gewalt gegen eine Person oder
  – Drohung mit gegenwärtiger Gefahr für Leib oder Leben
  – Vermögensverfügung des Genötigten
  – Vermögensschaden beim Genötigten oder einem Dritten

- Subjektiver Tatbestand:
  – mindestens bedingter Vorsatz bezüglich Nötigung
  – Bereicherungsabsicht: Absicht der Erlangung eines objektiv rechtswidrigen Vermögensvorteils

- Rechtswidrigkeit

- Schuld

Abgrenzung zwischen § 249 und § 255:

Streit, ob für §§ 253, 255 eine Vermögensverfügung erforderlich ist. Wer das bejaht, muss vis absoluta bei §§ 253, 255 ausschließen.

- Die hL (Verfügungslehre/Verfügungstheorie) verlangt für §§ 253, 255 eine Vermögensverfügung. Als Nötigungsmittel kommt daher nur »vis compulsiva« in Betracht, also eine Gewaltanwendung, die noch Raum für eine Willensbetätigung lässt. Wendet der Täter »vis absoluta« an, scheiden §§ 253, 255 aus. Wegnahme iSv § 249 und Vermögensverfügung iSv §§ 253, 255 schließen sich gegenseitig aus.

- Die Rspr und ein Teil der Lehre (inzwischen wohl hM) verlangen bei §§ 253, 255 keine Vermögensverfügung, Nötigungsmittel kann auch »vis absoluta« sein. § 255 ist der allgemeinere, § 249 der speziellere Tatbestand. Das äußere Erscheinungsbild des Nehmens kann (obwohl § 255 eigentlich erfüllt) zu § 249 führen.

Beachte:
- in Zweifelsfällen sollte mit dem § 249 begonnen werden; ist § 249 nach beiden Theorien zu bejahen, braucht man auf § 255 nicht mehr einzugehen.
- Liegt dagegen eine Vermögensverfügung unstreitig vor, dann ist nach beiden Ansichten Erpressung gegeben.

Besondere Bedeutung hat die Dreieckserpressung im Rahmen von »Banküberfällen« bzw. »Ladenüberfällen«:

Der Täter zwingt mit Gewalt gegen eine Person oder unter Anwendung von Drohungen mit gegenwärtiger Gefahr für Leib oder Leben einen Bank- oder Ladenangestellten, über das Vermögen eines Dritten (der Bank/des Ladeninhabers) zu verfügen, z.B. alle Geldscheine herauszugeben. Die Verfügungen des genötigten Angestellten werden nach der »Lagertheorie« wegen des bestehenden Näheverhältnisses dem Dritten als eigene Verfügungen zugerechnet.

Bei Dreieckserpressung wird die Vermögensverfügung des Angestellten nach der Lagertheorie als Verfügung des geschädigten Inhabers gewertet.

Beispiel: Donald bedroht den Postangestellten mit einer Schusswaffe und nötigt ihn, die vorhandenen Geldscheine herauszugeben. Er hat sich der schweren räuberischen Erpressung gem. §§ 253, 255 iVm §§ 249, 250 II Nr. 1 strafbar gemacht.

3. Anschlussstraftaten: Begünstigung, Strafvereitelung und Hehlerei

Hilft jemand einem anderen nach abgeschlossener Vortat, ihm die Vorteile der Tat zu sichern (sachliche Begünstigung), ihn der Strafverfolgung oder Strafvollstreckung zu entziehen (Strafvereitelung = persönliche Begünstigung) oder die Sache zu verwerten (Hehlerei), so kommt eine Strafbarkeit nach den §§ 257 – 259 in Betracht. Voraussetzung bei allen drei Delikten ist das Begehen einer – zumindest rechtswidrigen (nicht unbedingt: schuldhaften) – Vortat durch einen anderen! Unterstützungshandlungen vor Vollendung der Vortat sind als Beihilfehandlungen zur Vortat zu bestrafen. Die (sachliche) Selbstbegünstigung und die eigene Strafvereitelung sind nicht strafbar, die Verwertung der Sache durch den Vortäter ist mitbestrafte Nachtat!

Anschlussstraftaten:
- sachliche Begünstigung (Hilfe bei Sicherung der Vorteile der Tat), § 257
- persönliche Begünstigung (=Strafvereitelung), § 258
- Hilfe bei Verwertung der Beute (=Hehlerei), § 259

Straftaten gegen Eigentum und Vermögen

»GÜNSTIGE ANGEBOTE«

§ 257 StGB

Begünstigung

(1) Wer einem anderen, der eine rechtswidrige Tat begangen hat, in der Absicht Hilfe leistet, ihm die Vorteile der Tat zu sichern, wird mit Freiheitsstrafe bis zu fünf Jahren oder mit Geldstrafe bestraft.
(2) Die Strafe darf nicht schwerer sein als die für die Vortat angedrohte Strafe.
(3) Wegen Begünstigung wird nicht bestraft, wer wegen Beteiligung an der Vortat strafbar ist. Dies gilt nicht für denjenigen, der einen an der Vortat Unbeteiligten zur Begünstigung anstiftet.
(4) Die Begünstigung wird nur auf Antrag, mit Ermächtigung oder auf Strafverlangen verfolgt, wenn der Begünstiger als Täter oder Teilnehmer der Vortat nur auf Antrag, mit Ermächtigung oder auf Strafverlangen verfolgt werden könnte. § 248a gilt sinngemäß.

Hilfeleistung: ist jede Handlung, die objektiv geeignet ist, die durch die Vortat erlangten Vorteile zu sichern.

Vortatbeteiligter: ist jeder, der Täter, Mittäter, Anstifter oder Gehilfe der Vortat ist.

Schutzgüter: Rechtspflege und Interesse des Geschädigten

Begünstigung, § 257

- Objektiver Tatbestand:
  - tatbestandsmäßige, rechtswidrige Vortat eines anderen

- Tatobjekt: ein durch die Vortat erlangter – noch vorhandener – Vorteil
- Tathandlung: Hilfeleistung bei der Sicherung des Vorteils
- Subjektiver Tatbestand:
- mindestens bedingter Vorsatz bezüglich des objektiven Tatbestands und
- Absicht, dem Begünstigten die Vorteile der Tat zu sichern
- Rechtswidrigkeit
- Schuld
- Strafausschließungsgrund für Vortatbeteiligte, § 257 III?
- Strafantrag, § 257 IV?

Idealkonkurrenz
§§ 258, 259

Beispiel: Charlie bittet nach einem Bankraub seinen Schulfreund Damian, die Beute in seiner Wohnung zu verstecken. Dies tut Damian, der nach § 257 I strafbar ist. Bei flüchtigem Lesen könnte man meinen, C wäre nach § 257 III 1 nicht wegen Anstiftung zur Begünstigung strafbar; nach § 257 III 2 ist er jedoch nach §§ 257, 26 strafbar.

Strafvereitelung

§ 258 StGB

(1) Wer absichtlich oder wissentlich ganz oder zum Teil vereitelt, daß ein anderer dem Strafgesetz gemäß wegen einer rechtswidrigen Tat bestraft oder einer Maßnahme (§ 11 Abs. 1 Nr. 8) unterworfen wird, wird mit Freiheitsstrafe bis zu fünf Jahren oder mit Geldstrafe bestraft.
(2) Ebenso wird bestraft, wer absichtlich oder wissentlich die Vollstreckung einer gegen einen anderen verhängten Strafe oder Maßnahme ganz oder zum Teil vereitelt.
(3) Die Strafe darf nicht schwerer sein als die für die Vortat angedrohte Strafe.
(4) Der Versuch ist strafbar.
(5) Wegen Strafvereitelung wird nicht bestraft, wer durch die Tat zugleich ganz oder zum Teil vereiteln will, daß er selbst bestraft oder einer Maßnahme unterworfen wird oder daß eine gegen ihn verhängte Strafe oder Maßnahme vollstreckt wird.
(6) Wer die Tat zugunsten eines Angehörigen begeht, ist straffrei.

Beachte:

- § 258 I enthält die Verfolgungsvereitelung,
- § 258 II die Vollstreckungsvereitelung.

Unterscheide:
- Verfolgungsvereitelung, Abs. 1
- Vollstreckungsvereitelung, Abs. 2

Erfolgsdelikt	Bedingter Vorsatz genügt nicht (»absichtlich oder wissentlich«). § 258 ist ein Erfolgsdelikt; als Erfolg genügt es, wenn der Vortäter durch die Vereitelungshandlung (kausal) für geraume Zeit, mind. zwei Wochen, der Strafverfolgung, Anordnung einer Maßnahme oder der Strafvollstreckung entzogen wird.
Dolus directus I oder II erforderlich.	
	Beispiele: Falschaussage zugunsten des Beschuldigten (falsches Alibi), das Verbergen von Straftätern beim Erscheinen der Polizei (im Bettkasten), Fluchthilfe (Besorgen eines Flugtickets usw.) und das Vernichten, Verstecken oder Verfälschen von Beweismitteln.
normalerweise keine Anzeigepflicht	*Beispiel: Ede wird wegen eines Bankeinbruchs gesucht. Xaver weiß, wo sich Ede versteckt hält, sagt der Polizei jedoch nichts davon. Xaver ist nicht strafbar, da er nicht die Pflicht hat, Straftäter anzuzeigen.*
	Zum Teil vereiteln: wenn der Täter bewirkt, dass die Strafe für den Vortäter milder ausfällt, als es den Tatsachen entspricht.
Idealkonkurrenz §§ 257, 259, 271 Spezialität § 145d	*Beispiele: durch die Aussage des Täters wird der Vortäter nur wegen eines Vergehens, nicht wegen eines Verbrechens bestraft (z.B. Täter stellt den Raub bewusst als Diebstahl hin), Verurteilung aus dem Grunddelikt statt aus einer Qualifikation.*
Vollstreckungsvereitelung ist auch: • das Verbüßen einer Freiheitsstrafe für anderen • nicht jedoch das Bezahlen einer Geldstrafe	Vollstreckungsvereitelung: wenn der Täter die Vollstreckung einer gegen einen anderen verhängten rechtskräftigen Strafe oder Maßnahme verhindert.
	Beispiele: das Verbergen eines Gefangenen, der aus dem Urlaub nicht mehr in die Anstalt zurückgekehrt ist; das Verbüßen einer Freiheitsstrafe für einen anderen. Nicht dagegen das Bezahlen einer Geldstrafe durch einen anderen (hM), obwohl die Geldstrafe für den Verurteilten ein spürbares Übel sein soll; da es aber zu viele Umgehungsmöglichkeiten gibt (Gewähren eines zinslosen Darlehens, Schenken eines Geldbetrages usw.), ist der hM zu folgen. Wenn allerdings bis zur Vollendung der Vortat dem Vortäter die Bezahlung einer etwaigen Geldstrafe zugesagt wird, kommt psychische Beihilfe zur Vortat in Frage!
§ 258a StGB	**Strafvereitelung im Amt** (1) Ist in den Fällen des § 258 Abs. 1 der Täter als Amtsträger zur Mitwirkung bei dem Strafverfahren ... oder ist er in den Fällen des § 258 Abs. 2 als Amtsträger zur Mitwirkung bei der Vollstreckung der Strafe oder Maßnahme berufen, so ist die Strafe Freiheitsstrafe von sechs Monaten bis zu fünf Jahren, ...

Hehlerei § 259 StGB

(1) Wer eine Sache, die ein anderer gestohlen oder sonst durch eine gegen fremdes Vermögen gerichtete rechtswidrige Tat erlangt hat, ankauft oder sonst sich oder einem Dritten verschafft, sie absetzt oder absetzen hilft, um sich oder einen Dritten zu bereichern, wird mit Freiheitsstrafe bis zu fünf Jahren oder mit Geldstrafe bestraft.
(2) Die §§ 247 und 248a gelten sinngemäß.
(3) Der Versuch ist strafbar.

Hehlerei, § 259

- Objektiver Tatbestand:
- Sache (§ 90 BGB)
- von einem anderen gestohlen (§ 242) oder sonst durch eine gegen fremdes Vermögen gerichtete tatbestandsmäßige, rechtswidrige Tat (§ 11 I Nr. 5) erlangt
- Sichverschaffen, Absetzen oder Absetzenhelfen

Idealkonkurrenz
§§ 253, 257, 258, 263, 267
Spezialität
§ 246

- Subjektiver Tatbestand:
- mindestens bedingter Vorsatz bezüglich des objektiven Tatbestands
- Bereicherungsabsicht für sich oder einen Dritten

- Rechtswidrigkeit

- Schuld

- evtl. Strafantrag, § 259 II

Sichverschaffen: ist die bewusste und gewollte Übernahme der tatsächlichen Verfügungsgewalt über die Sache.

Absetzen: ist die im Einverständnis mit dem Vortäter und auf dessen Rechnung erfolgende, selbständige Veräußerung an Dritte.

Absetzenhelfen: ist die unselbständige Unterstützung des Vortäters bei dessen Absetzen.

Bereicherung: ist die Erlangung eines Vermögensvorteils.

Beispiel: A verkauft regelmäßig Schmuck, der aus Villeneinbrüchen des B stammt, an ihm bekannte Trödelhändler und erhält dafür von B 30 % des Erlöses (Absetzen).

4. Betrug und Untreue

Betrug (Vermögensdelikt) und Diebstahl (Eigentumsdelikt) schließen sich gegenseitig aus; Betrug setzt freiwillige Vermögensverfügung voraus, beim Diebstahl erfolgt (unfreiwillige) Wegnahme.

Betrug ist das in der Praxis und der juristischen Klausur wichtigste Vermögensdelikt. In der Praxis wird eine erhebliche Zahl von Betrugsdelikten registriert, das Dunkelfeld dürfte noch größer sein: insbesondere im Internet – bspw. bei ebay – tummeln sich viele Betrüger, die den Kaufpreis kassieren, aber die Ware nicht liefern; auch Betrügereien gegenüber Versicherungen (fingierte Autounfälle, -diebstähle usw.) sind ein Massendelikt geworden. Betrug ist die durch Täuschung herbeigeführte, irrtumsbedingte Vermögensverfügung, die zu einem Vermögensschaden führt. Betrug ist ein Vermögens-(verschiebungs-)delikt, ein Selbstschädigungsdelikt. Betrug (Vermögensdelikt) und Diebstahl (Eigentumsdelikt) schließen sich gegenseitig aus, was insbesondere für die Abgrenzung von Sachbetrug vom Trickdiebstahl von Bedeutung ist: Betrug setzt die freiwillige Vermögensverfügung voraus, beim Diebstahl erfolgt eine (unfreiwillige) Wegnahme. Was so einfach klingt, ist in der Fallbearbeitung zum Teil mit großen Schwierigkeiten verbunden. Die »Feinheiten« des Betrugs sind für Jura-Studenten bedeutsam.

BETRUG UND UNTREUE

§ 263a stellt den Computerbetrug, § 264 den Subventionsbetrug, § 264a den Kapitalanlagebetrug, § 265 den Versicherungsmissbrauch, § 265a das Erschleichen von Leistungen, § 265b den Kreditbetrug unter Strafe. Die Untreue ist in § 266 geregelt und stellt den Missbrauch einer besonderen Vertrauensstellung unter Strafe. § 266a regelt das Vorenthalten und Veruntreuen von Arbeitsentgelt, § 266b den Missbrauch von Scheck- und Kreditkarten.

Betrug § 263 StGB

(1) Wer in der Absicht, sich oder einem Dritten einen rechtswidrigen Vermögensvorteil zu verschaffen, das Vermögen eines anderen dadurch beschädigt, daß er durch Vorspiegelung falscher oder durch Entstellung oder Unterdrückung wahrer Tatsachen einen Irrtum erregt oder unterhält, wird mit Freiheitsstrafe bis zu fünf Jahren oder mit Geldstrafe bestraft.

(2) Der Versuch ist strafbar.

(3) In besonders schweren Fällen ist die Strafe Freiheitsstrafe von sechs Monaten bis zu zehn Jahren. Ein besonders schwerer Fall liegt in der Regel vor, wenn der Täter

1. gewerbsmäßig oder als Mitglied einer Bande handelt,...
2. einen Vermögensverlust großen Ausmaßes herbeiführt oder in der Absicht handelt, durch die fortgesetzte Begehung von Betrug eine große Zahl von Menschen in die Gefahr des Verlustes von Vermögenswerten zu bringen,
3. eine andere Person in wirtschaftliche Not bringt,
4. seine Befugnisse oder seine Stellung als Amtsträger mißbraucht,
5. einen Versicherungsfall vortäuscht, nachdem er oder ein anderer zu diesem Zweck eine Sache von bedeutendem Wert in Brand gesetzt ... hat.

(4) § 243 Abs. 2 sowie die §§ 247 und 248a gelten entsprechend.

...

Beachte:

- Der objektive Tatbestand verlangt Kausalität zwischen:
– Täuschung
– Irrtum
– Vermögensverfügung (ungeschriebenes Tatbestandsmerkmal)
– Vermögensschaden.

- Zum subjektiven Tatbestand gehören:
  - Vorsatz
  - Absicht stoffgleicher (ungeschriebenes Tatbestandsmerkmal), rechtswidriger Bereicherung

Betrug, § 263

- Objektiver Tatbestand: Kausalzusammenhang zwischen
  - Täuschung durch
    - Vorspiegelung falscher Tatsachen oder
    - Entstellung wahrer Tatsachen oder
    - Unterdrücken wahrer Tatsachen oder
    - Unterlassen bei Aufklärungspflicht
  - Erregung oder Unterhaltung eines Irrtums als Folge
  - Vornahme einer irrtumsbedingten Vermögensverfügung durch den Getäuschten über sein oder das Vermögen eines Dritten
  - Eintritt eines Vermögensschadens oder einer konkreten Vermögensgefährdung als unmittelbare Folge der Verfügung

- Subjektiver Tatbestand:
  - Vorsatz bezüglich des objektiven Tatbestands
  - Absicht, sich oder einen Dritten einen stoffgleichen, objektiv rechtswidrigen Vermögensvorteil zu verschaffen

- Rechtswidrigkeit:

- Schuld

- Strafantrag in den Fällen der §§ 247, 248a, 263 IV bzw. Strafschärfungen.

Täuschung: ist das bewusste wahrheitswidrige Behaupten äußerer oder innerer Tatsachen gegenüber einem anderen, d.h. die bewusst irreführende – kommunikative – Einwirkung auf einen anderen durch (ausdrückliches oder konkludentes) aktives Tun oder Unterlassen (soweit eine Rechtspflicht zur Aufklärung besteht).

Tatsachen: sind dem Beweis zugängliche Vorgänge oder Zustände der Vergangenheit oder Gegenwart (nicht: Meinungen, Werturteile, Erwartungen, Prognosen).

Entstellung wahrer Tatsachen: ist die Verfälschung durch Veränderung des Gesamtbildes oder wesentlicher Einzelheiten.

Wichtige Definitionen:
- Täuschung ist das bewusste wahrheitswidrige Behaupten äußerer oder innerer Tatsachen.
- Irrtum ist jeder Widerspruch zwischen Vorstellung und Wirklichkeit.

Irrtum: ist jeder Widerspruch zwischen Vorstellung und Wirklichkeit.

Erregung: ist das Hervorrufen oder Mitverursachen einer bestehenden Fehlvorstellung.

Unterhalten: ist das Bestärken einer bestehenden Fehlvorstellung oder die Verhinderung oder Erschwerung ihrer Aufklärung.

Vermögensverfügung: ist jedes Handeln, Dulden oder Unterlassen des Getäuschten, das unmittelbar zu einer Vermögensminderung im wirtschaftlichen Sinne bei dem Getäuschten oder einem Dritten führt.

Vermögen: ist die Gesamtheit aller Güter einer Person mit wirtschaftlichem Wert.

Vermögensschaden: ist jede Vermögensminderung nach der Vermögensverfügung des Getäuschten, unter Zugrundelegung einer wirtschaftlichen (alle geldwerten Güter wie Geld, Forderungen, Anwartschaften, Arbeitskraft) und juristischen (nur Vermögen, das zumindest in geringer Weise rechtlich geschützt ist, wozu teilweise nach BGB auch der unrechtmäßige Besitz gehört) Betrachtungsweise. Ein Vermögensschaden liegt nach dem Saldierungsprinzip bei Verträgen vor, wenn der Gesamtsaldo des Vermögens einen Verlust an Vermögenswerten aufweist; dabei kommt es insbesondere darauf an, welche Gegenleistung dem Vermögen – bei objektiver wirtschaftlicher Betrachtungsweise – zufließt.

Wichtige Definitionen:
- Vermögensverfügung ist jedes Handeln, Dulden oder Unterlassen, das unmittelbar zu einer Vermögensverminderung führt.
- Vermögensschaden ist jede Vermögensminderung nach der Vermögensverfügung des Getäuschten.

Einige Besonderheiten:

- Abgrenzung Diebstahl – Sachbetrug: Diebstahl und Sachbetrug schließen sich gegenseitig aus; maßgeblich ist die Willensrichtung des Opfers, insbesondere der Gedanke der freiwilligen Vermögensverfügung beim Betrug (vgl. auch oben!). Wenn dies in der Klausur zweifelhaft ist, mit Diebstahl beginnen! – *Beispiel (nach Rengier, BT 1 S. 199): Wer im SB-Laden an der Kasse Waren zum Teil vorbeischmuggelt (z.B. im Kinderwagen versteckt), begeht Diebstahl, wenn der Kassierer die Ware gar nicht in sein Blickfeld bekommt und daher kein Verfügungsbewusstsein haben kann. Wenn der Täter an der Kasse eine verpackte Ware bezahlt, nachdem er vorher in der Verpackung zusätzliche Ware – wie etwa Zubehör – versteckt hat, liegt hingegen Betrug vor, weil der Kassierer täuschungsbedingt über das in sein Blickfeld gelangte Paket als Ganzes verfügt; es handelt sich idR um einen Dreiecksbetrug, da Verfügender (Kassierer) und Geschädigter (Ladeninhaber) meist verschiedene Personen sind (nur Getäuschter und Verfügender müssen beim Betrug identisch sein!).*

Abgrenzung Diebstahl – Betrug. in SB-Geschäften danach, ob Kassierer Verfügungsbewusstsein hat.

Beim Betrug müssen nur Getäuschter und Verfügender identisch sein, Geschädigter kann Dritter (Ladeninhaber) sein (Dreiecksbetrug).

- Täuschung durch Unterlassen der Aufklärung: spielt insbesondere im Sozialleistungsrecht (z.B. SGB II, III, XII; BAFöG) eine Rolle; bspw. Sozialhilfeempfänger unterlässt die Mitteilung an das Sozialamt, dass er einen Minijob angenommen hat. § 60 I Nr. 2 SGB I verpflichtet alle Leistungsempfänger, Änderungen in den für die Leistungsgewährung maßgebenden Verhältnissen unverzüglich mitzuteilen. – Vertragliche Beziehungen allein begründen noch keine Aufklärungspflicht, es muss eine besondere Garantenpflicht (§ 13) hinzukommen: diese wird aus der besonderen Treuepflicht des Beamten herzuleiten sein, so dass dieser den Dienstherrn über zu Unrecht erhaltene Bezüge, Beihilfe usw. aufklären muss; hingegen wird Betrug durch Unterlassen zum Nachteil einer Bank verneint, wenn Kontoinhaber das aufgrund einer Fehlüberweisung entstandene Guthaben abhebt.

Täuschung durch Unterlassen der Aufklärung hat insbes. im Sozialleistungsrecht sowie in besonderen Treueverhältnissen Bedeutung.

- Eingehungsbetrug: in Abgrenzung zum Erfüllungsbetrug; vgl. z.B. Kaufvertrag, § 433 BGB, stellt das Verpflichtungsgeschäft dar, die Erfüllung der Verpflichtungen erfolgt meist nach § 929 BGB; schon im Abschluss eines Vertrages kann eine konkrete Vermögensgefährdung und damit ein vollendeter Betrug liegen; dies wird allerdings dann zu verneinen sein, wenn der verständige Käufer – etwa beim Haustürgeschäft – deutlich über gesetzliche Widerrufs- und Rückgaberechte belehrt worden ist. – Ist Eingehungsbetrug zu bejahen, wirkt die Täuschung in der Vertragserfüllung nur fort (Beendigung der Tat), es liegt nur *ein* Betrug vor.

Eingehungsbetrug zu verneinen, wenn der verständige Käufer deutlich über gesetzliche Widerrufsrechte belehrt wurde.

- (Echter) Erfüllungsbetrug: liegt vor, wenn die tatsächlich erbrachte Leistung – objektiv wirtschaftlich betrachtet – weniger wert als die geschuldete Leistung ist, *z.B. Verkäufer vertauscht nach Vertragsschluss, aber vor Lieferung, den antiken Schrank gegen ein täuschend echtes Imitat.*

Erfüllungsbetrug insbesondere durch Austausch der Kaufsache vor Lieferung möglich.

- Anstellungsbetrug: wenn der Bewerber für eine Stelle als Arbeitnehmer oder Beamter den Arbeitgeber bzw. Dienstherrn, der die Stellenbesetzung erkennbar vom Vorliegen bestimmter Eigenschaften oder Kenntnisse abhängig gemacht hat, über besondere Vertrauenswürdigkeit oder Qualifikationen getäuscht hat, *z.B. bei Besetzung einer Stelle als Kassierer Frage nach Vorstrafen trotz vorhandener Vorstrafen wg. Eigentums- oder Vermögensdelikten verneint hat.* Wie beim Eingehungsbetrug nimmt die Rspr (entgegen hL) bereits mit der Einstellung eine konkrete Vermögensgefährdung an.

Beim Anstellungsbetrug wird die Vermögensgefährdung bereits mit Einstellung bejaht.

- Prozessbetrug: erfolgt durch Täuschung des Richters, z.B. bewusst falsche Zeugenaussage führt zur Verurteilung des Beklagten im Zivilprozess.

Prozessbetrug: Täuschung des Richters (im Zivilprozess)

- Spenden-, Bettel- oder Schenkungsbetrug: liegt vor, wenn der Spender oder Schenker durch falsche Angaben (z.B. »Ihre Nachbarn haben alle mind. 100 € gespendet«) dazu gebracht wird. Hier kommt es darauf an, ob der vom Getäuschten gewollte caritative / soziale Zweck erreicht wird. *Dies ist zu verneinen, wenn jemandem einem Bettler (»Habe Hunger! Bitte Spende für Essen!«) zu diesem Zweck Geld schenkt, Bettler aber vorhat, Geld in Alkohol umzusetzen.*

- Stoffgleiche Bereicherung: die gewollte Bereicherung muss – quasi spiegelbildlich – die Kehrseite des Schadens sein; daran fehlt es bei nur mittelbaren Schäden (etwa Anwalts-, Prozesskosten des Betrugsopfers) oder nur externen Vorteilen (wie Belohnungen oder Provisionen, die Täuschender von einem Dritten erhält).

Spenden-, Bettel- oder Schenkungsbetrug: der vom Getäuschten gewollte Zweck ist maßgebend.

Stoffgleiche Bereicherung: spiegelbildliche Kehrseite des Schadens

Beispiel: Fredy Klotz geht in ein teures Restaurant und isst sich so richtig satt, ohne jedoch einen Cent zu haben. Fredy hat den Gastwirt über seine Zahlungsfähigkeit und -willigkeit getäuscht (Zechbetrug).

Zechbetrug

Beispiel: Harry Jones verkauft an Gunther Gier Aktien mit dem Hinweis, die würden sicher steigen. Es liegt kein Betrug vor, da Harry nicht über Tatsachen, sondern höchstens über eine Prognose getäuscht hat.

Täuschung nur über Prognose

Beispiel: Ferdi Kranz geht zum Juwelier und lässt sich teure Ringe zeigen. Einen davon schnappt er sich und haut ab. Hier liegt kein Betrug, sondern Trickdiebstahl vor, da keine Vermögensverfügung des Juweliers vorlag.

Trickdiebstahl

Beispiel: Charlie klingelt bei der Haushälterin von Bruno Bonz und gibt vor, er solle für den Hausherrn das Auto zur Inspektion abholen; in Wirklichkeit will er es sich zueignen. Die Haushälterin wird getäuscht und gibt aufgrund des Irrtums Charlie das Auto heraus. Für Bruno Bonz ist ein Vermögensschaden entstanden. Da hier die Verfügende und der Geschädigte nicht identisch sind, liegt ein sog. Dreiecksbetrug vor.

Dreiecksbetrug

Computerbetrug

§ 263a StGB

(1) Wer in der Absicht, sich oder einem Dritten einen rechtswidrigen Vermögensvorteil zu verschaffen, das Vermögen eines anderen dadurch beschädigt, daß er das Ergebnis eines Datenverarbeitungsvorgangs durch unrichtige Gestaltung des Programms, durch Verwendung unrichtiger oder unvollständiger Daten, durch unbefugte Verwendung von Daten oder sonst durch unbefugte Einwirkung auf den Ablauf beeinflußt, wird mit Freiheitsstrafe bis zu fünf Jahren oder mit Geldstrafe bestraft.

(2) § 263 Abs. 2 bis 7 gilt entsprechend.

Straftaten gegen Eigentum und Vermögen

> Bei § 263a fehlt es an den für § 263 typischen personenbezogenen Merkmalen: Täuschung, Irrtum, Vermögensverfügung.

§ 263a will Betrugsfälle durch Computermanipulationen – wobei es an den für § 263 typischen personenbezogenen Merkmalen: Täuschung, Irrtum, Vermögensverfügung fehlt – unter Strafe stellen. Die Prüfung erfolgt »betrugsähnlich«.

Computerbetrug, § 263a

- Objektiver Tatbestand:
- Beeinflussen des Ergebnisses eines Datenverarbeitungsvorgangs durch
    - unrichtige Gestaltung des Programmes oder
    - Verwendung unrichtiger oder unvollständiger Daten oder
    - unbefugte Verwendung von Daten oder
    - unbefugte Einwirkung auf den Ablauf
- Vermögensschaden

- Subjektiver Tatbestand:
- mindestens bedingter Vorsatz bezüglich objektivem Tatbestand
- Absicht stoffgleicher, rechtswidriger Bereicherung

- Rechtswidrigkeit

> Idealkonkurrenz
> §§ 267 ff., 303

- Schuld

- evtl. Strafschärfungen bzw. Strafantrag nach Abs. 2

Ergebnis eines Datenverarbeitungsvorgangs: sind alle technischen, automatisierten Vorgänge, bei denen durch Aufnahme von Daten und ihre Verknüpfung nach Programmen Ergebnisse erzielt werden.

Programm: ist eine durch Daten fixierte Arbeitsanweisung an den Computer.

Unrichtig: ist das Programm, wenn es dem Willen des Berechtigten nicht mehr entspricht.

Unbefugte Verwendung von Daten: ist der unerlaubte Einfluss auf den Computerlauf durch eine nichtberechtigte Person, z.B. Scheck-, Kreditkartenmissbrauch.

Beispiel: Hans findet eine ec-Karte, auf deren Rückseite die Geheimnummer notiert ist, und hebt von dem Konto Geld ab (»unbefugte Verwendung von Daten«).

Versicherungsmißbrauch § 265 StGB

(1) Wer eine gegen Untergang, Beschädigung, Beeinträchtigung der Brauchbarkeit, Verlust oder Diebstahl versicherte Schade beschädigt, zerstört, in ihrer Brauchbarkeit beeinträchtigt, beiseite schafft oder einem anderen überläßt, um sich oder einem Dritten Leistungen aus der Versicherung zu verschaffen, wird mit Freiheitsstrafe bis zu drei Jahren oder mit Geldstrafe bestraft, wenn die Tat nicht in § 263 mit Strafe bedroht ist.
(2) Der Versuch ist strafbar.

Versicherungsmißbrauch, § 265

- Objektiver Tatbestand:
- Beschädigen, Zerstören, in ihrer Brauchbarkeit beeinträchtigen oder Beiseiteschaffen oder einem anderen Überlassen
- einer gegen Untergang, Beschädigung, Beeinträchtigung der Brauchbarkeit, Verlust oder Diebstahl versicherten Sache

- Subjektiver Tatbestand:
- mindestens bedingter Vorsatz und
- Absicht, sich oder einem Dritten Leistungen aus der Versicherung zu verschaffen

- Rechtswidrigkeit

- Schuld

Beiseiteschaffen: ist das Verbringen der versicherten Sache in eine Lage, in der der Zugriff auf die Sache unmöglich gemacht oder wesentlich erschwert wird (etwa durch Verstecken der Sache).

Überlassen: Übertragen der Sachherrschaft auf eine andere Person.

Beispiel (nach Rengier, BT 1 S. 252): In Absprache mit dem Eigentümer E, aber in dessen Abwesenheit, »entwenden« A und B – gegen Belohnung – den kaskoversicherten »Luxusschlitten« von E, der den Pkw seiner Versicherung als gestohlen melden will. – A und B haben §§ 265 I, 25 II durch Beiseiteschaffen erfüllt, E durch Überlassen. Meldet E den »Diebstahl« seiner Versicherung, ist er – je nachdem, ob die Versicherung zahlt – wegen versuchten oder vollendeten Versicherungsbetrugs nach § 263 I, II (nicht nach Abs. 3 S. 2 Nr. 5) strafbar; in beiden Fällen tritt § 265 nach der in ihm enthaltenen Subsidiaritätsklausel zurück.

Unterscheide:
Versicherungsmißbrauch, § 265 – Versicherungsbetrug, § 263 I (evtl. III 2 Nr. 5)

Subsidiarität § 263

§ 265a StGB

Erschleichen von Leistungen

(1) Wer die Leistung eines Automaten oder eines öffentlichen Zwecken dienenden Telekommunikationsnetzes, die Beförderung durch ein Verkehrsmittel oder den Zutritt zu einer Veranstaltung oder einer Einrichtung in der Absicht erschleicht, das Entgelt nicht zu entrichten, wird mit Freiheitsstrafe bis zu einem Jahr oder mit Geldstrafe bestraft, wenn die Tat nicht in anderen Vorschriften mit schwererer Strafe bedroht ist.

(2) Der Versuch ist strafbar.

(3) Die §§ 247 und 248a gelten entsprechend.

Darunter fällt auch »Schwarzfahren«.

Innerhalb des § 265a spielt das »Schwarzfahren« eine besondere Rolle. Die meisten Verkehrsbetriebe verzichten beim ersten und zweiten »Erwischtwerden« auf einen Strafantrag (vgl. Abs. 3 iVm § 248a), sondern verlangen nur das »erhöhte Beförderungsentgelt«, stellen aber im weiteren Wiederholungsfall Strafantrag. Unseres Erachtens würde es ausreichen, insbesondere diese Tatvariante zur Ordnungswidrigkeit herabzustufen.

Subsidiarität § 263

Wer eine gültige (Tages-, Wochen-, Monats-)Karte besitzt, sie aber nicht dabei hat, erfüllt den Tatbestand nicht. § 265a tritt hinter § 263 zurück, wenn eine Kontrollperson über das Vorhandensein eines gültigen Fahrausweises getäuscht wird.

§ 266 StGB

Untreue

(1) Wer die ihm durch Gesetz, behördlichen Auftrag oder Rechtsgeschäft eingeräumte Befugnis, über fremdes Vermögen zu verfügen oder einen anderen zu verpflichten, mißbraucht oder die ihm kraft Gesetzes, behördlichen Auftrags, Rechtsgeschäfts oder eines Treueverhältnisses obliegende Pflicht, fremde Vermögensinteressen wahrzunehmen, verletzt und dadurch dem, dessen Vermögensinteressen er zu betreuen hat, Nachteil zufügt, wird mit Freiheitsstrafe bis zu fünf Jahren oder mit Geldstrafe bestraft.

(2) § 243 Abs. 2 und die §§ 247, 248a und 263 Abs. 3 gelten entsprechend.

Aktualität des Untreue-Tatbestands: viele Ermittlungen gegen Politiker, Konzernchefs, Aufsichtsräte.

Spektakuläre Ermittlungen und Strafverfahren gegen Kommunal- und Landespolitiker sowie gegen Wirtschaftsbosse (z.B. den Vorstandsvorsitzenden und Aufsichtsratsmitglieder des früheren Mannesmann-Konzerns) wegen Untreue bewegen im Jahr 2004 die Öffentlichkeit. Es geht dabei u.a. um kostenlose oder erheblich verbilligte Arbeiten auf Privatgrundstück durch städtische Arbeiter, Bewilligung von Haushaltsmitteln für Privatveranstalter ohne ausreichende rechtliche Grundlage, die Deponierung von Parteispenden – ohne Kenntnis des Gesamtvorstands – im Ausland (mit ratenweisem Rückfluss, getarnt als angebliche jüdische Vermächtnisse) oder die Bewilligung von Abfindungen in zigfacher Millionenhöhe beim Konzernverkauf. Problematisch ist in diesen Fällen insbesondere die Frage, inwieweit dem Land, der Partei, den Aktionären ein Vermögensschaden entstanden ist. Hier tauchen schwierige Fragen auf, z.B. auf welchen Zeitpunkt dabei abzustellen ist: muss ein vom Bundestagspräsidenten verhängtes Bußgeld in Millionenhöhe wg. Verstoßes gegen das Parteiengesetz oder ein nachträglicher Absturz des Aktienkurses nach ursprünglichen beträchtlichen Kurssteigerungen berücksichtigt werden? Hier wird wohl erst eine höchstrichterliche Entscheidung »Licht ins Dunkel« bringen. Klar erscheint bei der Amts-/ Haushaltsuntreue bislang nur so viel: Bei einem zweckwidrigen Einsatz von Haushaltsmitteln ist die öffentliche Hand dann geschädigt, wenn die Haushaltsmittel verringert werden, ohne dass der Zweck erreicht wird (ähnlich: BGH NJW 2001, 2413). – Zu beachten ist, dass § 266 ein Vermögens-(schädigungs-)delikt ist, bei dem es nicht auf eine Bereicherung(-sabsicht) des Täters ankommt. § 266 enthält alternativ den Missbrauchstatbestand (1. Alt.) und den Treubruchstatbestand (2. Alt.), wobei die 1. Alt. das speziellere Delikt darstellt; die wohl hM verlangt bei der 1. Alt. ebenfalls eine Vermögensbetreuungspflicht. Bei der 1. Alt. kennzeichnend ist, dass der Täter die ihm im Innenverhältnis gesetzten Schranken so überschreitet, dass der Vertretene im Außenverhältnis rechtlich gebunden und dadurch geschädigt wird.

Problem insbesondere: ob überhaupt Vermögensschaden entstanden, ggf. in welcher Höhe.

Hier keine Bereicherung (-sabsicht) erforderlich.

Unterscheide:
- Missbrauchstatbestand, 1. Alt.
- Treubruchtatbestand, 2. Alt.

Untreue, § 266

- Objektiver Tatbestand:
- § 266 I 1. Alt. Missbrauchstatbestand:
    - Verfügungs- oder Verpflichtungsbefugnis über fremdes Vermögen
    - auf Grund Gesetzes, behördlichen Auftrags oder Rechtsgeschäftes
    - Vermögensbetreuungspflicht (wohl hM)
    - Missbrauch der Befugnis
    - Vermögensschaden
- § 266 I 2. Alt. Treubruchstatbestand:
    - Vermögensbetreuungspflicht
    - auf Grund Gesetzes, behördlichen Auftrags, Rechtsgeschäfts oder eines Treueverhältnisses
    - Verletzung dieser Pflicht
    - Vermögensschaden

Straftaten gegen Eigentum und Vermögen

- Subjektiver Tatbestand: mindestens bedingter Vorsatz
- Rechtswidrigkeit
- Schuld
- evtl. Strafantrag (§ 266 II)

<u>Missbrauch der Verfügungs- oder Verpflichtungsbefugnis:</u> ist das Handeln im Rahmen des rechtlichen Könnens nach außen bei Überschreiten des rechtlichen Dürfens im Innenverhältnis mit verpflichtender Wirkung für den Vertretenen.

<u>Gesetzliche Befugnis:</u> haben z.B. Eltern (§ 1629 BGB), Vormund (§ 1793 BGB), rechtlicher Betreuer (§ 1902 BGB).

<u>Befugnis durch behördlichen Auftrag:</u> haben insbes. öffentliche Bedienstete, denen entsprechende Dienstgeschäfte zugewiesen sind.

<u>Rechtsgeschäftliche Befugnis:</u> z.B. durch Vollmacht (§ 164 BGB).

<u>Vermögensbetreuungspflicht:</u> es muss zu den Hauptpflichten gehören, fremde Vermögensinteressen zu betreuen, wozu eine gewisse Eigenverantwortlichkeit und Selbständigkeit bei den Entscheidungen gehört.

Beispiel 1. Alt.: Vertretungsberechtigter Geschäftsführer eines e.V. (§ 30 BGB) kauft gegen den Willen des Vorstands neuen Dienstwagen.

Beispiel 2. Alt. (nach Rengier, BT 1 S. 266 ff.): Der für die Aussonderung und den Verkauf von Dienstfahrzeugen der Polizei zuständige Beamte verkauft entgegen haushaltsrechtlichen Vorschriften einen ausgemusterten Pkw für die Hälfte des erzielbaren Marktpreises an einen Bekannten.

---

§ 266a StGB

Vorenthalten und Veruntreuen von Arbeitsentgelt

(1) Wer als Arbeitgeber Beiträge des Arbeitnehmers zur Sozialversicherung oder zur Bundesanstalt für Arbeit der Einzugsstelle vorenthält, wird mit Freiheitsstrafe bis zu fünf Jahren oder mit Geldstrafe bestraft.

...

Sonderdelikt; Täter kann bei Abs. 1, 2 nur Arbeitgeber sein.

Leider hat § 266a in den vergangenen Jahren der Konjunkturkrise in der Praxis eine gewisse Bedeutung erlangt, in den Klausuren dagegen eher weniger, so dass von einer Erörterung abgesehen wird.

Mißbrauch von Scheck- und Kreditkarten § 266b StGB

(1) Wer die ihm durch die Überlassung einer Scheckkarte oder einer Kreditkarte eingeräumte Möglichkeit, den Aussteller zu einer Zahlung zu veranlassen, mißbraucht und diesen dadurch schädigt, wird mit Freiheitsstrafe bis zu drei Jahren oder mit Geldstrafe bestraft.
(2) § 248a gilt entsprechend.

Schutzgüter des § 266b sind das Vermögen und die Funktionsfähigkeit des bargeldlosen Zahlungsverkehrs. Die 1. Alt. (Scheckkarte) hat nach Wegfall der Zahlungsgarantie bei Vorlage von Euroscheck und Scheckkarte keine Bedeutung mehr. Die Bedeutung des § 266b liegt im Kreditkartenmissbrauch im Drei-Partner-System, d.h. ein Kreditkarteninhaber kauft ohne Zahlungsfähigkeit und -willigkeit und ohne Deckung des Kontos mit einer Kreditkarte (z.B. Visacard) Ware bei einem Händler, an den das Kreditkartenunternehmen auf Grund der Kreditkartengarantie den Kaufpreis zahlt. Die Situation ist vergleichbar dem Missbrauchstatbestand in § 266, weil der Täter im Außenverhältnis wirksam rechtliche Bindungen veranlasst, die er im Innenverhältnis nicht darf. Der Missbrauch von Kreditkarten im Zwei-Partner-System (Kundenkarten), d.h. der zahlungsunfähige und zahlungsunwillige Inhaber der Kundenkarte eines Kaufhauses (Kartenaussteller) kauft ohne Deckung des Kontos Waren bei dem Kaufhaus, fällt dagegen nicht unter § 266, sondern unter § 263 bzw. § 263a. Gleiches gilt für die Abhebung von Geld an einem Bankautomaten (unter den zuvor genannten Voraussetzungen).

Schutzgüter: Vermögen, Funktion bargeldloser Zahlungsverkehr

Praxisbedeutung: Kreditkartenmissbrauch im Drei-Partner-System

Keine Anwendung im Zwei-Partner-System (Kundenkarte).

5. Wiederholungsfragen

- 1. In welchem Verhältnis stehen Diebstahl und Unterschlagung? Lösung S. 180
- 2. Was versteht man unter Wegnahme beim Diebstahl? Lösung S. 182
- 3. Was versteht man unter Zueignungsabsicht? Lösung S. 182 f.
- 4. Wie ist der Prüfungsaufbau bei einem besonders schweren Diebstahl? Lösung S. 185
- 5. Was versteht man unter einer Schusswaffe? Lösung S. 187
- 6. Was ist ein Bandendiebstahl? Lösung S. 188
- 7. Welche zwei Arten von Unterschlagung gibt es? Lösung S. 190
- 8. Wann ist bei Diebstahl und Unterschlagung ein Strafantrag notwendig? Lösung S. 191
- 9. Welche Schutzgüter gibt es bei Raub? Lösung S. 193
- 10. Aus welchen Delikten setzt sich der Raub zusammen? Lösung S. 193
- 11. Was versteht man unter Gewalt i.S.d. § 249? Lösung S. 194
- 12. Wann ist der Täter bei räuberischem Diebstahl auf frischer Tat betroffen? Lösung S. 197
- 13. Wann liegt eine Täuschung beim Betrug vor? Lösung S. 208
- 14. Was ist ein Vermögensschaden? Lösung S. 209
- 15. Was versteht man unter Missbrauch bei Untreue, § 266? Lösung S. 216

Besonderer Teil:
Sonstige Straftaten

1. Urkundenstraftaten — 220
2. Insolvenzstraftaten, Strafbarer Eigennutz und Straftaten gegen den Wettbewerb — 226
3. Sachbeschädigung — 227
4. Gemeingefährliche Straftaten (Brandstiftung u.a.) — 230
5. Verkehrsdelikte — 233
6. Vollrausch — 241
7. Unterlassene Hilfeleistung — 242
8. Umweltstraftaten — 245
9. Amtsdelikte — 246
10. Wiederholungsfragen — 251

1. Urkundenstraftaten

Schutzgut: Sicherheit des Rechtsverkehrs mit Urkunden

Abstrakte Gefährdungsdelikte

Geschütztes Rechtsgut der folgenden Delikte ist die Sicherheit und Zuverlässigkeit des Rechtsverkehrs mit Urkunden, technischen Aufzeichnungen und Daten. Es handelt sich um abstrakte Gefährdungsdelikte, d.h. eine tatsächliche Beeinträchtigung des Rechtsverkehrs ist nicht erforderlich. Der Grundfall ist die Urkundenfälschung gem. § 267. Durch den § 268 wird das Vertrauen in die Echtheit von technischen Aufzeichnungen geschützt, § 269 stellt die Fälschung beweiserheblicher Daten unter Strafe, wobei durch § 270 die fälschliche Beeinflussung einer Datenverarbeitung im Rechtsverkehr gleichgestellt wird. Da öffentlichen Urkunden eine besondere Beweiskraft zukommt, stellt § 271 die mittelbare Falschbeurkundung unter Strafe. § 273 sanktioniert das Verändern von amtlichen Ausweisen zur Täuschung im Rechtsverkehr. In § 274 sind die Urkundenunterdrückung und die Grenzverrückung geregelt. § 275 stellt die Vorbereitung der Fälschung von amtlichen Ausweisen, §§ 276, 276a das Verschaffen von falschen amtlichen Ausweisen, aufenthaltsrechtlichen Papieren und Fahrzeugpapieren unter Strafe. § 277 betrifft die Fälschung von Gesundheitszeugnissen, §§ 278, 279 das Ausstellen und den Gebrauch unrichtiger Gesundheitszeugnisse. § 281 regelt den Missbrauch von echten Ausweispapieren. Sonderfälle der Urkundendelikte sind Geld- und Wertzeichenfälschung, §§ 146-152a.

§ 267 StGB

Urkundenfälschung

(1) Wer zur Täuschung im Rechtsverkehr eine unechte Urkunde herstellt, eine echte Urkunde verfälscht oder eine unechte oder verfälschte Urkunde gebraucht, wird mit Freiheitsstrafe bis zu fünf Jahren oder mit Geldstrafe bestraft.

(2) Der Versuch ist strafbar.

(3) In besonders schweren Fällen ist die Strafe Freiheitsstrafe von sechs Monaten bis zu zehn Jahren. Ein besonders schwerer Fall liegt in der Regel vor, wenn der Täter

1. gewerbsmäßig oder als Mitglied einer Bande handelt, die sich zur fortgesetzten Begehung von Betrug oder Urkundenfälschung verbunden hat,
2. einen Vermögensverlust großen Ausmaßes herbeiführt,

…

Urkundenfälschung, § 267

- Objektiver Tatbestand:
  - § 267 I 1. Alt. Herstellen einer unechten Urkunde (zu den Urkunden zählen auch urkundsgleiche Beweiszeichen, Gesamturkunden oder zusammengesetzte Urkunden) oder
  - § 267 I 2. Alt. Verfälschen einer echten Urkunde oder
  - § 267 I 3. Alt. Gebrauchen einer unechten oder verfälschten Urkunde

Wenn Täter verschiedene Alternativen des § 267 erfüllt, liegt nur eine Tat vor.

- Subjektiver Tatbestand:
  - mindestens bedingter Vorsatz bezüglich objektiven Tatbestands
  - Absicht oder direkter Vorsatz der Täuschung im Rechtsverkehr

- Rechtswidrigkeit

- Schuld

Urkunde:
- ist eine verkörperte Gedankenerklärung (Perpetuierungsfunktion),
- die zum Beweis im Rechtsverkehr geeignet und bestimmt ist (Beweisfunktion)
- und die ihren Aussteller erkennen lässt (Garantiefunktion).

Funktionen der Urkunde:
- *Perpetuierung*
- *Beweis*
- *Garantie*

Definition »Urkunde« auswendig lernen!

Andere Definitionen wichtig!

Keine Urkunden: sind etwa CDs oder Schallplatten, weil der Inhalt optisch nicht wahrnehmbar ist. Keine Urkunden sind einfache Abschriften oder Fotokopien (im Gegensatz zu beglaubigten!), da sie nur die bildliche Wiedergabe einer Urkunde vermitteln, ebenfalls keine Urkunden sind Kennzeichen, die nur der Sicherung oder dem Verschluss von Sachen dienen wie Garderobenmarken.

Gedankenerklärung: ist jedes menschliche Verhalten, das geeignet ist, in einem anderen eine bestimmte Vorstellung über einen Sachverhalt hervorzurufen.

Aussteller: ist derjenige, dem das urkundlich Erklärte im Rechtsverkehr zugerechnet wird, von dem die Erklärung in diesem Sinne geistig herrührt (Geistigkeitstheorie), *z.B. bei Schreibhilfe für den 80-Jährigen durch seine Tochter der Senior.*

Unecht: ist eine Urkunde, wenn sie nicht von dem stammt, der in ihr als Aussteller bezeichnet ist.

Gesamturkunde: ist die Zusammenfassung mehrerer Einzelurkunden zu einem geordneten Ganzen, die dann einen selbständigen – über den der

Gesamturkunde

Einzelurkunden hinausgehenden – Erklärungsinhalt hat *(z.B. Akten, Sparbuch).*

Urkundsgleiche Beweiszeichen: sind verkörperte Gedankenerklärungen, die keine Schriftstücke sind, gleichwohl aber Urkundsfunktion haben, meist als zusammengesetzte Urkunden.

> Zusammengesetze Urkunden: Preisschild an Ware, amtliches Kennzeichen am Pkw

Zusammengesetzte Urkunden: sind solche, die mit einem anderen Objekt räumlich fest zu einer Beweiseinheit verbunden sind, so dass beide einheitlichen Erklärungs- und Beweisinhalt haben, *z.B. Preisschild an Ware, amtliches Kennzeichen am Kfz.*

Täuschung im Rechtsverkehr: liegt dann vor, wenn der Täter den Eindruck der Echtheit hervorrufen und den Getäuschten dadurch zu einem rechtserheblichen Verhalten veranlassen will.

Verfälschen: ist jede unbefugte, nachträgliche Änderung des gedanklichen Inhalts einer Urkunde.

Gebrauchen: liegt vor, wenn die Urkunde dem zu Täuschenden zugänglich gemacht wird und diesem damit die Möglichkeit der Kenntnisnahme gegeben ist.

> Bierdeckel ist Gesamturkunde.

Beispiel: Christoph hat in der Kneipe über seine finanziellen Verhältnisse gezecht. Er entfernt daher auf seinem Bierdeckel einige Striche, die die Kellnerin Margit als Zeichen für die getrunkenen Biere darauf vermerkt hatte. Christoph hat die echte Gesamturkunde »Bierdeckel« verfälscht (§ 267 I 2. Alt.) und auch diese verfälschte Urkunde bei der Abrechnung gebraucht (§ 267 I 3. Alt.). Gleichwohl liegt nur 1 Urkundenfälschung vor.

Beispiel: Beim Arzt lässt Anton ein Blankoformular »Arbeitsunfähigkeitbescheinigung« mitgehen. Als er mal wieder keine Lust zum Arbeiten hat, schreibt er sich – mit der »nachgemachten« Unterschrift des Arztes – selber für 14 Tage krank. Anton ist gem. § 267 I 1. Alt. strafbar.

> Schriftliche Lüge ist keine Urkundenfälschung.

Beispiel: Anton will wieder mal nicht arbeiten und schreibt eine Entschuldigung an seinen Chef, er hätte Grippe und könne nicht arbeiten. Hier liegt lediglich eine so genannte »schriftliche Lüge« vor (keine Urkundenfälschung).

Fälschung technischer Aufzeichnungen § 268 StGB

(1) Wer zur Täuschung im Rechtsverkehr
1. eine unechte technische Aufzeichnung herstellt oder eine technische Aufzeichnung verfälscht oder
2. eine unechte oder verfälschte technische Aufzeichnung gebraucht, wird mit Freiheitsstrafe bis zu fünf Jahren oder mit Geldstrafe bestraft.
(2) Technische Aufzeichnung ist eine Darstellung von Daten, Meß- oder Rechenwerten, Zuständen oder Geschehensabläufen, die durch ein technisches Gerät ganz oder zum Teil selbsttätig bewirkt wird, den Gegenstand der Aufzeichnung allgemein oder für Eingeweihte erkennen läßt und zum Beweis einer rechtlich erheblichen Tatsache bestimmt ist, ...
(3) Der Herstellung einer unechten technischen Aufzeichnung steht es gleich, wenn der Täter durch störende Einwirkung auf den Aufzeichnungsvorgang das Ergebnis der Aufzeichnung beeinflußt.
(4) Der Versuch ist strafbar.
(5) § 267 Abs. 3 und 4 gilt entsprechend.

Fälschung technischer Aufzeichnungen, § 268

- Objektiver Tatbestand:
- § 268 I Nr. 1 1. Alt., Herstellen unechter technischer Aufzeichnung (Definition: § 268 II) oder
- § 268 I Nr. 1 2. Alt., Verfälschen einer echten technischen Aufzeichnung oder
- § 268 I Nr. 2, Gebrauch einer unechten oder verfälschten technischen Aufzeichnung oder
- § 268 III, Beeinflussung des Aufzeichnungsergebnisses durch störende Einwirkung auf den Aufzeichnungsvorgang

- Subjektiver Tatbestand:
- mindestens bedingter Vorsatz
- Absicht oder direkter Vorsatz der Täuschung im Rechtsverkehr

- Rechtswidrigkeit

- Schuld

Unechte technische Aufzeichnung: liegt dann vor, wenn die Darstellung nicht das Ergebnis eines ungestörten Aufzeichnungsvorgangs ist, obwohl dieser Anschein erweckt wird.

Praxisbedeutung: Manipulationen am Fahrtenschreiber, Heizöl-Lieferschein

Die praktische Bedeutung des § 268 ist relativ gering. Hauptanwendungsfälle sind Manipulationen am Fahrtenschreiber *(z.B. betr. Einhaltung der vorgeschriebenen Ruhezeiten)*, wobei meist die Var. des § 268 III vorliegt. Der Begriff der Darstellung (Abs. 2) setzt eine gewisse Dauerhaftigkeit der Verkörperung voraus. Daran fehlt es nach hM bei »Nur-Anzeigegeräten« mit fortlaufender Addition (etwa des Verbrauchs), z.B.: *Kilometerzähler, Strom-, Gaszähler, Wasseruhr*. Bei solchen Geräten verlangt die hM, dass die jeweilige Information in einem selbständig verkörperten, vom Gerät abtrennbaren, Stück enthalten ist: dies wird bei dem Beleg, der dem Heizöl-Kunden nach Beendigung des Tankfüllvorgangs (nach entsprechender Manipulation des Messgerätes: mehr als tatsächlich geliefert) ausgehändigt wird, bejaht.

Keine Fälschung iSv § 268: bei Manipulationen an Nur-Anzeigegeräten mit fortlaufender Addition (Stromzähler usw.)

§ 271 StGB

Mittelbare Falschbeurkundung

(1) Wer bewirkt, daß Erklärungen, Verhandlungen oder Tatsachen, welche für Rechte oder Rechtsverhältnisse von Erheblichkeit sind, in öffentlichen Urkunden, Büchern, Dateien oder Registern als abgegeben oder geschehen beurkundet oder gespeichert werden, während sie überhaupt nicht oder in anderer Weise oder von einer Person in einer ihr nicht zustehenden Eigenschaft oder von einer anderen Person abgegeben oder geschehen sind, wird mit Freiheitsstrafe bis zu drei Jahren oder mit Geldstrafe bestraft.

...

Rechtserheblichkeit: einer Erklärung, Verhandlung oder Tatsache liegt vor, wenn sie für die Entstehung, Erhaltung oder Veränderung eines privaten oder öffentlichen Rechts oder Rechtsverhältnisses von Bedeutung ist.

Öffentliche Urkunden: sind Urkunden, die von einer öffentlichen Behörde oder einer mit öffentlichem Glauben versehenen Person (z.B. Notar) innerhalb ihrer Zuständigkeit in der vorgeschriebenen Form aufgenommen worden sind (§ 415 ZPO).

Entscheidend ist der Beweiszweck der öffentlichen Urkunde.

Beispiel: Harry meldet sein Auto unter falschem Namen an, damit er keine »Knöllchen« mehr zahlen muss. Der Kfz-Schein ist zwar eine öffentliche Urkunde, jedoch beweist sie nicht die Richtigkeit der Angaben zur Person des Halters, sondern vor allem, unter welchem Kennzeichen das Fahrzeug zugelassen ist und wann die nächste HU ansteht. Eine Strafbarkeit nach § 271 entfällt. – Anders aber, wenn jemand bewirkt, dass sein Führerschein mit falschem Geburtsdatum ausgestellt wird, denn der Führerschein beweist die Identität zwischen der im Führerschein mit Foto ausgewiesenen Person mit der, der die Fahrerlaubnis erteilt worden ist.

Beispiel: Peter meldet sich mit dem Personalausweis seines Zwillingsbruders Paul und dessen Ladung zum Strafantritt einer 30-tägigen Ersatzfreiheitsstrafe, zu der Paul verurteilt worden ist, in der JVA und bewirkt, dass Paul als Gefangener im Gefangenenbuch, das eine Urkunde iSv § 271 ist, eingetragen wird. Es kommt nicht darauf an, ob der Urkundsbeamte in der JVA »das Spiel durchschaut, aber trotzdem mitmacht« (bösgläubig ist; hM) oder nicht (gutgläubig ist).

Idealkonkurrenz
§ 258

Urkundenunterdrückung, Veränderung einer Grenzbezeichnung

§ 274 StGB

(1) Mit Freiheitsstrafe bis zu fünf Jahren oder mit Geldstrafe wird bestraft, wer
1. eine Urkunde oder eine technische Aufzeichnung, welche ihm entweder überhaupt nicht oder nicht ausschließlich gehört, in der Absicht, einem anderen Nachteil zuzufügen, vernichtet, beschädigt oder unterdrückt, ...

(2) Der Versuch ist strafbar.

§ 274 stellt u.a. die Beseitigung einer echten Urkunde unter Strafe. Tathandlungen in Nr. 1 sind das Vernichten, Beschädigen oder Unterdrücken.

Spezialität
§ 303

Vernichten: ist das völlige Beseitigen des Inhalts einer Urkunde, so dass sie als Beweismittel nicht mehr geeignet ist.

Beschädigen: ist das Verändern dergestalt, dass die Urkunde in ihrem Wert als Beweismittel beeinträchtigt wird.

Unterdrücken: ist eine Handlung, durch die dem Berechtigten die Benutzung der Urkunde als Beweismittel – zumindest zeitweilig – vorenthalten wird.

Beispiel: Raul, der beim Tod seines reichen Vaters allein anwesend ist, findet das handschriftliche Testament, in dem seine Schwester Sandra zur Alleinerbin eingesetzt wird.

Erklärung der Tatalternativen anhand des Testaments.

a) Er verbrennt das Testament (Vernichten).

b) Er radiert die Unterschrift des Erblassers aus (Beschädigen).

c) Er versteckt das Testament gut (Unterdrücken).

2. Insolvenzstraftaten, Strafbarer Eigennutz und Straftaten gegen den Wettbewerb

Schutzgüter bei Insolvenzstraftaten: Gläubigerschutz bei Insolvenz des Schuldners, ordnungsgemäße Buchführung und Bilanzerstellung

Der 24. Abschnitt (§§ 283-283d) ist mit »Insolvenzstraftaten« überschrieben. § 283 Bankrott stellt z.B. das Beiseiteschaffen von Bestandteilen des Vermögens zum Zeitpunkt der Überschuldung oder der drohenden oder bereits eingetretenen Zahlungsunfähigkeit unter Strafe. § 283a nennt besonders schwere Fälle des Bankrotts. § 283b regelt die Verletzung der Buchführungs- und -aufbewahrungspflicht sowie Manipulationen an Bilanzen. Objektive Bedingung der Strafbarkeit ist auch hier, dass der Täter seine Zahlungen eingestellt hat oder über sein Vermögen das Insolvenzverfahren eröffnet oder der Eröffnungsantrag mangels Masse abgelehnt worden ist, §§ 283b III, 283 VI. § 283c regelt die Gläubiger-, § 283d die Schuldnerbegünstigung.

Abschnitt »Strafbarer Eigennutz« enthält Sammlung unterschiedlicher Straftatbestände.

Der 25. Abschnitt (§§ 284-297) heißt »Strafbarer Eigennutz«. Er umfasst in § 284 die Unerlaubte Veranstaltung eines Glücksspiels, in § 285 die Beteiligung am unerlaubten Glücksspiel, in § 287 die Unerlaubte Veranstaltung einer Lotterie oder einer Ausspielung. § 288 betrifft das Vereiteln der Zwangsvollstreckung durch Veräußerung oder Beiseiteschaffen von Vermögensbestandteilen, § 289 die Pfandkehr *(z.B. Mieter schafft antike Möbel, an denen der Vermieter wg. Mietrückständen beim Auszug Pfandrecht nach §§ 562 ff. BGB geltend gemacht hat, nachts beiseite)*, § 290 den unbefugten Gebrauch von Pfandsachen, § 291 den Wucher, §§ 292, 293 die Jagd- bzw. Fischwilderei, § 297 die Gefährdung von Schiffen, Kraft- und Luftfahrzeugen durch Bannware (An-Bord-Bringen von Ware, die die Gefahr der Beschlagnahme des Fahrzeugs bzw. Bestrafung mit sich bringt).

Im Abschnitt »Straftaten gegen den Wettbewerb« sind Schutzgüter: freier Wettbewerb, ordnungsgemäßer Geschäftsverkehr.

Der 26. Abschnitt »Straftaten gegen den Wettbewerb« (§§ 298-302) regelt in § 298 Wettbewerbsbeschränkende Absprachen bei Ausschreibungen *(z.B. zwischen mehreren Baufirmen für ein Großprojekt)*, in §§ 299, 300 die einfache bzw. die besonders schwere Bestechlichkeit und Bestechung im geschäftlichen Verkehr *(z.B. Großeinkäufer eines Discounters lässt sich von Firma, die unbedingt »ins Geschäft kommen will«, mit 50.000,- € »schmieren«)*.

Wucher § 291 StGB

(1) Wer die Zwangslage, die Unerfahrenheit, den Mangel an Urteilsvermögen oder die erhebliche Willensschwäche eines anderen dadurch ausbeutet, daß er sich oder einem Dritten
1. für die Vermietung von Räumen zum Wohnen oder damit verbundene Nebenleistungen,
2. für die Gewährung eines Kredits,
3. für eine sonstige Leistung oder
4. für die Vermittlung einer der vorbezeichneten Leistungen

Vermögensvorteile versprechen oder gewähren läßt, die in einem auffälligen Mißverhältnis zu der Leistung oder deren Vermittlung stehen, wird mit Freiheitsstrafe bis zu drei Jahren oder mit Geldstrafe bestraft …

Zwangslage: ist eine stark bedrängende wirtschaftliche Notlage, die nicht notwendigerweise existenzbedrohend sein muss.

Unerfahrenheit: ist der Mangel an Geschäftskenntnissen und Lebenserfahrungen allgemein oder auf bestimmten Gebieten, durch den der Betroffene die Sachfragen nur begrenzt richtig beurteilen kann.

Auffälliges Mißverhältnis: liegt vor, wenn der Wert der angebotenen Leistung soweit unter dem Wert der versprochenen Leistung liegt, dass dieser Unterschied einem Kundigen sofort ins Auge springt.

Beispiel: Susanne hat in München (im Gegensatz zu Berlin, wo Zehntausende Wohnungen leerstehen: kein ausgeglichener Wohnungsmarkt) eine 30-qm-Wohnung vom Vermieter Gier für 750,– € gemietet. Die ortsübliche Vergleichsmiete (§§ 558 ff. BGB) liegt – angenommen – bei 380,– €. Da die Vergleichsmiete um weit mehr als 20 % überschritten wird, liegt Mietwucher vor.

Praxisbedeutung: Mietwucher in Ballungsräumen (wo kein ausgeglichener Wohnungsmarkt), Kreditwucher (Kreditgewährung an bereits völlig überschuldete Personen gegen »Wucherzinsen«)

3. Sachbeschädigung

Der 27. Abschnitt (§§ 303-305a) heißt »Sachbeschädigung«. Er umfasst in § 303 die Sachbeschädigung, in § 303a die rechtswidrige Datenveränderung, in § 303b die Computersabotage *(z.B. das Unbrauchbarmachen der Datenverarbeitungsanlage eines fremden Betriebs)*, in § 304 die Gemeinschädliche Sachbeschädigung *(z.B. das Zerstören eines öffentlichen Denkmals)*, in § 305 die rechtswidrige Zerstörung von fremden Bauwerken, in § 305a die rechtswidrige Zerstörung fremder technischer Arbeitsmittel von bedeutendem Wert oder einem Kfz der Polizei oder der Bundeswehr.

Integrität von fremden Sachen, Daten; es kommt auf die Sinnbedeutung für den Berechtigten an (also auch: wenn nur Affektionswert, keine Verkehrswert, besteht).

Sonstige Straftaten

SACHBESCHÄDIGUNG

§ 303 StGB

Sachbeschädigung

(1) Wer rechtswidrig eine fremde Sache beschädigt oder zerstört, wird mit Freiheitsstrafe bis zu zwei Jahren oder mit Geldstrafe bestraft.

(2) Der Versuch ist strafbar.

Sachbeschädigung, § 303

- Objektiver Tatbestand:
- – Beschädigen oder Zerstören
- – einer fremden Sache (nicht dagegen: schlichte Sach- oder Besitzentziehung)
- Subjektiver Tatbestand: mindestens bedingter Vorsatz
- Rechtswidrigkeit
- Schuld
- evtl. Strafantrag: § 303c

Tatobjekt kann bewegliche oder unbewegliche Sache sein.

Sache: ist ein körperlicher Gegenstand oder ein Tier (§§ 90, 90a BGB); hier: beweglich und unbeweglich (im Gegensatz zu § 242!)

Fremd: ist eine Sache, wenn sie im Allein-, Mit- oder Gesamthandseigentum eines anderen steht.

Beschädigen: ist jede nicht ganz unerhebliche körperliche Einwirkung auf die Sache, durch die ihre stoffliche Zusammensetzung verändert oder ihre Unversehrtheit derart aufgehoben wird, dass ihre Zwecktauglichkeit gemindert ist.

Wichtige Definitionen: Beschädigen, Zerstören

Zerstören: ist die so weitgehende Beschädigung, dass ihre Zwecktauglichkeit völlig aufgehoben ist.

Beispiel: Fritz lässt dem garstigen Nachbarn Paul die Luft aus den Autoreifen. Hier liegt eine Beschädigung des Autos vor, da die Gebrauchsmöglichkeit erheblich – wenn auch vorübergehend – eingeschränkt ist.

Beispiel: Jerry fühlt sich als Graffiti-Künstler. Er besprüht die weiße Wand eines fremden Hauses mit einem »piece«, das er mit seinem »tag« signiert, um »fame« zu ernten; die »Malerei« ist nur mit einigem Aufwand zu entfernen. Es liegt eine Beschädigung der Hauswand vor.

Beispiel: Leo reißt »zum Spaß« in einem Gartenfeld sämtliche blühenden Pflanzen aus. Es liegt Zerstören vor.

Strafantrag

In den Fällen der §§ 303 bis 303b wird die Tat nur auf Antrag verfolgt, es sei denn, dass die Strafverfolgungsbehörde wegen des besonderen öffentlichen Interesses an der Strafverfolgung ein Einschreiten von Amts wegen für geboten hält.

§ 303c StGB

Grundsätzlich ist für die Bestrafung ein Strafantrag des Geschädigten notwendig. Öffentliches Interesse liegt insbesondere dann vor, wenn die Tat in der Öffentlichkeit erhebliches Aufsehen erregt oder die öffentliche Ordnung erheblich gefährdet hat.

Meist Strafantrag erforderlich.

4. Gemeingefährliche Straftaten (Brandstiftung u.a.)

Dazu zählen insbesondere die Branddelikte. Gemeinsam ist allen Delikten, dass Täter Auswirkungen seiner Tat nicht begrenzen kann und die Tat deshalb für Allgemeinheit gefährlich ist.

In diesem Kapitel sollen aus dem 28. Abschnitt »Gemeingefährliche Straftaten« vornehmlich die Branddelikte angesprochen werden: § 306 enthält die (einfache) Brandstiftung, § 306a die Schwere Brandstiftung, § 306b die Besonders schwere Brandstiftung, § 306c die Brandstiftung mit Todesfolge (alles Vorsatzdelikte), § 306d die Fahrlässige Brandstiftung, § 306e regelt die Tätige Reue, § 306f das Herbeiführen einer Brandgefahr *(z.B. Wegwerfen einer brennenden Zigarette im Sommer im Wald)*, § 307 das Herbeiführen einer Explosion durch Kernenergie, § 308 das Herbeiführen einer Sprengstoffexplosion, § 309 den Missbrauch ionisierender Strahlen, § 310 die Vorbereitung eines Explosions- oder Strahlungsverbrechens, § 311 das Freisetzen ionisierender Strahlen, § 312 die Fehlerhafte Herstellung einer kerntechnischen Anlage, § 313 das Herbeiführen einer Überschwemmung, § 314 die Gemeingefährliche Vergiftung, § 314a enthält die Tätige Reue.

§ 306 StGB

Brandstiftung

(1) Wer fremde
1. Gebäude oder Hütten,
2. Betriebsstätten oder technische Einrichtungen, namentlich Maschinen,
3. Warenlager oder -vorräte,
4. Kraftfahrzeuge, Schienen-, Luft- oder Wasserfahrzeuge,
...
in Brand setzt oder durch eine Brandlegung ganz oder teilweise zerstört, wird mit Freiheitsstrafe von einem Jahr bis zu zehn Jahren bestraft.

(2) In minder schweren Fällen ist die Strafe Freiheitsstrafe von sechs Monaten bis zu fünf Jahren.

Brandstiftung, § 306

Bei einfacher Brandstiftung muss Tatobjekt für Täter fremd sein.

- Objektiver Tatbestand:
- Tatobjekt: fremdes Gebäude oder fremde Hütte oder ...
- Inbrandsetzen oder durch Brandlegung ganz oder teilweises Zerstören
- gewisse Gemeingefährlichkeit (hM)

- Subjektiver Tatbestand: mindestens bedingter Vorsatz

- Rechtswidrigkeit

- Schuld

- Tätige Reue, § 306e:
- Täter hat freiwillig Brand gelöscht,
- bevor erheblicher Schaden entsteht.

Inbrandsetzen: ist das Entzünden einer Sache, so dass diese – auch ohne Fortwirkung des Zündstoffs (z.B. Benzin) – selbständig weiterbrennen kann.

Brandlegung: ist das bewusste Verursachen eines Brandes.

Schwere Brandstiftung § 306a StGB

(1) Mit Freiheitsstrafe nicht unter einem Jahr wird bestraft, wer
1. ein Gebäude, ein Schiff, eine Hütte oder eine andere Räumlichkeit, die der Wohnung von Menschen dient,
2. eine Kirche ...
3. eine Räumlichkeit, die zeitweise dem Aufenthalt von Menschen dient, zu einer Zeit, in der Menschen sich dort aufzuhalten pflegen,

in Brand setzt oder durch eine Brandlegung ganz oder teilweise zerstört.

(2) Ebenso wird bestraft, wer eine in § 306 Abs. 1 Nr. 1 bis 6 bezeichnete Sache in Brand setzt oder durch eine Brandlegung ganz oder teilweise zerstört und dadurch einen anderen Menschen in die Gefahr einer Gesundheitsschädigung bringt.

(3) In minder schweren Fällen ...

Bei § 306a kommt es – im Gegensatz zu § 306 – auf die Eigentumsverhältnisse nicht an (Fehlen des Tatbestandsmerkmals »fremd«); in § 306a I sollen die als Tatobjekte genannten Aufenthaltsorte geschützt werden, ohne dass es auf die tatsächliche Gefährdung ankommt (abstraktes Gefährdungsdelikt); dagegen stellt § 306a II ein konkretes Gefährdungsdelikt dar. Bei § 306a I Nr. 1 kommt es auf die tatsächliche Nutzung als Wohnung an, wobei das zeitweilige Bewohnen (z.B. »Datsche«) ausreicht. Hingegen ist bei § 306a I Nr. 3 die tatsächliche Verwendung maßgebend, nicht die eigentliche Zweckbestimmung.

Bei schwerer Brandstiftung kommt es auf die Eigentumsverhältnisse am Tatobjekt nicht an:
- Abs. 1 ist abstraktes Gefährdungsdelikt.
- Abs. 2 ist konkretes Gefährdungsdelikt.

Räumlichkeit, die zeitweise dem Aufenthalt von Menschen dient: ist jeder umschlossene Raum beweglicher oder unbeweglicher Art, in dem sich zeitweise Menschen aufhalten (wie Theater, Museum, Zirkuszelt, Wohnmobil, nicht dagegen ein normaler Pkw).

Beispiel: Hubert zündet nachts eine Scheune an, wobei er weiß, dass diese ab und zu von Obdachlosen zum Schlafen benützt wird. Es ist jedoch glücklicherweise niemand in dieser Nacht darin. Hubert ist gem. § 306a I Nr. 3 strafbar.

§ 306b StGB

Besonders schwere Brandstiftung

(1) Wer durch eine Brandstiftung nach § 306 oder § 306a eine schwere Gesundheitsschädigung eines anderen Menschen oder eine Gesundheitsschädigung einer großen Zahl von Menschen verursacht, wird mit Freiheitsstrafe nicht unter zwei Jahren bestraft.

(2) Auf Freiheitsstrafe nicht unter fünf Jahren ist zu erkennen, wenn der Täter in den Fällen des § 306a

1. einen anderen Menschen durch die Tat in die Gefahr des Todes bringt,
2. in der Absicht handelt, eine andere Straftat zu ermöglichen oder zu verdecken oder
3. das Löschen des Brandes verhindert oder erschwert.

- Abs. 1 setzt Brandstiftung nach § 306 oder § 306a voraus; bei
- Abs. 2 muss eine nach § 306a vorliegen.

§ 306b I setzt eine Brandstiftung nach § 306 oder § 306a voraus, § 306b II eine Brandstiftung nach § 306a. Eine große Zahl von Menschen ist bereits bei einer zweistelligen Zahl gegeben.

Beispiel: Zwei 20-Jährige legen – kurz bevor sie aussteigen – im letzten Wagen der S-Bahn, in der nur sie sich aufhielten, einen Brand. 15 Fahrgäste der vorderen Wägen erleiden, als die S-Bahn kurz darauf in einen Tunnel einfährt, leichte Rauchvergiftungen. Die »Zündler« sind nach § 306b I iVm § 306 I Nr. 4 zu bestrafen.

5. Verkehrsdelikte

Im Abschnitt »Gemeingefährliche Straftaten« sind auch die wichtigsten Verkehrdelikte (vgl. aber auch § 142) geregelt. §§ 315, 315a betreffen Gefährliche Eingriffe in bzw. Gefährdung des Bahn-, Schiffs- und Luftverkehrs, §§ 315b, 315c Gefährliche Eingriffe in bzw. Gefährdung des Straßenverkehrs, § 316 Trunkenheit im Verkehr, § 316a den Räuberischen Angriff auf Kraftfahrer, § 316b die Störung öffentlicher Betriebe, § 316c Angriffe auf den Luft- und Seeverkehr, § 317 die Störung von Telekommunikationsanlagen, § 318 die Beschädigung wichtiger Anlagen, § 319 die Baugefährdung. Die größte Bedeutung haben §§ 315b, 315c, 316. § 315b unterscheidet sich dadurch von § 315c, dass § 315b grundsätzlich der Eingriff von außen (»Eingriffe in den Straßenverkehr«) erfolgen muss; Ausnahme (meist Nr. 3): wenn ein Fahrzeug nicht zur Fortbewegung benutzt wird, sondern als Mittel zur Herbeiführung von Schäden bei anderen Verkehrsteilnehmern zweckentfremdet wird; *Beispiele: ein schrottreifer Pkw wird nachts unbeleuchtet auf einer Fahrspur der Autobahn »geparkt«; oder: Täter fährt auf Polizisten zu, um ihn zur Freigabe der Fahrbahn zu zwingen.* – § 315c regelt hingegen die fehlerhafte, andere gefährdende Verkehrsteilnahme (»Wer im Straßenverkehr«). § 315c – soweit es dabei um das Fahren nach Genuss alkoholischer Getränke oder anderer berauschender Mittel geht – unterscheidet sich von § 316 dadurch, dass § 315c das konkrete Gefährdungsdelikt, § 316 das abstrakte Gefährdungsdelikt darstellt.

Große Praxisbedeutung haben:
- Gefährliche Eingriffe in den Straßenverkehr, § 315b
- Gefährdung des Straßenverkehrs, § 315c
- Trunkenheit im Verkehr, § 316

Regel (Ausnahme denkbar):
- Eingriff in den Straßenverkehr erfolgt von außen,
- Gefährdung des Straßenverlehrs erfolgt bei Teilnahme (innen).

STRASSENVERKEHRSDELIKTE

§ 315b StGB

Gefährliche Eingriffe in den Straßenverkehr

(1) Wer die Sicherheit des Straßenverkehrs dadurch beeinträchtigt, daß er

1. Anlagen oder Fahrzeuge zerstört, beschädigt oder beseitigt,
2. Hindernisse bereitet oder
3. einen ähnlichen, ebenso gefährlichen Eingriff vornimmt,

und dadurch Leib oder Leben eines anderen oder fremde Sachen von bedeutendem Wert gefährdet, wird mit Freiheitsstrafe bis zu fünf Jahren oder mit Geldstrafe bestraft.

(2) Der Versuch ist strafbar.

(3) ...

(4) Wer in den Fällen des Absatzes 1 die Gefahr fahrlässig verursacht, wird mit Freiheitsstrafe bis zu drei Jahren oder mit Geldstrafe bestraft.

(5) Wer in den Fällen des Absatzes 1 fahrlässig handelt und die Gefahr fahrlässig verursacht, wird mit Freiheitsstrafe bis zu zwei Jahren oder mit Geldstrafe bestraft.

Gefährlicher Eingriff in den Straßenverkehr, § 315b I

Schutzgut: Sicherheit des Straßenverkehrs

- Objektiver Tatbestand:
  - Die Sicherheit des Straßenverkehrs beeinträchtigender Eingriff gem. Nr. 1-3

Konkretes Gefährdungsdelikt

  - dadurch konkrete Gefährdung von Leib oder Leben eines anderen oder fremder Sachen von bedeutendem Wert

- Subjektiver Tatbestand: mindestens bedingter Vorsatz

- Rechtswidrigkeit

- Schuld

- Milderungsmöglichkeit, wenn Täter Gefahr freiwillig abwendet, bevor erheblicher Schaden entsteht, § 320 II Nr. 2

Anlagen: sind alle dem Verkehr dienenden Einrichtungen wie Verkehrszeichen, Ampeln, Absperrungen usw.

Fahrzeuge: sind alle Beförderungsmittel wie Straßenbahn, Omnibus, Pkw, Motorrad, Fahrrad usw.

Beseitigen: ist das räumliche Entfernen des Gegenstands.

Beschädigen und Zerstören: vgl. § 303.

Hindernisbereiten: ist jeder Vorgang, der geeignet ist, den regelmäßigen Betrieb zu hemmen oder zu verzögern. Dies kann auch durch

Unterlassen (§ 13) geschehen, wenn der Täter ein von ihm verursachtes Hindernis pflichtwidrig nicht beseitigt (z.B. verlorene Ladung).

Sache von bedeutendem Wert: ab etwa 800,– € anzunehmen (also nicht, wenn ein fast schrottreifes Fahrzeug zerstört wird).

§ 315b unterscheidet nach der inneren Tatseite folgende Kombinationen:

I: vorsätzliches Handeln / vorsätzliche Gefahrverursachung

IV: vorsätzliches Handeln / fahrlässige Gefahrverursachung

V: fahrlässiges Handeln / fahrlässige Gefahrverursachung.

Strafschärfung nach III: wenn Täter die Voraussetzungen des § 315 III erfüllt:

- in der Absicht handelt, einen Unglücksfall herbeizuführen oder eine andere Straftat zu ermöglichen oder zu verdecken (Nr. 1)
- durch die Tat eine schwere Gesundheitsschädigung eines anderen Menschen oder eine Gesundheitsschädigung einer großen Zahl von Menschen verursacht (Nr. 2).

Der folgende Aufbau ist bei Abs. 4 zu wählen:

Gefährlicher Eingriff in den Straßenverkehr, § 315b I, IV

- Objektiver Tatbestand:
- Die Sicherheit des Straßenverkehrs beeinträchtigender Eingriff gem. Abs. 1 Nr. 1-3
- dadurch konkrete Gefährdung von Leib oder Leben eines anderen oder fremder Sachen von bedeutendem Wert

- Objektive Sorgfaltspflichtverletzung und Vorhersehbarkeit der Gefährdung von Leib oder Leben eines anderen oder von Sachen von bedeutendem Wert

- Subjektiver Tatbestand: mindestens bedingter Vorsatz bezüglich der Tathandlung

- Rechtswidrigkeit

- Schuld:
- subjektive Sorgfaltspflichtverletzung
- subjektive Vorhersehbarkeit der Gefährdung von Leib und Leben

- Milderungsmöglichkeit, wenn Täter Gefahr freiwillig abwendet, bevor ein erheblicher Schaden entsteht, § 320 II Nr. 2.

Unterschiedliche Kombinationen:
- vorsätzl. Handeln / vorsätzl. Gefahrverursachung, Abs. 1
- vorsätzl. Handeln / fahrläss. Gefahrverursachung, Abs. 4
- fahrläss. Handeln / fahrläss. Gefahrverursachung, Abs. 5

Beispiel: Der Tankstellenräuber Soltan wird von der Polizei verfolgt. Damit die Polizei ihn nicht überholen und stoppen kann, wechselt er ständig die Spuren, wobei es immer wieder zu Beinahe-Kollisionen kommt. Er ist nach § 315b I Nr. 3 strafbar, weil dies als hindernisähnlicher gefährlicher Eingriff in den gesamten Verkehr auf dem Fluchtweg anzusehen ist (Vorsatz-Vorsatz-Kombination).

§ 315c StGB

Gefährdung des Straßenverkehrs

(1) Wer im Straßenverkehr

1. ein Fahrzeug führt, obwohl er
    a) infolge des Genusses alkoholischer Getränke oder anderer berauschender Mittel oder
    b) infolge geistiger oder körperlicher Mängel
   nicht in der Lage ist, das Fahrzeug sicher zu führen, oder
2. grob verkehrswidrig und rücksichtslos
    a) die Vorfahrt nicht beachtet,
    b) falsch überholt oder sonst bei Überholvorgängen falsch fährt,
    c) an Fußgängerüberwegen falsch fährt,
    d) an unübersichtlichen Stellen, an Straßenkreuzungen, Straßeneinmündungen oder Bahnübergängen zu schnell fährt,
    e) an unübersichtlichen Stellen nicht die rechte Seite der Fahrbahn einhält,
    f) auf Autobahnen oder Kraftfahrstraßen wendet, rückwärts oder entgegen der Fahrtrichtung fährt oder dies versucht oder
    g) haltende oder liegengebliebene Fahrzeuge nicht auf ausreichende Entfernung kenntlich macht, obwohl das zur Sicherung des Verkehrs erforderlich ist,

und dadurch Leib oder Leben eines anderen oder fremde Sachen von bedeutendem Wert gefährdet, wird mit Freiheitsstrafe bis zu fünf Jahren oder mit Geldstrafe bestraft.

(2) In den Fällen des Absatzes 1 Nr. 1 ist der Versuch strafbar.

(3) Wer in den Fällen des Absatzes 1

1. die Gefahr fahrlässig verursacht oder
2. fahrlässig handelt und die Gefahr fahrlässig verursacht, wird mit Freiheitsstrafe bis zu zwei Jahren oder mit Geldstrafe bestraft.

Konkretes Gefährdungsdelikt

§ 315c setzt die konkrete Gefährdung von Leib oder Leben eines anderen Menschen oder fremder Sachen von bedeutendem Wert (vgl. § 315b) voraus. Der wichtigste Fall des § 315c ist die rauschbedingte Fahruntüchtigkeit gem. Abs. 1 Nr. 1 a) (durch Alkohol oder illegale Drogen). Die Einwilligung des Beifahrers, der sich trotz Kenntnis von dem Rausch des Fahrers in den Pkw setzt, in die Gefährdung seines Leibes oder Lebens schließt die Rechtswidrigkeit nicht aus, weil § 315c die allgemeine Verkehrssicherheit schützt, über die der Beifahrer keine Verfügungsbefugnis hat (hM; vgl. die Stellung im Abschnitt »Gemeingefährliche Straftaten«!).

Wichtigster Fall: rauschbedingte Fahruntüchtigkeit

Schutzgut: allgemeine Verkehrssicherheit (nicht nur die der Fahrzeuginsassen)

Gefährdung des Straßenverkehrs, § 315c I

(Vorsatz-Vorsatz-Kombination; s.u.)

- Objektiver Tatbestand:
- Führen eines Fahrzeugs im Straßenverkehr bei
  - § 315c I Nr. 1a: Rauschbedingter Fahruntüchtigkeit oder
  - § 315c I Nr. 1b: Geistiger oder körperlicher Mängel oder
  - § 315c I Nr. 2: grob verkehrswidrigem und rücksichtslosem Verhalten nach den Buchstaben a-g (die 7 »Todsünden« im Straßenverkehr)
- konkrete Gefahr für fremde Sachen von bedeutendem Wert oder Leib oder Leben eines anderen

- Subjektiver Tatbestand: mindestens bedingter Vorsatz bzgl. Tathandlung und Gefährdung (bei Nr. 1a muss er sich auch auf den Zustand der Fahruntüchtigkeit erstrecken)

- Rechtswidrigkeit

- Schuld

Abs. 1 Nr. 2 enthält die sieben »Todsünden« im Straßenverkehr.

Straßenverkehr: ist der Verkehr (von Fahrzeugen, Radfahrern, Fußgängern) auf Straßen, Wegen, Plätzen usw., die jedermann oder allgemein bestimmten Gruppen von Verkehrsteilnehmern dauernd oder vorübergehend zur Benutzung offenstehen, wobei es nicht auf die Eigentumsverhältnisse ankommt; also auch: Parkplatz auf dem Gelände einer Gaststätte; Privatweg, der zur Nutzung für Fahrräder freigegeben ist.

Fahruntüchtig: ist, wer nicht fähig ist, ein Fahrzeug über längere Strecke sicher zu führen.

Führen: bedeutet das Inbewegungsetzen des Fahrzeugs; also noch nicht bei Einstecken des Zündschlüssels, Anlassen des Fahrzeugs im Leerlauf. Aber: bei Abs. 1 Nr. 1 Versuch strafbar (Abs. 2)!

Wichtige Definitionen: Straßenverkehr, fahruntüchtig, Führen

Sonstige Straftaten

Unterscheide bei alkoholbedingter Fahruntüchtigkeit:
* absolute: ab 1,1 Promille BAK
* relative: ab 0,3 Promille und nachweislichen Ausfallerscheinungen

Alkoholbedingte Fahruntüchtigkeit; unterscheide:
- absolute Fahruntüchtigkeit: ab 1,1 Promille
- relative: ab 0,3 Promille und nachweislichen Ausfallerscheinungen (wie Schlangenlinienfahren, besonders sorglose und leichtsinnige Fahrweise sowie sonstiges Verhalten, das alkoholbedingte Enthemmung und Kritiklosigkeit erkennen lässt).

Rücksichtslos: ist ein Verhalten dann, wenn der Täter sich aus eigensüchtigen Gründen über seine Pflichten gegenüber anderen Verkehrsteilnehmern hinwegsetzt oder aus Gleichgültigkeit von vornherein Bedenken gegen sein Verhalten nicht aufkommen lässt und unbekümmert drauflosfährt.

Grob verkehrswidrig: ist ein objektiv besonders schwerer Verstoß gegen Verkehrsvorschriften.

§ 315c sieht – wie § 315b – nach der inneren Tatseite mehrere Kombinationsmöglichkeiten:

I: vorsätzliche Tathandlung/vorsätzliche Gefährdung

III Nr. 1: vorsätzliche Tathandlung/fahrlässige Gefährdung

III Nr. 2: fahrlässige Tathandlung/fahrlässige Gefährdung

Häufig wird die Vorsatz-Fahrlässigkeits-Kombination vorliegen.

Beispiel: Hopf-Malzinger, bereits zweimal wegen Trunkenheit im Verkehr (§ 316) vorbestraft, setzt sich nach einigen »Halben« Bier, obwohl er es für möglich hält, den Grenzwert überschritten zu haben, ans Steuer, weil er seinen Pkw am nächsten Morgen dringend braucht. Er fährt in Schlangenlinien, so dass einige entgegenkommende Fahrzeuge erhebliche Mühe haben, noch rechtzeitig auszuweichen. Die alarmierte Polizei veranlasst eine Blutprobe, bei der zur Tatzeit 1,4 Promille BAK festgestellt werden. – Hinsichtlich des Fahrens im fahruntüchtigen Zustand hat Hopf-Malzinger, da er durch die früheren Verurteilungen vorgewarnt war und seine Fahruntüchtigkeit selbst für möglich hielt, zumindest bedingt vorsätzlich gehandelt, hinsichtlich der Gefährdung anderer Verkehrsteilnehmer jedoch nur fahrlässig, so dass er nach § 315c I Nr. 1a iVm III Nr. 1 strafbar ist.

Gefährdung des Straßenverkehrs, § 315c III Nr. 1 iVm I Nr. 1a (Vorsatz-Fahrlässigkeits-Kombination)

- Objektiver Tatbestand:
- Führen eines Fahrzeugs im Straßenverkehr
- infolge Alkoholgenuss nicht mehr in der Lage, das Fahrzeug sicher zu führen (absolute Fahruntüchtigkeit oder relative mit Fahrfehlern)
- dadurch konkrete Gefahr für Leib oder Leben eines anderen Menschen oder fremder Sachen von bedeutendem Wert
- objektive Sorgfaltspflichtverletzung und objektive Vorhersehbarkeit des Gefährdungserfolgs
- Subjektiver Tatbestand: mindestens bedingter Vorsatz im Hinblick auf das Fahren im fahruntüchtigen Zustand
- Rechtswidrigkeit: Einwilligung Mitfahrer in Gefährdung unbeachtlich (hM)
- Schuld:
- subjektive Sorgfaltspflichtverletzung
- subjektive Vorhersehbarkeit der Gefahrverursachung
- Schuldunfähigkeit iSd § 20 kommt – wohl nur bei erstmaliger Tat – ab 3,0 Promille BAK in Betracht (Verminderte iSd § 21 ab 2,0 Promille).

Aufbau bei Vorsatz-Fahrlässigkeits-Kombination

Trunkenheit im Verkehr

(1) Wer im Verkehr (§§ 315 bis 315d) ein Fahrzeug führt, obwohl er infolge des Genusses alkoholischer Getränke oder anderer berauschender Mittel nicht in der Lage ist, das Fahrzeug sicher zu führen, wird mit Freiheitsstrafe bis zu einem Jahr oder mit Geldstrafe bestraft, wenn die Tat nicht in § 315a oder § 315c mit Strafe bedroht ist.
(2) Nach Absatz 1 wird auch bestraft, wer die Tat fahrlässig begeht.

§ 316 StGB

§ 316 ist – wie bereits dargelegt – ein abstraktes Gefährdungsdelikt, d.h. es fehlt an einer konkreten Gefährdung anderer Verkehrsteilnehmer bzw. von Sachen von bedeutendem Wert. Durch die Vorschrift soll bereits der abstrakten Gefahr für den Straßenverkehr durch berauschte Verkehrsteilnehmer begegnet werden. Liegt schon § 315a oder § 315c (insbesondere Abs. 1 Nr. 1a) vor, tritt § 316 dahinter subsidiär zurück. § 316 ist ein eigenhändiges Delikt, d.h. mittelbare Täterschaft oder Mittäterschaft ist nicht möglich, dagegen Teilnahme an der Vorsatztat nach Abs. 1 (z.B. Aufforderung an den Mitzecher,

Abstraktes Gefährdungsdelikt und eigenhändiges Delikt

Subsidiarität gegenüber §§ 315a, 315c

von dem man weiß, dass er unter allen Umständen noch selbst fahren will, weiterzutrinken).

Beispiel: Jonny kommt Samstagnacht auf dem Nachhauseweg mit seinem Pkw in eine Fahrzeugkontrolle der Polizei. Da der Polizist Alkohol riecht, veranlasst er eine Blutprobe, die eine BAK zur Tatzeit von 1,2 Promille ergibt. Da die Rspr absolute Fahruntüchtigkeit bei Kraftfahrern ab 1,1 Promille (bei Radfahrern ab 1,5 Promille) annimmt, ist er gem. § 316 strafbar; dies gilt grundsätzlich auch bei höherer Alkoholverträglichkeit trinkfester Menschen.

> Hier spielt nur absolute Fahruntüchtigkeit eine Rolle.

(Bedingter) Vorsatz nach Abs. 1 ist anzunehmen, wenn der Täter sich der Möglichkeit seiner Fahruntüchtigkeit bewusst ist und sich dennoch zum Fahren entschließt. Dies gilt auch für die Restalkohol-Fälle *(Fahrt zur Arbeit am nächsten Morgen nach »heftigem« Zechabend).* Fahrlässigkeit nach Abs. 2 wird man annehmen müssen, *wenn dem Täter heimlich (während er auf der Toilette war) Schnaps o.ä. ins Bier geschüttet wurde: jedenfalls dann, wenn er damit rechnen musste, veränderten Geschmack festgestellt oder Ausfallerscheinungen bei sich bemerkt hat.*

> Restalkohol-Fälle

§ 316a StGB

Räuberischer Angriff auf Kraftfahrer

(1) Wer zur Begehung eines Raubes (§§ 249 oder 250), eines räuberischen Diebstahls (§ 252) oder einer räuberischen Erpressung (§ 255) einen Angriff auf Leib oder Leben oder die Entschlußfreiheit des Führers eines Kraftfahrzeugs oder eines Mitfahrers unter Ausnutzung der besonderen Verhältnisse des Straßenverkehrs verübt und dabei die besonderen Verhältnisse des Straßenverkehrs ausnutzt, wird mit Freiheitsstrafe nicht unter fünf Jahren bestraft.

(2) In minder schweren Fällen ist die Strafe Freiheitsstrafe von einem Jahr bis zu zehn Jahren.

(3) Verursacht der Täter durch die Tat wenigstens leichtfertig den Tod eines anderen Menschen, so ist die Strafe lebenslange Freiheitsstrafe oder Freiheitsstrafe nicht unter zahn Jahren.

Räuberischer Angriff auf Kraftfahrer, § 316a

- Objektiver Tatbestand:

– Angriff auf Leib, Leben oder Entschlussfreiheit

– eines Kraftfahrzeugführers oder Mitfahrers

– unter Ausnutzung der besonderen Verhältnisse des Straßenverkehrs

> Idealkonkurrenz
> §§ 177, 211, 212, 224, 249 ff., 315b

- Subjektiver Tatbestand:

– mindestens bedingter Vorsatz bezüglich objektiven Tatbestands

– Absicht oder direkter Vorsatz der Begehung eines Raubes (§§ 249, 250), eines räuberischen Diebstahls (§ 252) oder einer räuberischen Erpressung (§ 255)

- Rechtswidrigkeit

- Schuld

Angriff auf Leib, Leben ...: ist jede feindselige Handlung gegen eines der genannten Rechtsgüter.

Ausnutzen der besonderen Verhältnisse des Straßenverkehrs: ist das Ausnutzen der typischen Situationen und Gefahrenlagen des fließenden Straßenverkehrs, wozu auch Halten gehört; nicht jedoch: in einem geparkten Fahrzeug.

Beispiele: Motorradfahrer reißt an einer roten Ampel blitzschnell die Beifahrertür des neben ihm wartenden »Luxusschlittens« auf, entreißt der Dame die Handtasche und das Diamantarmband und »braust« davon. – Pkw-Fahrer fährt bewusst einen Umweg mit dem ortsunkundigen Beifahrer, raubt ihm Geld und Kreditkarten und stößt ihn aus dem Auto.

> Ausnutzen der typischen Situationen und Gefahrenlagen des fließenden Straßenverkehrs, wozu auch Halten (aber nicht Parken) gehört.

6. Vollrausch

Vollrausch § 323a StGB

(1) Wer sich vorsätzlich oder fahrlässig durch alkoholische Getränke oder andere berauschende Mittel in einen Rausch versetzt, wird mit Freiheitsstrafe bis zu fünf Jahren oder mit Geldstrafe bestraft, wenn er in diesem Zustand eine rechtswidrige Tat begeht und ihretwegen nicht bestraft werden kann, weil er infolge des Rausches schuldunfähig war oder weil dies nicht auszuschließen ist.

(2) Die Strafe darf nicht schwerer sein als die Strafe, die für die im Rausch begangene Tat angedroht ist.

(3) Die Tat wird nur auf Antrag, mit Ermächtigung oder auf Strafverlangen verfolgt, wenn die Rauschtat nur auf Antrag, mit Ermächtigung oder auf Strafverlangen verfolgt werden könnte.

Prüfungsreihenfolge:

Vor Prüfung des § 323a ist die Stafbarkeit der im Rausch begangenen Tat zu prüfen.

1. Im Rausch begangenes Delikt, z.B. Totschlag, § 212: schuldunfähig nach § 20 oder nicht aufklärbar, ob schuldunfähig oder nur erheblich vermindert schuldfähig (in-dubio-pro-reo)?

2. Im Rausch begangenes Delikt: nach den Grundsätzen der »actio-libera-in-causa« vorverlagerte Verantwortlichkeit?

3. Wenn nach 1. und 2. nicht strafbar: § 323a prüfen!

Die Rauschtat stellt bei § 323a eine objektive Bedingung der Strafbarkeit dar.

Es muss dann nach den bekannten Aufbauvorschriften geprüft werden, ob sich der Täter vorsätzlich oder fahrlässig in einen Rausch, d.h. der Bereich der verminderten Schuldfähigkeit muss überschritten sein, versetzt hat. Die im Rausch begangene rechtswidrige Tat stellt nur eine objektive Bedingung der Strafbarkeit dar (vgl. auch Ausführungen im AT!).

Beispiel: Jerry betrinkt sich sinnlos und hat dann 3,2 Promille BAK. Die besorgten Leute in der Wirtschaft wollen ihn nach Hause tragen. Jerry zückt jedoch plötzlich eine Pistole, schießt wie wild um sich und trifft Huber tödlich. Jerry kann idR nicht wegen Totschlags nach § 212 bestraft werden, da er insoweit im Zustand der Schuldunfähigkeit, § 20, gehandelt hat. Eine Vorverlagerung der Verantwortlichkeit (actio libera in causa) liegt idR ebenfalls nicht vor. Jerry ist nach § 323a strafbar. Der Strafrahmen richtet sich nach § 323a I (beachte aber: Abs. 2!).

7. Unterlassene Hilfeleistung

Die unterlassene Hilfeleistung ist ein echtes Unterlassungsdelikt, das von jedermann begangen werden kann; einer Garantenpflicht bedarf es hier – im Gegensatz zu den unechten Unterlassungsdelikten (§ 13) – gerade nicht; vgl. auch Ausführungen im AT! § 323c tritt subsidiär hinter einem unechten Unterlassungsdelikt zurück.

Typisches echtes Unterlassungsdelikt; Unterlassen ist Tatbestandsmerkmal.

§ 323c StGB

Unterlassene Hilfeleistung

Wer bei Unglücksfällen oder gemeiner Gefahr oder Not nicht Hilfe leistet, obwohl dies erforderlich und ihm den Umständen nach zuzumuten, insbesondere ohne erhebliche eigene Gefahr und ohne Verletzung anderer wichtiger Pflichten möglich ist, wird mit Freiheitsstrafe bis zu einem Jahr oder mit Geldstrafe bestraft.

Sonstige Straftaten 243

UNTERLASSENE HILFELEISTUNG

Unterlassene Hilfeleistung, § 323c

- Objektiver Tatbestand:
- Vorliegen eines Unglücksfalls, gemeiner Gefahr oder allgemeiner Notlage
- Unterlassen der möglichen Hilfeleistung (zur Vollendung Manifestation des Entschlusses, nicht zu helfen, nach außen erforderlich: z.B. Weiterfahren u.a.)
- Erforderlichkeit und Zumutbarkeit der Hilfe (insbesondere ohne erhebliche eigene Gefahr und ohne Verletzung anderer wichtiger Pflichten)
- Subjektiver Tatbestand: mindestens bedingter Vorsatz (der enthalten muss: Kenntnis vom Unglücksfall und Erfassen der Umstände, die Hilfe erforderlich und zumutbar machen)
- Rechtswidrigkeit
- Schuld

Subsidiarität gegenüber Begehungs- und unechten Unterlassungsdelikten

Unglücksfall: ist jedes plötzlich eintretende Ereignis, das einen erheblichen Personen- oder Sachschaden anrichtet oder zu verursachen

Sonstige Straftaten

> **Wichtige Definition:** »Unglücksfall« ist jedes plötzlich eintretende Ereignis, das einen erheblichen Personen- oder Sachschaden anrichtet oder zu verursachen droht.

droht, gleichgültig, ob die Gefahr dem Gefährdeten von außen droht oder von ihm willentlich herbeigeführt – wie beim Suizid (hM) – ist.

Gemeine Gefahr: ist, wenn eine konkrete Gefahr für eine größere Zahl von Menschen oder erhebliche Sachwerte besteht, *z.B. Überschwemmung, Waldbrand.*

Gemeine Not: ist eine die Allgemeinheit betreffende Notlage, *z.B. Ausfall der Wasser- oder Nahrungsversorgung.*

Erforderlichkeit: liegt vor, wenn – aus Sicht eines objektiven Dritten – die konkrete Gefahr besteht, dass ohne Hilfeleistung der Schaden eintritt. Keine Erforderlichkeit der Hilfe, wenn jede Hilfe aussichtslos, ausreichende Hilfe bereits von anderer Seite geleistet ist, der Verunglückte bereits tot ist u.ä.

> **Zumutbare Hilfehandlung** hängt vom Grad der Gefährdung des Verunglückten und der Nähe des Hilfefähigen zum Unfallgeschehen ab.

Zumutbarkeit: ist eine nach allgemeinen sittlichen Maßstäben bestehende Pflicht, deren Ausmaß vom Grad der Gefährdung des Verunglückten und der Nähe des Hilfefähigen zum Unfallgeschehen abhängt.

Beispiel: Badegast Gastner beobachtet als Einziger, wie ein Kind im See vor dem Ertrinken ist. Da er Nichtschwimmer ist, dreht er sich um und unternimmt nichts; das Kind ertrinkt. Hier liegt ein Unglücksfall vor; Gastner war zumutbar, andere Badegäste/den Bademeister durch lautes Schreien zu alarmieren. Er ist nach § 323c strafbar.

> **§ 323c stellt nicht auf den Eintritt eines Erfolges** (etwa des Todes des Verunglückten) ab.

Beispiel: Bei einem Autounfall wird der Passant Müller schwer verletzt. Unter den untätig Herumstehenden befindet sich der Arzt Notan, der der Ansicht ist, er arbeite ohnehin viel zu viel und habe jetzt frei; er geht ohne Hilfeleistung von dannen. 20 Minuten später erscheint der Notarztwagen, Müller wird gerettet. Gleichwohl ist Notan strafbar, da alle Voraussetzungen des § 323c erfüllt sind; § 323c stellt nicht auf den Eintritt eines Erfolgs (etwa des Todes des Verunglückten) ab!

8. Umweltstraftaten

Der 29. Abschnitt (§§ 324-330d) enthält Straftaten gegen die Umwelt. §§ 324, 324a und 325 betreffen die unbefugte Gewässer-, Boden- bzw. Luftverunreinigung. § 325a regelt das gesundheitsschädliche Verursachen von Lärm, Erschütterungen und nichtionisierenden Strahlen, § 326 den Unerlaubten Umgang mit gefährlichen Abfällen *(z.B. ungenehmigter Export von verseuchtem Müll)*, § 327 das Unerlaubte Betreiben von genehmigungspflichtigen Anlagen *(z.B. kerntechnische Anlagen)*, § 328 den Unerlaubten Umgang mit radioaktiven Stoffen und anderen gefährlichen Stoffen und Gütern, § 329 die Gefährdung schutzbedürftiger Gebiete, § 330 nennt Besonders schwere Fälle einer Umweltstraftat nach den §§ 324-329 als Voraussetzung für Strafschärfungen. § 330a regelt die Schwere Gefährdung durch Freisetzen von Giften. Es folgen noch Bestimmungen über Tätige Reue, Einziehung und Definitionen.

Schutzgut: Umwelt als Ganzes –Erhaltung des ökologischen Gleichgewichts

Eine Besonderheit besteht bei den Umweltdelikten insoweit, als die Strafbarkeit weitgehend abhängig ist von den verwaltungsrechtlichen Vorgaben *(z.B. ob eine Anlage von der zuständigen Behörde genehmigt ist oder nicht)*. Problematisch ist, ob die Fehlerhaftigkeit einer Verwaltungsentscheidung *(z.B. des Verwaltungsaktes)* die Strafbarkeit tangiert. Ein grob fehlerhafter (= nichtiger) Verwaltungsakt wird zur Nichtstrafbarkeit führen, ein einfach rechtswidriger VA wird an der Strafbarkeit nichts ändern.

Strafbarkeit ist hier weitgehend abhängig von den verwaltungsrechtlichen Vorgaben.

9. Amtsdelikte

Schutzgüter: Gesetzmäßigkeit der Amtsführung und das entsprechende Vertrauen der Öffentlichkeit

Der 30. und letzte Abschnitt (§§ 331-358) enthält »Straftaten im Amt«. Er umfasst zunächst die passiven Formen: § 331 Vorteilsannahme, § 332 Bestechlichkeit; danach die aktiven Formen: § 333 Vorteilsgewährung, § 334 Bestechung; es folgen ergänzende Vorschriften hierzu. Weiter wird geregelt: § 339 Rechtsbeugung (durch einen Richter), § 340 Körperverletzung im Amt, § 343 Aussageerpressung (etwa durch einen Kripo-Beamten), § 344 Verfolgung Unschuldiger (etwa durch einen StA), § 345 Vollstreckung gegen Unschuldige, § 348 Falschbeurkundung im Amt, § 352 Gebührenüberhebung, § 353 Abgabenüberhebung; Leistungskürzung; § 353a Vertrauensbruch im auswärtigen Dienst, § 353b Verletzung des Dienstgeheimnisses und einer besonderen Geheimhaltungspflicht, § 353d Verbotene Mitteilungen über Gerichtsverhandlungen *(z.B. vorzeitige öffentliche Bekanntgabe der Anklageschrift im Wortlaut)*, § 355 Verletzung des Steuergeheimnisses (etwa durch einen Finanzbeamten), § 356 Parteiverrat (durch Rechtsanwalt), § 357 Verleitung eines Untergebenen zu einer Straftat *(z.B. Geschehenlassen der Folter an Gefangenen durch militärischen Vorgesetzten bei Auslandseinsatz)*. Amtsdelikte sind jedoch auch außerhalb dieses Abschnitts – beim entsprechenden Grunddelikt – geregelt, vgl. etwa §§ 133 III, 258a!

Es handelt sich überwiegend um echte Amtsdelikte: Täter kann nur ein Amtsträger, Richter oder ein für den öffentlichen Dienst besonders Verpflichteter sein (Sonderdelikte).

Durch die Amtsdelikte sollen primär die Gesetzmäßigkeit der Amtsführung und das entsprechende Vertrauen der Öffentlichkeit geschützt werden. Hauptsächlich sind in diesem Abschnitt echte Amtsdelikte geregelt, d.h. Täter kann nur ein Amtsträger, ein Richter oder ein für den öffentlichen Dienst besonders Verpflichteter (vgl. Definitionen in § 11!) sein (Sonderdelikte). Daneben sind auch Straftatbestände enthalten, die unechte Amtsdelikte darstellen (an sich schon strafbare Delikte, die mit höherer Strafe bedroht sind, wenn sie von einem Amtsträger begangen werden, z.B. § 340) oder von jedermann begangen werden können (z.B. §§ 333, 334). Bei den echten Amtsdelikten ist die Amtsträger-Eigenschaft strafbegründendes persönliches Merkmal (§ 28 Absatz 1), ein Außenstehender kann nur Gehilfe, nicht Mittäter oder mittelbarer Täter sein. Bei den unechten Amtsdelikten wird der Teilnehmer nur aus dem Grunddelikt bestraft (z.B. § 223).

Bei Bestechungsdelikten ist Unrechtsvereinbarung kennzeichnend.

Für die »Bestechungsdelikte« (§§ 331 ff.) ist die sog. Unrechtsvereinbarung (»do-ut-des«: ich gebe, damit du gibst) kennzeichnend: Gewährung eines Vorteils als Gegenleistung für eine Diensthandlung, wobei bei Vorteilsannahme/-gewährung (§§ 331, 333) jetzt ausreicht, wenn der Vorteil »für die Dienstausübung« (also die dienstliche Tätigkeit allgemein, nicht: eine spezielle Entscheidung) gewährt wird. Bei Bestechlichkeit und Bestechung (§§ 332, 334) – als qualifizierte Delikte – kommt es hingegen auf eine pflichtwidrige Diensthandlung an. – Häufig ist diese Unrechtsvereinbarung nicht nachweisbar, so dass die Presse im Jahr 2004 davon spricht, Untreue nach § 266 sei ein »Auffangtatbestand« für die »Bestechungsdelikte«.

Vorteilsannahme § 331 StGB

(1) Ein Amtsträger oder ein für den öffentlichen Dienst besonders Verpflichteter, der für die Dienstausübung einen Vorteil für sich oder einen Dritten fordert, sich versprechen läßt oder annimmt, wird mit Freiheitsstrafe bis zu drei Jahren oder mit Geldstrafe bestraft.
(2) Ein Richter oder Schiedsrichter, der einen Vorteil für sich oder einen Dritten als Gegenleistung dafür fordert, sich versprechen läßt oder annimmt, daß er eine richterliche Handlung vorgenommen hat oder künftig vornehme, wird mit Freiheitsstrafe bis zu fünf Jahren oder mit Geldstrafe bestraft. Der Versuch ist strafbar.
(3) Die Tat ist nicht nach Absatz 1 strafbar, wenn der Täter einen nicht von ihm geforderten Vorteil sich versprechen läßt oder annimmt und die zuständige Behörde im Rahmen ihrer Befugnisse entweder die Annahme vorher genehmigt hat oder der Täter unverzüglich bei ihr Anzeige erstattet und sie die Annahme genehmigt.

Vorteilsannahme, § 331

- Objektiver Tatbestand:
- Tatsubjekt: Amtsträger, ein für den öffentlichen Dienst besonders Verpflichteter, Richter oder Schiedsrichter (vgl. § 11)
- Tathandlung: Vorteil für sich oder einen Dritten gefordert, sich versprechen lassen oder angenommen
- als Gegenleistung für die Dienstausübung

- Subjektiver Tatbestand: mindestens bedingter Vorsatz

- Rechtswidrigkeit: beachte Genehmigung § 331 III als Rechtfertigungsgrund

- Schuld

Bei Vorteilsannahme, Vorteilsgewährung geht es um einen Vorteil für die rechtmäßige Dienstausübung.

Vorteil: ist jede Zuwendung materieller oder immaterieller Art, die den Empfänger besser stellt und auf die er keinen rechtlich begründeten Anspruch hat; *z.B. kostenloser Bordell-Besuch für einen Polizisten.*

Idealkonkurrenz
§§ 253, 263

Fordern: ist das einseitige – ausdrückliche oder versteckte – Verlangen nach einem Vorteil.

Sichversprechenlassen: ist die Annahme des Angebots eines künftig zu erbringenden Vorteils.

Annehmen: ist die tatsächliche Entgegennahme des Vorteils.

§ 333 StGB

Vorteilsgewährung

(1) Wer einem Amtsträger, einem für den öffentlichen Dienst besonders Verpflichtetem oder einem Soldaten der Bundeswehr für die Dienstausübung einen Vorteil für diesen oder einen Dritten anbietet, verspricht oder gewährt, wird mit Freiheitsstrafe bis zu drei Jahren oder mit Geldstrafe bestraft.

...

§ 333 ist »Spiegelbild« zu § 331.

§ 333 ist die »spiegelbildliche« Vorschrift zu § 331; vgl. dort!

Beispiel (nach Küpper, BT 1 S. 147): Bauunternehmer B überreicht dem Amtsleiter des Bauamts A 7.000,- € mit den Worten »Auf gute Zusammenarbeit!« Ein solches Erkaufen von Geneigtheit (»Anfüttern«, »Klimapflege«) fällt unter §§ 331, 333. Gleiches gilt für den Fall, dass B damit eine zügige Bearbeitung eines Bauantrages anstrebt. Wird jedoch eine rechtswidrige Baugenehmigung angestrebt, greifen §§ 332, 334.

§ 332 StGB

Bestechlichkeit

(1) Ein Amtsträger oder ein für den öffentlichen Dienst besonders Verpflichteter, der einen Vorteil für sich oder einen Dritten als Gegenleistung dafür fordert, sich versprechen läßt oder annimmt, daß er eine Diensthandlung vorgenommen hat oder künftig vornehme und dadurch seine Dienstpflichten verletzt hat oder verletzen würde, wird mit Freiheitsstrafe von sechs Monaten bis zu fünf Jahren bestraft. In minder schweren Fällen ist die Strafe Freiheitsstrafe bis zu drei Jahren oder Geldstrafe. Der Versuch ist strafbar.

(2) Ein Richter oder Schiedsrichter, der einen Vorteil für sich oder einen Dritten als Gegenleistung dafür fordert, sich versprechen läßt oder annimmt, daß er eine richterliche Handlung vorgenommen hat oder künftig vornehme und dadurch seine richterlichen Pflichten verletzt hat oder verletzen würde, wird mit Freiheitsstrafe von einem Jahr bis zu zehn Jahren bestraft ...

(3) Falls der Täter den Vorteil als Gegenleistung für eine künftige Handlung fordert, sich versprechen läßt oder annimmt, so sind die Absätze 1 und 2 schon dann anzuwenden, wenn er sich dem anderen gegenüber bereit gezeigt hat,

1. bei der Handlung seine Pflichten zu verletzen oder,
2. soweit die Handlung in seinem Ermessen steht, sich bei Ausübung des Ermessens durch den Vorteil beeinflussen zu lassen.

Bestechlichkeit, § 332

- Objektiver Tatbestand
- Tatsubjekt: Amtsträger, ein für den öffentlichen Dienst besonders Verpflichteter, Richter oder Schiedsrichter (vgl. § 11)
- Fordern, Versprechenlassen oder Annahme eines Vorteils für sich oder einen Dritten
- als Gegenleistung für eine vorgenommene oder künftige Diensthandlung
- und dadurch begangene oder künftige Verletzung seiner Dienstpflichten

- Subjektiver Tatbestand: mindestens bedingter Vorsatz
- Rechtswidrigkeit
- Schuld

Bestechlichkeit und Bestechung stellen Qualifizierung zu Vorteilsannahme und -gewährung dar.

Hier kommt es auf eine pflichtwidrige Diensthandlung an.

Bestechung

§ 334 StGB

(1) Wer einem Amtsträger, einem für den öffentlichen Dienst besonders Verpflichteten oder einem Soldaten der Bundeswehr einen Vorteil für diesen oder einen Dritten als Gegenleistung dafür anbietet, verspricht oder gewährt, daß er eine Diensthandlung vorgenommen hat oder künftig vornehme und dadurch seine Dienstpflichten verletzt hat oder verletzen würde, wird mit Freiheitsstrafe von drei Monaten bis zu fünf Jahren bestraft. In minder schweren Fällen ...
(2) Wer einem Richter oder Schiedsrichter einen Vorteil für diesen oder einen Dritten als Gegenleistung dafür anbietet, verspricht oder gewährt, daß er eine richterliche Handlung
1. vorgenommen und dadurch seine richterlichen Pflichten verletzt hat oder
2. künftig vornehme und dadurch seine richterlichen Pflichten verletzen würde,

wird in den Fällen der Nummer 1 mit Freiheitsstrafe von drei Monaten bis zu fünf Jahren, in den Fällen der Nummer 2 mit Freiheitsstrafe von sechs Monaten bis zu fünf Jahren bestraft. Der Versuch ist strafbar.
(3) Falls der Täter den Vorteil als Gegenleistung für eine künftige Handlung anbietet, verspricht oder gewährt, so sind die Absätze 1 und

> 2 schon dann anzuwenden, wenn er den anderen zu bestimmen versucht, daß dieser
> 1. bei der Handlung seine Pflichten verletzt oder,
> 2. soweit die Handlung in seinem Ermessen steht, sich bei der Ausübung des Ermessens durch den Vorteil beeinflussen läßt.

§ 334 ist »Spiegelbild« zu § 332.

§ 334 ist die »spiegelbildliche« Vorschrift zu § 332.

Diensthandlung: ist jede Tätigkeit, die ein Amtsträger oder für den öffentlichen Dienst besonders Verpflichteter zur Ausübung der ihm übertragenen öffentlichen Aufgaben wahrnimmt.

Idealkonkurrenz
(§§ 332, 334)
§§ 253, 263, 266, 267

Verletzung der Dienstpflicht: liegt dann vor, wenn die Diensthandlung gegen Gesetz, Dienstvorschrift oder Einzelanordnung verstößt.

Beispiel: s. zunächst bei §§ 331, 333.

Beispiel (nach Küpper, BT 1 S. 148): Stadtkämmerer K hat Angebote bestimmter Firmen gefälscht, um diesen Aufträge zukommen zu lassen; dafür erhielt er von diesen Firmen Geld. Die §§ 332, 334 sind erfüllt. Daneben ist K der Untreue, § 266, zum Nachteil der Stadt, und der Urkundenfälschung, § 267 schuldig.

10. Wiederholungsfragen

- 1. Was versteht man unter einer Urkunde? Lösung S. 221
- 2. Wann kann man von einer Vereitelung der Zwangsvollstreckung reden? Lösung S. 226
- 3. Wann liegt bei Wucher ein auffälliges Mißverhältnis vor? Lösung S. 227
- 4. Wann kann man von einer Beschädigung einer Sache reden? Lösung S. 229
- 5. Ist das Luft-aus-den-Reifen-lassen Sachbeschädigung? Lösung S. 229
- 6. Wann ist Inbrandsetzung gegeben? Lösung S. 231
- 7. Wie unterscheiden sich die einzelnen Verkehrsdelikte? Lösung S. 233 ff.
- 8. Was versteht man unter den »7 Todsünden« im Straßenverkehr? Lösung S. 237
- 9. Welche Formen von Fahruntüchtigkeit gibt es? Lösung S. 238
- 10. Welcher Straftatbestand kommt für einen Steinewerfer auf die Autobahn in Betracht? Lösung S. 234 f.
- 11. Welche Tatbestände sind vor dem Vollrausch zu prüfen? Lösung S. 242
- 12. Was ist »Unterlassene Hilfeleistung« für ein Delikt? Lösung S. 242
- 13. Wie unterscheiden sich die einzelnen »Bestechungsdelikte«? Lösung S. 246 f.

Lösung von Klausurfällen

1. Hinweise zur Bearbeitung von Klausurfällen   254
2. Fälle   257

1. Hinweise zur Bearbeitung von Klausurfällen

1.1 Zum Sachverhalt

Zuerst: gründliche Befassung mit dem Sachverhalt!

Bevor Sie an die Lösung eines Falles gehen, müssen Sie sich mit dem Sachverhalt gründlich auseinander setzen. Für Prüfer/innen entsteht von vorneherein ein schlechter Eindruck von der Arbeit, wenn ersichtlich ist, dass der/die zu Prüfende den Sachverhalt falsch auslegt oder die »handelnden Personen« durch einander bringt. Lesen Sie den Sachverhalt mindestens zweimal langsam durch, damit Ihnen keine bedeutsame Nuance entgeht! Oft ist es hilfreich, wenn Sie sich eine Skizze des Sachverhalts mit den Namen der »handelnden Personen« machen. Soweit der Sachverhalt ausgelegt werden muss, weil er Lücken oder Unklarheiten enthält: erfinden Sie keine »Spitzfindigkeiten«, sondern legen Sie den Sachverhalt lebensnah aus und schreiben in die Lösung, dass Ihrer Auffassung nach eine Lücke/Unklarheit im Sachverhalt besteht, die Sie folgendermaßen auslegen.

1.2. Zur Gliederung

Dann: logische, nachvollziehbare Gliederung nach Handlungsabschnitten und/oder Personen

Wichtig ist die Gliederung der Lösung. Gliedern Sie vor allem logisch und nachvollziehbar! Wenn es um die Strafbarkeit einer einzigen Person geht, ist die Gliederung quasi vorgegeben: Sie gliedern nach Handlungsabschnitten (Tatkomplexen), wobei sich in der Regel die chronologische Reihenfolge empfiehlt. Bei Fällen mit mehreren Personen (deren Strafbarkeit zu prüfen ist) und/oder mehreren Handlungsabschnitten, gibt es die Möglichkeiten, nach Personen oder Handlungsabschnitten (Tatkomplexen) zu gliedern. Schält sich bereits zu Beginn heraus, dass eine Person Haupttäter ist, während die anderen Beteiligten nur Teilnehmer sind, kann nach Personen gegliedert werden, wobei mit dem Haupttäter zu beginnen ist. Meist – insbesondere bei »verschachtelten« Sachverhalten – empfiehlt es sich jedoch, nach Handlungsabschnitten (Tatkomplexen) zu gliedern. Innerhalb der Handlungsabschnitte ist weiter nach Personen zu untergliedern, wobei auch hier immer mit dem Haupttäter zu beginnen ist. Stellen Sie klar, welches Verhalten einer Person Sie gerade prüfen!

Immer mit dem Haupttäter und dem schwersten Delikt beginnen!

Bei Prüfung, ob eine Person mehrere Straftatbestände verwirklicht hat, immer mit dem schwersten Delikt beginnen! Erst danach weniger schwer wiegende Delikte bzw. Delikte prüfen, bei denen ersichtlich ist, dass sie im Wege der Subsidiarität hinter die vorhergehenden Delikte zurücktreten. Diese

Delikte müssen dann auch nicht – insbesondere bei Zeitmangel – so ausführlich geprüft werden; dies gilt auch für leichte Delikte, die unproblematisch erfüllt sind. Hier – wie auch bei den Konkurrenzen – kann von der gutachtlichen Prüfung (»könnte...«) abgewichen und Urteilsstil verwendet werden, z.B. »*Das Verhalten des A erfüllt auch den Tatbestand der Beleidigung, § 185, weil A dem B beim Zuschlagen mit dem Baseballschläger unter dem Ruf: »Für dich, du schwule Drecksau!« seine Missachtung kundgegeben hat.*« Oder: »*Die fahrlässige Straßenverkehrsgefährdung nach § 315c steht in Tateinheit, § 52, mit fahrlässiger Körperverletzung nach § 229*«; s. auch nachfolgend unter 4.

1.3. Faustregeln

Beachten Sie also bitte folgende Faustregeln (nicht immer zwingend!):

- Tatnähere Person vor Tatferneren, Täterschaft vor Teilnahme prüfen
- Schwereres Delikt vor leichteren/offensichtlich subsidiären Delikten
- Grundtatbestand vor Qualifizierung oder Privilegierung (letztere meist gleich miterwähnen), z.B. Totschlag, § 212 vor Mord, § 211
- Wahrscheinlicher vorliegende Delikte vor anderen, wenn sich diese gegenseitig ausschließen, wie z.B. Unterschlagung, § 246 zu Diebstahl, § 242
- Begehensdelikte vor Unterlassungsdelikten
- Unechte Unterlassungsdelikte (§ 13) vor echten (z.B. § 323c)
- Vollendete Delikte vor versuchten
- Vorsätzliche Delikte vor fahrlässigen
- Erfolgsdelikte vor Gefährdungsdelikten
- Konkrete Gefährdungsdelikte vor abstrakten
- Keine abstrakte Prüfung von Täterschaft, Teilnahme, Versuch usw. (also Begriffen aus dem AT des StGB), sondern immer nur in konkreter Verbindung zu einem Straftatbestand!

Wichtige Faustregeln: aber nicht immer zwingend

1.4. Zum Gutachtenstil

Für Gutachtenstil sind kennzeichnend: Beginn mit Fragestellung, Verwendung des Konjunktivs.

In den Klausuren wird meist die Erstellung eines Gutachtens gefordert. Der Gutachtenstil unterscheidet sich vom Urteilsstil dadurch, dass das Gutachten mit einer Fragestellung beginnt, der die rechtlichen Voraussetzungen und die Subsumtion folgen; erst am Ende der Prüfung steht das Ergebnis. Typisch für den Gutachtenstil ist die Verwendung des Konjunktivs »könnte«, »müsste« usw.

Beispiel: »A könnte wegen Totschlags gem. § 212 an B strafbar sein. Das setzt voraus, dass er einen anderen Menschen getötet hat. A hat ..., also ist er wegen Totschlags strafbar.«

Für Urteilsstil sind kennzeichnend: Beginn mit Ergebnis, Verwendung des Indikativs.

Beim Urteilsstil steht das Ergebnis am Anfang, ihm folgt die Begründung. Typisch für den Urteilsstil ist die Verwendung des Indikativs »hat«, »ist« usw.

Beispiel: »A ist des Totschlags gem. § 212 an B schuldig ... Begründung: A hat am ...«

1.5. Sonst beachtenswertes

Nicht Sachverhalt wiederholen oder Gesetzestext abschreiben! Ausführungen begründen!

Achten Sie auch auf Folgendes:
- Wiederholen Sie nicht den Sachverhalt und schreiben Sie auch nicht den Gesetzestext ab! Das bringt gar nichts, sondern kostet nur Zeit; halten Sie sich an die 4-Schritte-Methode (4-Takt-Methode), vgl. im AT und nachfolgende Fälle!
- Begründen Sie Ihre Ausführungen!
- Gehen Sie ausführlich auf Theorien nur dann ein, wenn das entscheidungserheblich ist.

2. Fälle

2.1. Fall 1

Sachverhalt:

Ambros Ambrosius (A) hat nach Feierabend mit Arbeitskollegen in »feucht-fröhlicher Runde« ein paar Gläser Bier in der Stadt getrunken. Da er in einem 15 km entfernten Dorf wohnt, sein Fahrzeug am nächsten Morgen zum Erreichen der Frühschicht benötigt und sich für fahrtüchtig hält, entschließt er sich, mit seinem Pkw nach Hause zu fahren; wie sich später herausstellt: mit einer BAK von 0,7 Promille. Er fährt mit 110 km/h (erlaubt: 100 km/h). Hinter einer Kurve in einem einsamen Waldstück erkennt er zu spät einen ordnungsgemäß vor ihm fahrenden Radfahrer R, kann nicht mehr rechtzeitig abbremsen oder ausweichen, fährt ihn an und verletzt ihn schwer. Der Radfahrer wird einige Meter in den dunklen Wald geschleudert, wo er bewusstlos liegenbleibt. A, der ausgestiegen ist und erkennt, dass R ohne ärztliche Hilfe sterben wird, entschließt sich aus Angst vor Bestrafung – insbesondere wegen des befürchteten »Führerscheinentzugs« – weiter zu fahren. R stirbt an seinen schweren Verletzungen; er hätte gerettet werden können, wenn A – etwa durch Wählen des Notrufs 112 – Hilfe herbeigerufen hätte.

Aufgabe: Gutachtliche Prüfung der Strafbarkeit des A.

Gliederung:

Strafbarkeit des A

Hinweis: Es liegen hier zwei Handlungsabschnitte vor: die Fahrt bis zum Unfall und das Liegenlassen des R. Der Unfall stellt eine Zäsur dar. Das Liegenlassen des schwer verletzten R beruht auf einem neuen Tatentschluss.

I. Handlungabschnitt (Tatkomplex) I: Die Fahrt bis zur Verletzung des R

1. Fahrlässige Gefährdung des Straßenverkehrs, § 315c III Nr. 2 iVm I Nr. 1a

2. Fahrlässige Körperverletzung, § 229

II. Handlungsabschnitt (Tatkomplex) II: Das Liegenlassen des R

1. Totschlag durch Unterlassen, §§ 212, 13 iVm Ingerenz

2. Mord durch Unterlassen, §§ 211, 13 iVm Ingerenz

3. Aussetzung mit Todesfolge, § 221 I Nr. 2, III

4. Unterlassene Hilfeleistung, § 323c

5. Unerlaubtes Entfernen vom Unfallort, § 142 I Nr. 2

III. Konkurrenzen und Gesamtergebnis

Lösungsvorschlag:

Strafbarkeit des A:

I. Handlungabschnitt I: Die Fahrt bis zur Verletzung des R

1. Fahrlässige Gefährdung des Straßenverkehrs, § 315c III Nr. 2 iVm I Nr. 1 a

1.1. Fragestellung

A könnte wg. fahrlässiger Gefährdung des Straßenverkehrs gem. § 315 c III Nr. 2 iVm I Nr. 1 a strafbar sein.

1.2. Rechtliche Voraussetzungen

Dies setzt voraus, dass er im Straßenverkehr ein Fahrzeug geführt hat, obwohl er infolge des Genusses alkoholischer Getränke nicht in der Lage war, das Fahrzeug sicher zu führen, und dadurch Leib oder Leben eines anderen Menschen gefährdet hat. Die Fahrlässigkeits-Fahrlässigkeits-Kombination des § 315 c III Nr. 2 setzt dabei voraus, dass hinsichtlich seiner Fahruntüchtigkeit und hinsichtlich der Gefährdung anderer Verkehrsteilnehmer Fahrlässigkeit vorliegt.

1.3. Subsumtion

1.3.1. Tatbestand

A hat ein Fahrzeug im Straßenverkehr geführt. Dabei war er relativ fahruntüchtig, da er 0,7 Promille BAK zur Tatzeit hatte und zudem – infolge alkoholbedingter Sorglosigkeit – in einer Kurve, zudem nachts, 10 km/h schneller fuhr, als erlaubt, und – alkoholbedingt – verzögert auf das auftauchende Hindernis reagierte. Dadurch hat er Leib und Leben des R konkret gefährdet. Ob A auch grob verkehrswidrig und rücksichtslos eine der »Sieben Todsünden im Straßenverkehr«, hier wäre insbesondere an Nr. 2 b) und d) zu denken, verwirklicht hat, ist zumindest hinsichtlich des Merkmals »rücksichtslos« (wer sich aus eigensüchtigen Gründen über seine Pflichten im Straßenverkehr hinwegsetzt) nach dem Sachverhalt nicht eindeutig zu bejahen, nach dem Grundsatz »in dubio pro reo« daher zu verneinen. – Hinsichtlich der relativen Fahruntüchtigkeit und der Gefährdung anderer Verkehrsteilnehmer liegen objektive Sorgfaltspflichtverletzung und objektive Vorhersehbarkeit der konkreten Gefährdung vor. Der Pflichtwidrigkeitszusammenhang zwischen Sorgfaltspflichtverletzung und Gefährdungserfolg ist ebenfalls gegeben, insbesondere wäre es bei pflichtgemäßem Alternativverhalten nicht zu der konkreten Gefährdung gekommen. Der Tatbestand ist damit erfüllt.

1.3.2. Rechtswidrigkeit

Da keine Rechtfertigungsgründe greifen, ist das Verhalten rechtswidrig.

1.3.3. Schuld

Anhaltspunkte für Schuldunfähigkeit oder verminderte Schuldunfähigkeit des A gibt es nicht. Hinsichtlich des Erkennens der relativen Fahruntüchtigkeit und der Gefährdung liegen auch subjektive Sorgfaltspflichtverletzung und subjektive Vorhersehbarkeit vor. A hat auch schuldhaft gehandelt.

1.4. Ergebnis

A ist wegen fahrlässiger Gefährdung des Straßenverkehrs strafbar. – § 316 braucht demgegenüber schon deshalb nicht zusätzlich geprüft zu werden, weil keine absolute Fahruntüchtigkeit des A vorliegt (ab 1,1 Prom.).

2. Fahrlässige Körperverletzung, § 229

2.1. Fragestellung

A könnte wg. fahrlässiger Körperverletzung nach § 229 strafbar sein.

2.2. Rechtliche Voraussetzungen

Dies setzt zunächst die körperliche Misshandlung oder die Gesundheitsschädigung eines anderen Menschen voraus (§ 223 I). Hier liegt Gesundheitsschädigung nahe, die als Herbeiführen oder Steigern eines Krankheitszustandes zu definieren ist.

2.3. Subsumtion

2.3.1. Tatbestand

Indem A mit seinem Pkw den R angefahren hat, hat er schwere Verletzungen bei R verursacht; es liegt eine Gesundheitsschädigung vor. In dem Zuschnell-Fahren nachts im Kurvenbereich bei alkoholbedingter Verzögerung der Reaktionsfähigkeit ist auch eine objektive Sorgfaltspflichtverletzung zu sehen, die Verletzung war auch objektiv vorhersehbar. Der Pflichtwidrigkeitszusammenhang ist ebenfalls zu bejahen, insbesondere wäre der Unfall bei situationsangemessenem Fahren vermeidbar gewesen. Der Tatbestand ist damit erfüllt.

2.3.2. Rechtswidrigkeit

Das Verhalten ist rechtswidrig.

2.3.3. Schuld

Bei A sind auch subjektive Sorgfaltspflichtverletzung und Vorhersehbarkeit zu bejahen, so dass er auch schuldhaft gehandelt hat.

2.4. Ergebnis

A ist wegen fahrlässiger Körperverletzung strafbar.

II. Handlungsabschnitt II: Das Liegenlassen des R

1. Totschlag durch Unterlassen, §§ 212, 13 iVm Ingerenz

1.1. Fragestellung

A könnte wegen Totschlags durch Unterlassen gem. §§ 212, 13, wobei die Garantenstellung aus Ingerenz hergeleitet werden könnte, strafbar sein.

1.2. Rechtliche Voraussetzungen

Dies setzt voraus, dass ursächlich für den Tod des R das Unterlassen einer von A geforderten Handlung war und A eine Garantenpflicht für das Leben von R hatte.

1.3. Subsumtion

1.3.1. Vorprüfung, Tatbestand

Anknüpfungspunkt der Prüfung ist das Unterlassen lebensrettender Maßnahmen durch A. R ist tot, der tatbestandliche Erfolg des § 212 ist eingetreten. Indem A den schwerverletzten R am Unfallort zurückließ, ohne Hilfe herbeizurufen, hat er eine notwendige und ihm mögliche (er hätte z.B. anonym und von einem öffentlichen Fernsprecher aus die Nr. 112 anrufen können) Handlung unterlassen. Die unterlassene Handlung kann nicht hinzugedacht werden, ohne dass der Erfolg – der Tod des R – mit größter Wahrscheinlichkeit entfiele. Das Unterlassen von Hilfemaßnahmen war also kausal für den Tod des R. A hatte aus pflichtwidrigem, gefährlichen Vorverhalten – dem strafbaren Anfahren des R – eine Garantenstellung für das Leben des R (§ 13 iVm Ingerenz); das Unterlassen ist aktivem Tun gleichzustellen (§ 13). A wusste, dass er durch sein Verhalten die schweren Verletzungen herbeigeführt hatte, dass R ohne baldige ärztliche Hilfe sterben werde, nahm den Tod des R aber billigend in Kauf. A handelte also zumindest mit bedingtem Vorsatz. Der Tatbestand ist erfüllt.

1.3.2. Rechtswidrigkeit

Das Verhalten des A ist rechtswidrig.

1.3.3. Schuld

Schuld ist gegeben.

1.4. Ergebnis

A ist wegen Totschlags durch Unterlassen strafbar.

2. Mord durch Unterlassen, §§ 211, 13 iVm Ingerenz

2.1. Fragestellung

A könnte wg. Mordes durch Unterlassen, §§ 211 II 3. Fallgruppe, 13 iVm Ingerenz strafbar sein.

2.2. Rechtliche Voraussetzungen

Das setzt voraus, dass A durch Unterlassen einer geforderten Rettungshandlung den Tod des R verursacht hat, um eine andere Straftat zu verdecken.

2.3. Subsumtion

2.3.1. Tatbestand

Hinsichtlich des objektiven Tatbestandes kann zunächst auf die vorangegangenen Ausführungen Bezug genommen werden; hinsichtlich des Tötungsvorsatzes ebenso. Fraglich ist, ob A die gebotene und mögliche Handlung in der Absicht (dolus directus 1. Grades) unterlassen hat, eine andere Straftat zu verdecken. A beabsichtigte, nicht als Täter einer fahrlässigen Straßenverkehrsgefährdung und einer fahrlässigen Körperverletzung bestraft zu werden. Während früher angenommen wurde, dass »Verdecken einer anderen Straftat« aktives Handeln voraussetzt, ist heute hM, dass ein Verdeckungsmord auch durch Unterlassen möglich ist: wenn der Unterlassungstäter quasi einen anderen Menschen »opfert«, um nicht wegen anderer Straftaten verfolgt zu werden. Die Tötung muss Mittel der Verdeckung sein (finale Verknüpfung), wobei es ausreicht, wenn der vom Täter mit Tötungsvorsatz in Gang gesetzte Ursachenverlauf Mittel der Verdeckung ist. Dies ist hier zu bejahen. Der Tatbestand ist damit erfüllt.

2.3.2. Rechtswidrigkeit

Rechtswidrigkeit liegt vor.

2.3.3. Schuld

Schuld ist ebenfalls zu bejahen.

2.4. Ergebnis

A ist wegen Mordes, begangen durch Unterlassen, strafbar.

3. Aussetzung mit Todesfolge, § 221 I Nr. 2, III

(hier vertretbar: Urteilsstil)

A hat den R schwerverletzt und bewusstlos in einsamer Gegend nachts, somit in einer hilflosen Lage im Stich gelassen, obwohl er ihm – aufgrund seiner Garantenpflicht (vgl.o.) – beizustehen verpflichtet war, und dadurch den Tod des R verursacht. A handelte bzgl. aller Voraussetzungen vorsätzlich (hinsichtlich der Todesfolge würde nach § 18 Fahrlässigkeit ausreichen), rechtswidrig und schuldhaft. Die Aussetzung mit Todesfolge tritt jedoch als Gefährdungsdelikt hinter den vorsätzlichen Tötungsdelikten als subsidiär zurück.

4. Unterlassene Hilfeleistung, § 323c

(hier vertretbar: Urteilsstil)

A hat bei einem Unglücksfall – einem plötzlich eintretenden schädigenden Ereignis – keine Hilfe geleistet, obwohl dies erforderlich und ihm den Umständen nach zumutbar (s.o.: anonym, von öffentlichem...) war. A handelte vorsätzlich, rechtswidrig und schuldhaft. Das echte Unterlassungsdelikt § 323 c tritt jedoch hinter den unechten Unterlassungsdelikten als subsidiär zurück.

5. Unerlaubtes Entfernen vom Unfallort, § 142 I Nr. 2

(hier vertretbar: Urteilsstil)

Da keine feststellungsbereite Person anwesend war (R war schwer verletzt und bewusstlos), kommt nicht Abs. 1 Nr. 1, sondern Nr. 2 in Betracht. Ein Unfall im Straßenverkehr liegt vor, weil ein plötzliches, mit dem Straßenverkehr zusammenhängendes Ereignis eingetreten ist, das auch zu einem erheblichen Personenschaden geführt hat. A war auch Unfallbeteiligter (Abs. 5), da sein Verhalten den Unfall verursacht hat. Er hat auch nicht eine den Umständen nach angemessene Zeit – was hier angesichts der Schwere des Unfalls/der Unfallfolgen mindestens eine halbe Stunde bedeutet hätte – gewartet, ohne dass jemand bereit war, die Feststellungen zu treffen. A hat vorsätzlich, rechtswidrig und schuldhaft gehandelt. A ist wegen unerlaubten Entfernens vom Unfallort strafbar.

III. Konkurrenzen und Gesamtergebnis (Urteilsstil)

Im Handlungsabschnitt I hat A eine fahrlässige Gefährdung des Straßenverkehrs, § 315 c III Nr. 2 iVm I Nr. 1 a, in Tateinheit, § 52, mit fahrlässiger Körperverletzung, § 229, begangen.

Im Handlungsabschnitt II verdrängt der Mord, § 211, als schwerstes Tötungsdelikt den Totschlag, § 212 (nach der zutreffenden Lehre ist § 212 der Grundtatbestand, § 211 das qualifizierte Delikt). Also hat A einen Mord durch Unterlassen, §§ 211, 13 in Tateinheit, § 52, mit unerlaubtem Entfernen vom Unfallort, § 142 I Nr. 2 begangen.

Die Delikte der beiden Handlungsabschnitte stehen zueinander in Tatmehrheit, § 53.

2.2. Fall 2

Sachverhalt:

Ben Bensen (B) und Chris Christen (C) wollen ihre »klammen Kassen« durch einen Banküberfall auffüllen. Für die Fahrt zur Bank und zur Flucht ist der Pkw von C vorgesehen. Gemäß dem gemeinsamen Tatplan verändert C unter Zuhilfenahme von Klebeband einen Buchstaben und zwei Ziffern des amtlichen Kennzeichens an seinem Pkw. Verabredungsgemäß soll B mit einer – einer echten Pistole täuschend ähnlichen – Spielzeugpistole einen Kunden bedrohen, damit die Kassiererin die geforderten Geldscheine herausgibt. Der unbewaffnete C soll sich um das »Einsammeln« des Geldes kümmern; die Beute soll »brüderlich« geteilt werden. – B und C fahren an einem Freitag kurz vor Geschäftsschluss zur Bank, parken den Pkw um die Ecke und betreten die Bank. Als sie gerade im Eingangsbereich Strumpfmasken übergezogen haben, B die Pistole gezogen hat, und sie zur Kasse stürmen wollen, entdecken sie dort einen ihnen aus früheren Strafverfahren bekannten Kripobeamten. Da sie damit rechnen, dass dieser bewaffnet ist und ihnen das Risiko zu hoch ist, brechen sie ihr Vorhaben ab und verlassen unverrichteter Dinge die Bank.

B und C sinnen weiter nach Verbesserung ihrer finanziellen Situation. Sie kaufen 20 neue Fahrräder, die – wie Sie wissen – aus einem Einbruchsdiebstahl stammen, vom Dieb für 2.000,– € an und bieten sie einige Wochen später in einer anderen Stadt dem Fahrradhändler Flott für 4.000,– € zum Kauf an. B und C erklären dem Flott, dass sie die Fahrräder aus der Insolvenzmasse eines Fahrradgeschäfts erworben hätten, was Flott glaubt. Flott ist über das Verkaufsangebot erfreut, weil B und C ihm die Fahrräder etwa 40 % unter dem Preis anbieten, den er bei einem Großhändler hätte zahlen müssen, und zahlt die geforderten 4.000,– €. Aufgrund eines anonymen Anrufs bei der Polizei werden die Fahrräder bei Flott nach einigen Tagen sichergestellt.

Aufgabe: Gutachtliche Prüfung der Strafbarkeit von B und C (im »Bank«-Komplex können versuchte Geiselnahme, §§ 239b, 22, 23 I, und Hausfriedensbruch, § 123 I – ohne Prüfung – bejaht werden; eine evtl. Begünstigung, § 257 zugunsten des Diebes der Fahrräder braucht nicht geprüft zu werden)

Gliederung:

Hinweis: Hier kann ausnahmsweise die Strafbarkeit von B und C zusammen geprüft werden, da ersichtlich ist, dass in allen Handlungsabschnitten Mittäterschaft vorliegt. Soweit die Tatbeiträge differieren (Verändern des Kennzeichens durch C, Führen der Scheinwaffe durch B) kann dies innerhalb der gemeinschaftlichen Prüfung erfolgen. Normalerweise – insbesondere, wenn die Tatbeiträge sehr stark differieren und/oder unklar ist, ob Mittäterschaft oder Beihilfe vorliegt – muss eine getrennte Prüfung erfolgen!

Strafbarkeit von B und C

I. Handlungsabschnitt (Tatkomplex) I: Das Geschehen im Zusammenhang mit der Bank

1. Versuchte Erpressung in Mittäterschaft, §§ 253 I, III, 22, 23 I, 25 II

2. Versuchte schwere räuberische Erpressung in Mittäterschaft, §§ 255, 250, 22, 23 I, 12 I, 25 II

3. Urkundenfälschung in Mittäterschaft, §§ 267 I, 25 II

4. Kennzeichenmissbrauch in Mittäterschaft, §§ 22 I Nr. 3 StVG, 25 II StGB

II. Handlungsabschnitt (Tatkomplex) II: Der Weiterverkauf der Fahrräder

1. Hehlerei in Mittäterschaft, §§ 259 I, 25 II

2. Betrug in Mittäterschaft, §§ 263 I, 25 II

III. Konkurrenzen und Gesamtergebnis

Lösung:

Strafbarkeit von B und C

Es erfolgt eine gemeinsame Prüfung der Strafbarkeit von B und C, weil ihre Tatbeiträge nur geringfügig differieren und ersichtlich ist, dass in allen Handlungsabschnitten Mittäterschaft vorliegt.

I. Handlungsabschnitt I: Das Geschehen im Zusammenhang mit der Bank

1. Versuchte Erpressung in Mittäterschaft, §§ 253 I, III, 22, 23 I, 25 II

1.1. Fragestellung

B und C könnten wegen versuchter Erpressung in Mittäterschaft nach §§ 253 I, III, 22, 23 I, 25 II strafbar sein.

1.2. Rechtliche Voraussetzungen

Das setzt voraus, dass sie mittäterschaftlich entschlossen waren und unmittelbar dazu angesetzt haben, einen Menschen rechtswidrig durch Drohung mit einem empfindlichen Übel zu einer Handlung zu nötigen und dadurch dem Vermögen eines anderen (als dem Genötigten) Nachteil zuzufügen, um sich zu Unrecht zu bereichern.

1.3. Subsumtion

Die Tat ist nicht vollendet. Der Versuch ist nach § 253 III strafbar. B und C waren entschlossen, mit einer täuschend echt aussehenden Spielzeugpistole einen Kunden zu bedrohen, damit die Kassiererin im Eigentum der Bank stehendes Geld herausgibt, um sich rechtswidrig zu bereichern; sie hatten also Tatentschluss zu einer Erpressung (Dreiecks-Erpressung; die Kassiererin sollte unmittelbar auf das Vermögen eines Dritten – der Bank – einwirken, in dessen »Lager« sie steht). Sie haben nach ihrer eigenen Vorstellung von der Tat (»jetzt geht es los!«) zur Tat unmittelbar angesetzt, d.h. es waren keine wesentlichen Zwischenschritte für die Rechtsgutgefährdung mehr erforderlich. Das Ganze geschah auch in Mittäterschaft, weil B und C die Tat gemeinsam geplant hatten, ausführen und die Beute teilen wollten.

(Wenn Prüfung des qualifizierten Delikts folgt und ersichtlich ist, dass Qualifikation vorliegt, kann Prüfung des Grunddelikts hier beendet werden).

2. Versuchte schwere räuberische Erpressung in Mittäterschaft, §§ 255, 250, 22, 23 I, 12 I, 25 II

2.1. Fragestellung

B und C könnten auch das qualifizierte Delikt der versuchten schweren räuberischen Erpressung in Mittäterschaft nach §§ 255, 250, 22, 23 I, 12 I, 25 II begangen haben.

2.2. Rechtliche Voraussetzungen

Das setzt voraus, dass sie mittäterschaftlich entschlossen waren und unmittelbar dazu angesetzt haben, eine Erpressung unter Anwendung von Drohungen mit gegenwärtiger Gefahr für Leib oder Leben und unter Bei-sich-Führens eines Mittels im Sinne des § 250 I zu begehen.

2.3. Subsumtion

2.3.1. Tatbestand

Die Tat ist nicht vollendet. B und C waren entschlossen und haben unmittelbar dazu angesetzt, eine Erpressung (s. vorausgegangene Prüfung) unter Anwendung von Drohungen mit gegenwärtiger Gefahr für Leib/Leben eines Kunden zu begehen. Dies geschah auch in mittäterschaftlicher Ausführung; hierfür ist die arbeitsteilige Vorgehensweise, dass nämlich nur B die Scheinwaffe führen, während sich C um das »Einsammeln« des Geldes kümmern sollte, unschädlich, weil sie auf gemeinsamem Tatplan beruhte und beide auch insoweit Tatherrschaft hatten.

Auf die Abgrenzung räuberische Erpressung, § 255, zu Raub, § 249, braucht in unserem Fall nicht näher eingegangen zu werden, weil hier die Kassiererin zu einer Vermögensverfügung – nämlich der Übergabe von Geld an C – gezwungen werden sollte, was für räuberische Erpressung, nicht für Raub (dort »Wegnahme« erforderlich), spricht.

Problematisch ist die Einordnung der Spielzeugpistole. Für eine Waffe iSd § 250 I Nr. 1 a, II Nr. 1 ist Voraussetzung, dass es sich um ein gefährliches Werkzeug handelt, das nach Beschaffenheit und Zustand zur Tatzeit bei bestimmungsgemäßer Verwendung geeignet ist, erhebliche Verletzungen herbeizuführen. Das ist bei der Spielzeugpistole zu verneinen. Die Spielzeugpistole könnte jedoch als Mittel iSv § 250 I Nr. 1 b angesehen werden. Das setzt voraus, dass B mit Billigung des C die Scheinwaffe als Mittel bei sich geführt hat, um den Widerstand einer anderen Person durch Drohung mit Gewalt zu brechen. B führte die Scheinwaffe in der Absicht bei sich, erwarteten Widerstand zu brechen; B und C waren der Ansicht, B könne mit der Scheinwaffe Widerstand brechen und der Bedrohte werde das Mittel für eine echte Waffe handeln. Die Spielzeugpistole ist somit unter § 250 I Nr. 1 b) einzuordnen.

2.3.2. Rechtswidrigkeit

Das Verhalten ist mangels Rechtfertigungsgründen rechtswidrig.

2.3.3. Schuld

Das Verhalten ist auch schuldhaft.

2.3.4. Rücktritt vom Versuch

Fraglich ist, ob für beide ein strafbefreiender Rücktritt vom Versuch nach § 24 II 1 vorliegt. Danach ist bei Tatbeteiligung mehrerer erforderlich, dass beide freiwillig die Vollendung verhindern; weiter wird endgültige Aufgabe des Tatplans gefordert. Problematisch ist hier, ob »Freiwilligkeit« vorliegt. Freiwillig erfolgt ein Rücktritt vom Versuch, wenn der Täter aus autonomen Motiven (Scham, Reue usw.) handelt, unfreiwillig, wenn er aus heteronomen Motiven handelt. Hier würden B und C gerne zum Ziel kommen, halten aber das Risiko wegen Anwesenheit eines – sie kennenden – Kripobeamten zu hoch. Die Motivation erfolgte also »von außen«, nicht »von innen«, so dass kein freiwilliger Rücktritt vorliegt.

2.4. Ergebnis

B und C sind wegen versuchter schwerer räuberischer Erpressung in Mittäterschaft strafbar.

3. Urkundenfälschung in Mittäterschaft, § 267 I, 25 II

3.1. Fragestellung

B und C könnten wegen Urkundenfälschung strafbar sein.

3.2. Rechtliche Voraussetzungen

Das setzt voraus, dass sie zur Täuschung im Rechtsverkehr gemeinschaftlich eine echte Urkunde verfälscht bzw. eine verfälschte Urkunde gebraucht haben.

3.3. Subsumtion

3.3.1. Tatbestand

Bei dem amtlichen Kennzeichen am Kfz handelt es sich um eine zusammengesetzte Urkunde. Diese echte Urkunde hat C – in Abstimmung mit B – verändert, um die Identifizierung des Pkw zu verhindern. B und C haben also eine echte Urkunde verfälscht. Durch die Fahrt zum Tatort mit dem gefälschten Kennzeichen haben sie auch mittäterschaftlich von der verfälschten Urkunde Gebrauch gemacht. Beide haben entsprechend ihrem gemeinsamen Tatplan, wenn auch arbeitsteilig, gehandelt; Mittäterschaft ist zu bejahen. Trotz Erfüllens zweier Tatbestandsalternativen (Verfälschen, Gebrauch machen) liegt gleichwohl nur eine Tat vor (deliktische Einheit).

Sie haben hinsichtlich der Merkmale des objektiven Tatbestands vorsätzlich und in der Absicht, die Identifikation des Pkw zu verhindern, also zur Täuschung im Rechtsverkehr gehandelt.

3.3.2. Rechtswidrigkeit

Das Verhalten ist rechtswidrig.

3.3.3. Schuld

Das Verhalten ist schuldhaft.

3.4. Ergebnis

B und C sind wegen Urkundenfälschung strafbar.

4. Kennzeichenmissbrauch in Mittäterschaft, §§ 22 I Nr. 3 StVG, 25 II StGB

(hier empfehlenswert: Urteilsstil)

B und C sind auch wegen Kennzeichenmissbrauchs nach §§ 22 I Nr. 3 StVG, 25 II StGB strafbar, weil sie in mittäterschaftlichem Zusammenwirken, in rechtswidriger Absicht das an einem Kfz angebrachte amtliche Kennzeichen verändert haben.

II. Handlungsabschnitt II: Der Weiterverkauf der Fahrräder

1. Hehlerei in Mittäterschaft, §§ 259 I, 25 II

1.1. Fragestellung

B und C könnten wegen Hehlerei in Mittäterschaft nach §§ 259 I, 25 II strafbar sein.

1.2. Rechtliche Voraussetzungen

Das setzt voraus, dass sie Sachen, die ein anderer gestohlen hat, angekauft haben, um sich zu bereichern.

1.3. Subsumtion

1.3.1. Tatbestand

Sie haben sich die Verfügungsgewalt über die gestohlenen Fahrräder durch Kaufvertrag mit dem Dieb verschafft, Ankaufen liegt vor. Dies geschah auch in mittäterschaftlichem Zusammenwirken. Sie haben vorsätzlich gehandelt und in der Absicht, die Fahrräder gewinnbringend weiter zu veräußern, also in der Absicht der Selbstbereicherung. Der Tatbestand ist erfüllt.

1.3.2. Rechtswidrigkeit

Das Verhalten ist rechtswidrig.

1.3.3. Schuld

Das Verhalten ist schuldhaft.

1.4. Ergebnis

B und C sind wegen Hehlerei in Mittäterschaft strafbar.

2. Betrug in Mittäterschaft, §§ 263 I, 25 II

2.1. Fragestellung

B und C könnten wegen Betrugs in Mittäterschaft nach §§ 263 I, 25 II strafbar sein.

2.2. Rechtliche Voraussetzungen

Dies setzt voraus, dass sie – in mittäterschaftlichem Zusammenwirken – in der Absicht, sich einen rechtswidrigen Vermögensvorteil zu verschaffen, das Vermögen eines anderen dadurch beschädigt haben, dass sie durch Vorspiegelung falscher Tatsachen einen Irrtum erregt haben.

2.3. Subsumtion

2.3.1. Tatbestand

B und C haben entsprechend ihrem gemeinsamen Tatplan durch die Behauptung, die Fahrräder aus Insolvenzmasse erworben zu haben, den Flott über eine Tatsache: die Herkunft/die Eigentumsverhältnisse an den Fahrrädern – getäuscht. Aufgrund dieser Täuschung wurde bei Flott ein Irrtum über diese Tatsache geweckt, infolgedessen er über sein Vermögen verfügte, indem er 4.000,- € an B und C zahlte.

Problematisch ist, ob bei Flott ein Vermögensschaden entstand. Zunächst scheint das Vermögen des Flott nicht gemindert zu sein, weil er als Gegenleistung für die Zahlung der 4.000,- € die neuen Fahrräder erhielt, für die er beim Großhändler sogar einen höheren Preis hätte zahlen müssen. Flott hat also – rein wirtschaftlich betrachtet – ein gleichwertiges Äquivalent erhalten. – Aber: an den gestohlenen Fahrrädern war kein gutgläubiger Eigentumserwerb möglich (§ 935 I BGB). B und C konnten somit ihre kaufvertragliche Verpflichtung

(§ 433 I BGB), dem Flott Eigentum an den Fahrrädern, frei von Rechtsmängeln, zu verschaffen, nicht erfüllen. Für Flott bestand die Gefahr, die Fahrräder an den Eigentümer herausgeben zu müssen. Dieses Risiko hat sich im weiteren Verlauf – wie der Sachverhalt zeigt – auch in einem konkreten Schaden des Flott realisiert. Der objektive Tatbestand ist erfüllt.

B und C haben hinsichtlich der Merkmale des objektiven Tatbestands auch vorsätzlich gehandelt. Sie wollten einen Gewinn erzielen, haben also auch mit Eigenbereicherungsabsicht gehandelt.

2.3.2. Rechtswidrigkeit

Das Verhalten ist rechtswidrig.

2.3.4. Schuld

Das Verhalten ist schuldhaft.

2.4. Ergebnis

B und C sind wegen Betrugs in Mittäterschaft strafbar.

III. Konkurrenzen und Gesamtergebnis (im Urteilsstil)

Tatkomplex I:

Die versuchte schwere räuberische Erpressung in Mittäterschaft ist als qualifiziertes Delikt gegenüber der versuchten Erpressung in Mittäterschaft spezieller. Der Kennzeichenmissbrauch tritt im Wege ausdrücklicher gesetzlicher Subsidiarität hinter der Urkundenfälschung zurück. Zwischen der versuchten schweren räuberischen Erpressung in Mittäterschaft; der versuchten gemeinschaftlichen Geiselnahme, dem vollendeten gemeinschaftlichen Hausfriedensbruch (s. Aufgabestellung) und der Urkundenfälschung in Mittäterschaft besteht Tateinheit, § 52, da ein enger zeitlich-räumlicher Zusammenhang besteht, das Ganze als einheitliches Tun erscheint. (Anzunehmen, § 123 werde durch die Versuchsdelikte konsumiert, erscheint vertretbar.)

Tatkomplex II:

Zwischen der Hehlerei in Mittäterschaft und dem Betrug in Mittäterschaft wird Tatmehrheit, § 53, anzunehmen sein, da das Ankaufen der Fahrräder – jedenfalls dann, wenn dabei noch nicht feststand, dass sie an Flott weiterverkauft werden sollten – und der Betrug zum Nachteil des Flott zwei verschiedene Handlungen darstellen (die andere Auffassung – Tateinheit, § 52 anzunehmen – erscheint vertretbar).

Gesamtergebnis:

Die Delikte der beiden Handlungsabschnitte stehen zueinander in Tatmehrheit, § 53.

Register

Register

Aberglaubischer Versuch
⇨ 63, 75

Aberratio ictus
Täter trifft anderes Objekt als von ihm beabsichtigt. ⇨ 96

Absehen von Strafe
§ 60 ⇨ 4, 75, 110 f., 123, 138, 162

Absicht
Dem Täter kommt es auf die Verwirklichung des Tatbestandes an ⇨ 37 f., 204, 208, 212 f.

Absolute Fahruntüchtigkeit
Ab 1,1 Promille, § 316 ⇨ 238 f.

Absolute Straftheorien
⇨ 3 f.

Abtreibung
Schwangerschaftsabbruch, § 218 ⇨ 57, 160 ff.

Actio libera in causa (a.l.i.c.)
Vorverlagerte Verantwortlichkeit bei Schuldunfähigkeit zur Tatzeit ⇨ 49, 52, 242

Äquivalenztheorie
Gleichwertigkeit aller Ursachen, die zu einem Erfolg beigetragen haben ⇨ 32

Affekt
Hochgradige Erregung, die die Steuerungsfähigkeit erheblich mindern kann ⇨ 5, 50, 53, 159

Akzessorietät der Teilnahme
Strafbarkeit der Anstiftung und der Beihilfe hängt vom Vorliegen einer vorsätzlichen, zumindest rechtswidrigen Haupttat ab ⇨ 80, 87 f.

Alleintäter
§ 25 I 1. Alt. ⇨ 79, 81, 84

Alternative Kausalität
⇨ 32

Amtsanmaßung
§ 132 ⇨ 129 f.

Amtsdelikte
§§ 331 ff. ⇨ 31, 246 ff.

Amtsträger
§ 11 I Nr. 2 ⇨ 21 f., 122 f., 175, 204, 246, 249

Analogieverbot
Verbot, einen Straftatbestand auf vergleichbare Fälle anzuwenden ⇨ 18

Angehöriger
§ 11 I Nr. 1 ⇨ 21 f., 57, 87, 191

Angeklagter
Bezeichnung des Beschuldigten (Oberbegriff) im Hauptverfahren, § 157 II StPO ⇨ 12

Angeschuldigter
Bezeichnung des Beschuldigten (Oberbegriff) im Zwischenverfahren, § 157 I StPO

Angriff
§ 32 ⇨ 43, 97, 124, 157, 167, 170, 240 f.

Anklage
Wird von StA bei Gericht wegen eines Tatvorwurfs gegen eine bestimmte Person erhoben, beendet Vorverfahren, eröffnet Zwischenverfahren, § 170 I StPO ⇨ 12

Anspruch
Recht, von einem anderen ein Tun oder Unterlassen zu verlangen (§ 194 I BGB)

Anstellungsbetrug
§ 263 ⇨ 210

Anstiftung
Hervorrufen des Tatentschlusses beim Haupttäter, § 26 ⇨ 79, 84 ff., 122, 202

Antragsdelikt
Strafbare Handlung, die nur auf Antrag verfolgt wird, §§ 77 ff. ⇨ 56, 191

Arglosigkeit
§ 211 ⇨ 157

Asperationsprinzip
§ 53 ⇨ 115

Auf frischer Tat
Täter wird in zeitlicher und räumlicher Nähe zum Tatort betroffen ⇨ 40 f., 197 f.

Auslandstaten
§§ 5 ff. ⇨ 19 f.

Auslegung
Nähere Konkretisierung einer abstrakten Norm zur Anwendung auf den Sachverhalt ⇨ 254

Auslegungsmethoden
nach dem Wortlaut, nach dem Sinn und Zweck, nach dem Verhältnis zu anderen Normen, nach der Entstehungsgeschichte der Norm, nach ihrer historischen Entwicklung.

Aussageverweigerungsrecht
Das Recht des Beschuldigten, sich nicht zur Sache zu äußern, z.B. § 136 I StPO ⇨ 22

Aussetzung
§ 221 ⇨ 163

Ausübung der verbotenen Prostitution
§ 184a ⇨ 13, 147

Bandendiebstahl
§ 244 ⇨ 186 f.

Bedingter Vorsatz
Eventualvorsatz, Täter nimmt die Verwirklichung des Tatbestands billigend in Kauf ⇨ 72 f.

Bedrohung
§ 241 ⇨ 177

Beendeter Versuch
Täter hat nach seiner Vorstellung alles Erforderliche getan, um den Erfolg herbeizuführen, § 24 I S. 1 2. Alt. ⇨ 63, 76 f.

Beendigung
Sicherung des tatbestandsspezifischen Erfolges (z.B. Beute) ⇨ 19, 73 f., 197

Begehen
Aktives Tun ⇨ 30

Begehensdelikte
Delikte, die in einem aktiven Tun bestehen. Aufbauschema ⇨ 59 ff., 127

Begünstigung
§ 257 ⇨ 201 ff.

Beihilfe
Physische oder psychische Unterstützung der Haupttat, § 27 ⇨ 79, 83f., 86

Beleidigung
§ 185 ⇨ 47, 56, 148 ff.

Beratung der Schwangeren in einer Not- und Konfliktlage
§ 219 ⇨ 162

Bereicherung
Erlangung eines Vermögensvorteils ⇨ 37, 211

Berufsverbot
§§ 70 ff. ⇨ 22, 107, 109

Beschützergarant
§ 13 ⇨ 35

Beschuldigter
Bezeichnung des Tatverdächtigen im Strafverfahren bis zur rechtskräftigen Entscheidung

Besitz
Tatsächliche Herrschaft einer Person über eine Sache, § 854 BGB

Besondere gesetzliche Milderungsgründe
§ 49 ⇨ 51

Besondere persönliche Merkmale
§ 28 ⇨ 87 f., 188

Besonders schwere Brandstiftung
§ 306b ⇨ 232

Besonders schwerer Fall des Diebstahls
§ 243 ⇨ 184 f.

Bestechlichkeit
§ 332 ⇨ 22, 31, 226, 246, 248

Bestechung
§ 334 ⇨ 226, 246, 249

Beteiligung an einer Schlägerei
§ 231 ⇨ 56, 165, 170

Betrug
§ 263 ⇨ 207 ff.

Bewährung
Aussetzung der Freiheitsstrafe §§ 56, 57, 57a ⇨ 102 ff.

Bewährungsauflagen, -weisungen, -hilfe
§§ 56 b ff. ⇨ 12, 103

Beweisfunktion
§ 267 ⇨ 221

Bewusste Fahrlässigkeit
⇨ 39, 70, 72

Bildung krimineller Vereinigungen
§ 129 ⇨ 128

Bildung terroristischer Vereinigungen
§ 129a ⇨ 128 f.

Biologisch-psychisch bedingte Schuldunfähigkeit
§ 20 ⇨ 50 f.

Blutprobe
Sie wird zu Beweiszwecken im Strafverfahrensrecht angeordnet, um etwa den Alkoholisierungsgrad zur Tatzeit festzustellen, § 81a StPO ⇨ 135, 138, 238, 240

Brandstiftung
§ 306 ⇨ 230 ff.

Brett des Karneades
⇨ 54

Bußgeld
Sanktion im Ordnungswidrigkeitenrecht ⇨ 13, 215

Computerbetrug
§ 263a ⇨ 207, 211 f.

Conditio sine qua non
⇨ Äquivalenztheorie

Delictum sui generis
⇨ 25

Delikt
⇨ Straftat

Deliktsformen
⇨ 58 ff., 70 ff.

Diebstahl
§ 242 ⇨ 180 ff.

Diebstahl und Unterschlagung geringwertiger Sachen
§ 248a ⇨ 56, 185 f., 191

Diebstahl mit Waffen
§ 244 ⇨ 186 ff.

Direkter Vorsatz
Wissen und Wollen der Tatbestandsverwirklichung (sicheres Wissen) ⇨ 38

Dolus Directus 1. Grades
Absicht; dem Täter kommt es auf die Verwirklichung des Tatbestands an ⇨ 38, 204

Dolus Directus 2. Grades
Direkter Vorsatz: Wissen und Wollen der Verwirklichung des Tatbestands (sicheres Wissen) ⇨ 38

Dolus Eventualis
Eventualvorsatz, Täter nimmt die Verwirklichung des Tatbestands billigend in Kauf (billigende Inkaufnahme) ⇨ 38 f.

Doppelkausalität
⇨ 32

Dreiecksbetrug
§ 263 ⇨ 209, 211

Dreieckserpressung
§ 253 ⇨ 201

Drohung
Das Inaussichtstellen eines zukünftigen Übels, auf das der Drohende Einfluss zu haben vorgibt ⇨ 146, 172, 176, 194, 198

Echte Unterlassungsdelikte
⇨ 34, 127

Ehrdelikte
§§ 185 ff. ⇨ 148 ff.

Eid
Versicherung der Wahrheit in besonders feierlicher Form mit den Worten: »Ich schwöre« ⇨ 138

Eigenhändige Delikte
Täter kann das tatbestandsmäßige Verhalten nur in eigener Person erfüllen; Mittäterschaft und mittelbare Täterschaft sind ausgeschlossen (z.B. §§ 153 f.) ⇨ 31, 81, 239

Eigenmacht
Die ohne Willen des unmittelbaren Besitzers erfolgende Entziehung oder Störung des Besitzes, § 858 BGB

Eigentum
Die umfassende Verfügungsgewalt über eine Sache, § 903 BGB

Eigentumsdelikte
§§ 242 ff. ⇨ 179 ff.

Eigenverantwortliche Selbstgefährdung des Opfers
⇨ 71 f.

Einbruchsdiebstahl
§ 243 I ⇨ 180, 185

Eingehungsbetrug
§ 263 ⇨ 210

Einordnung des Strafrechts
⇨ 2

Einverständnis
Tatbestandsausschließende Zustimmung des Berechtigten ⇨ 42, 127, 175

Einwilligung
Rechtfertigende Zustimmung des Berechtigten ⇨ 41, 154, 171

Einzeldelikt
Einzelne Straftat ⇨ 58, 70

Einziehung
§§ 74 ff. ⇨ 110

Entschuldigender Notstand
§ 35 ⇨ 54

Entschuldigungsgründe
§§ 33, 35 ⇨ 48, 53 f.

Entziehung der Fahrerlaubnis
§§ 69 ff. ⇨ 109

Erfolgsdelikte
Tatbestand verlangt den Eintritt eines bestimmten Ergebnisses (z.B. Tod eines anderen Menschen bei §§ 211 ff.) ⇨ 24, 28, 32, 204

Erfolgsqualifizierte Delikte
Setzen sich aus Grunddelikt und qualifizierter Folge zusammen (z.B. Körperverletzung mit Todesfolge, § 227) ⇨ 24, 168, 196

Erfüllungsbetrug
§ 263 ⇨ 210

Erlaubnisirrtum
§ 17 ⇨ 97, 100

Erlaubnistatbestandsirrtum
§ 16 I 1 analog ⇨ 97, 100, 123

Ermächtigung
§ 77e ⇨ 56

Ermittlungsverfahren
Das im Rahmen eines Strafverfahrens stattfindende Vorverfahren ⇨ 11 f.

Erpresserischer Menschenraub
§ 239a ⇨ 174

Erpressung
§ 253 ⇨ 198 f.

Error in persona vel objecto
⇨ 96, 99

Ersatzfreiheitsstrafe
§ 43 ⇨ 105 f.

Erschleichen von Leistungen
§ 265 a ⇨ 6, 214

Ethisches Minimum
⇨ 6

Eventualvorsatz
Bedingter Vorsatz, Täter nimmt die Verwirklichung des Tatbestands billigend in Kauf (billigende Inkaufnahme) ⇨ 39, 72

Exhibitionistische Handlungen
§ 183 ⇨ 144

Fahrerlaubnis
Die Erlaubnis, auf öffentlichen Straßen ein Kraftfahrzeug zu führen, § 4 StVZO

Fahrlässige Körperverletzung
§ 229 ⇨ 171

Fahrlässige Tötung
§ 222 ⇨ 164

Fahrlässiges Begehungsdelikt
Aufbauschema ⇨ 62

Fahrlässiges Unterlassungsdelikt
Aufbauschema ⇨ 66

Fahrlässigkeit
Außerachtlassen der in der konkreten Situation erforderlichen Sorgfalt trotz Vorhersehbarkeit und Vermeidbarkeit ⇨ 8, 58, 70 ff.

Fahruntüchtigkeit
§§ 315c I Nr. 1, 316 ⇨ 237 f.

Fahrverbot
Das für die Dauer von einem Monat bis zu drei Monaten ausgesprochene Verbot, im Straßenverkehr Kraftfahrzeuge zu führen, § 44 ⇨ 13, 106

Fahrzeugbenutzung
§ 248b ⇨ 191 f.

Falsche uneidliche Aussage
§ 153 ⇨ 137 f.

Falsche Verdächtigung
§ 164 ⇨ 139 f.

Falsche Versicherung an Eides Statt
§ 156 ⇨ 138 f.

Fälschung technischer Aufzeichnungen
§ 268 ⇨ 223

Familiendiebstahl
§ 247 ⇨ 191

Fehlgeschlagener Versuch
Versuch kann nicht mehr zur Vollendung führen ⇨ 76

Festnahmerecht
den auf frischer Tat Betroffenen, § 127 I StPO ⇨ 40

Finale Handlungslehre
⇨ 37, 48

Flaggenprinzip
§ 4 ⇨ 19

Fluchtgefahr
Wenn die Annahme gerechtfertigt ist, dass sich der Täter der Verantwortung durch Flucht entziehen will, § 127 StPO ⇨ 40

Formelles Recht
Verfahrensrecht ⇨ 11 f.

Fortsetzungszusammenhang
⇨113

Freiheitsberaubung
§ 239 ⇨ 172 f.

Freiheitsdelikte
§§ 234 ff. ⇨ 172 ff.

Freiheitsentziehende Maßregeln
§§ 63 ff. ⇨ 108 f.

Freiheitsstrafe
§§ 38 f. ⇨ 13, 101 f.

Freiwilligkeit des Rücktritts vom Versuch
§ 24 ⇨ 77 f.

Fremde Sache
Sache, die – zumindest auch – im Eigentum eines anderen steht, § 242 ⇨ 182

Funktionen des Strafrechts
⇨ 3 f.

Führungsaufsicht
§§ 68 ff. ⇨ 109

Garantenpflicht, Garantenstellung
Rechtliche Pflicht, den Erfolg abzuwenden, § 13 ⇨ 35 ff., 65 f., 163, 210

Garantiefunktion
§ 267 ⇨ 221

Gefährdung des Straßenverkehrs
§ 315c I StGB ⇨ 236 f.

Gefährdungsdelikt
Delikt, das in der Herbeiführung einer Gefahrenlage für das im Tatbestand genannte Schutzobjekt liegt ⇨ 24, 163, 220, 231, 233, 239, 255

Gefährliche Körperverletzung
§ 224 ⇨ 166 f.

Gefährliche Eingriffe in den Straßenverkehr
§ 315b I ⇨ 234 f.

Gefährliches Werkzeug
§§ 224 I, 250 I ⇨ 167, 187, 195 f.

Gefangenenbefreiung
§ 120 ⇨ 124

Gefangenenmeuterei
§ 121 ⇨ 125

Geiselnahme
§ 239b ⇨ 174

Geldfälschung
§ 146 ⇨ 135 f.

Geldstrafe
§§ 40 ff. ⇨ 13, 105 f.

Geltungsbereich des deutschen Strafrechts
§§ 3 ff. ⇨ 18 ff.

Gemeingefährliche Straftaten
§§ 306 ff. ⇨ 230 ff.

Generalprävention
⇨ 3 f., 111

Gerichtsbarkeit für Strafsachen
Die ordentliche Gerichtsbarkeit ⇨ 2

Gerichtsstand
Örtliche und sachliche Zuständigkeit des Gerichts

Geringwertigkeit
§ 248a ⇨ 186, 191, 214

Gesamtstrafe
§§ 54 f. ⇨ 114 f.

Gesamturkunde
§ 267 ⇨ 221 f.

Gesetzeskonkurrenz
Spezialität, Subsidiarität, Konsumtion, mitbestrafte Vor- und Nachtat ⇨ 112, 115 f.

Gesetzlichkeitsprinzip
⇨ 18

Gewahrsam
Tatsächliche Sachherrschaft ⇨ 182, 189

Gewalt
⇨ 125, 146, 172, 175 f., 194, 198

Gleichwertigkeitsklausel
§ 13 ⇨ 34 f.

Gliederung
Unterteilung des Sachverhaltes ⇨ 254

Grunddelikt
⇨ 24, 246, 255

Gutachtenstil
⇨ 16, 112, 255 f.

Habgier
§ 211 II ⇨ 87, 158

Haftung
Das zivilrechtliche Einstehenmüssen für eine fremde Forderung

Handlung
Willensgetragenes menschliches Verhalten ⇨ 8, 29 f.

Handlungsabschnitt
⇨ 16, 254

Handlungseinheit
§ 52 ⇨ 112 f.

Haus- und Familiendiebstahl
§ 247 ⇨ 191

Hausfriedensbruch
§ 123 ⇨ 126 f.

Hehlerei
§ 259 ⇨ 201, 205

Heimtücke
Das bewusste Ausnutzen der Arg- und Wehrlosigkeit des Opfers, § 211 II ⇨ 102, 157

Heranwachsender
Wer zur Zeit der Tat achtzehn, aber noch nicht einundzwanzig Jahre alt ist, § 1 II JGG ⇨ 12, 50

Hochverrat
§§ 81 ff. ⇨ 120

Hypothetische Kausalität
⇨ 33

Idealkonkurrenz
Tateinheit, § 52 ⇨ 112 f.

In dubio pro reo
Im Zweifel für den Angeklagten ⇨152

Individualprävention
⇨ 3

Indiz
Anzeichen, das Rückschlüsse auf das Vorhandensein einer bestimmten anderen Tatsache zulässt

Ingerenz
§ 13 ⇨ 36, 163

Insolvenzstraftaten
§§ 283 ff. ⇨ 226

Instanzen
Rechtszüge innerhalb eines gerichtlichen Verfahrens

Internationales Strafrecht
§§ 3-7 ⇨ 19

Inverkehrbringen von Falschgeld
§ 147 ⇨ 136 f.

Irrtum
Widerspruch zwischen Vorstellung und Wirklichkeit
⇨ 94 ff.

Irrtum über Kausalverlauf
⇨ 96, 99

Jugendlicher
Wer zur Zeit der Tat vierzehn, aber noch nicht achtzehn ist, § 1 II JGG ⇨ 12, 50

Jugendstrafrecht
Geregelt im Jugendgerichtsgesetz (JGG): enthält Sonderregelungen für Jugendliche und Heranwachsende in Abweichung vom materiellen und formellen Strafrecht
⇨ 12

Juristische Methodik
⇨ 16

Justizgrundrechte
Art. 101 ff. GG ⇨ 9

Kausalität
Ursächlichkeit des Verhaltens für den Erfolg ⇨ 8, 32

Körperverletzung
§ 223 ⇨ 165 ff.

Körperverletzung mit Todesfolge
§ 227 ⇨ 168 f.

Konkurrenzen
Lehre, nach der die Gesamtstrafbarkeit bestimmt wird, §§ 52 ff. ⇨ 112 ff.

Konsumtion
Ein leichteres Delikt wird von einem schwereren Delikt aufgezehrt ⇨ 116

Kriminalität
Begehung von Straftaten ⇨ 5

Kriminalprävention
⇨ 5

Kumulative Kausalität
⇨ 33

L

Landesverrat
§ 94 ⇨ 120

Landfriedensbruch
§ 125 ⇨ 128

Landgericht
Höheres Gericht (als Amtsgericht): Zivil- und Strafkammern ⇨ 2

Lebenslange Freiheitsstrafe
⇨ 101, 104

Legal
Gesetzmäßig

Legaldefinitionen
§ 11 ⇨ 21, 120 f.

Legitimation
Die Berechtigung zu einem Verhalten

Leichtfertigkeit
Erhöhter Grad von Fahrlässigkeit ⇨ 197

Lex
Gesetz

Limitierte Akzessorietät
Akzessorietät der Teilnahme; limitiert = begrenzt, d.h. Haupttat muss nicht schuldhaft begangen sein ⇨ 80, 87 f.

Maßregeln der Besserung und Sicherung
§§ 61 ff. ⇨ 107 ff.

Materielles Strafrecht
Regelt Voraussetzungen der Strafbarkeit eines Verhaltens und Rechtsfolgen ⇨ 11 f.

Maurachsche Formel
⇨ 80

Meineid
§ 154 ⇨ 137 f.

Menschenraub
§ 234 ⇨ 172

Menschenrechte
Die jedem Menschen »von Natur aus« zustehenden unantastbaren Rechte (z.B. Recht auf Leben, Freiheit)

Menschenrechtskonvention
⇨ 10

Minder schwerer Fall des Totschlags
§ 213 ⇨ 159

Missbrauch von Ausweispapieren
§ 281 ⇨ 220

Missbrauch von Notrufen
§ 145 ⇨ 134

Missbrauch von Scheck- und Kreditkarten
§ 266b ⇨ 217

Missbrauch von Titeln, Berufsbezeichnungen und Abzeichen
§ 132a ⇨ 130 f.

Misshandlung von Schutzbefohlenen
§ 225 ⇨ 169

Mitbestrafte Vor- bzw. Nachtat
⇨ 116, 201

Mittäterexzess
⇨ 83

Mittäterschaft
Gemeinschaftliche Tatbegehung, § 25 II ⇨ 79, 83 f.

Mittelbare Falschbeurkundung
§ 271 ⇨ 224

Mittelbarer Täter
Wer Tat durch einen anderen begeht, § 25 I 2. Alt. ⇨ 79, 81 f., 173

Moral
⇨ 6

Mord
§ 211 ⇨ 155 ff.

Motiv
Beweggrund

Mutmaßliche Einwilligung
Rechtfertigungsgrund ⇨ 42

N

Nasciturus
Der gezeugte, aber noch nicht geborene Mensch

Natürliche Person
Mensch

Nebenfolgen
§§ 45 ff. ⇨ 101, 106

Nebenstrafe
§ 44 ⇨ 101, 106

Nebenstrafrecht
⇨ 14

Nebentäterschaft
Täter neben dem Täter ohne gemeinsamen Tatentschluss
⇨ 79, 84

Ne bis in idem
Art. 103 III GG ⇨ 10

Nichtanzeige geplanter Straftaten
§ 138 ⇨ 131

Normenhierarchie
⇨ 9

Nötigung
§ 240 ⇨ 146, 174 ff.

Notwehr
Rechtfertigungsgrund, § 32 ⇨ 43 f., 97, 152

Notwehrexzess
Grenzen der Notwehr überschritten, § 33 ⇨ 45, 53

Nulla poena sine lege
§ 1 ⇨ 10, 18

O

Objektive Bedingungen der Strafbarkeit
⇨ 52, 55 f., 152

Objektiver Tatbestand
Objektive Voraussetzungen des Tatbestandes ⇨ 31 ff.

Obliegenheit
Mitwirkungspflicht, die eine Person zu erfüllen hat

Öffentliche Aufforderung zu Straftaten
§ 111 ⇨ 122

Öffentliches Recht
⇨ 2

Omni modo facturus
⇨ 85

Ordnungswidrigkeit
⇨ 5, 13

Ordnungswidrigkeitengesetz
⇨ 5, 13

Organisationsdelikte
§§ 127 ff. ⇨ 128 f.

Perpetuierungsfunktion
§ 267 ⇨ 221

Personenstandsfälschung
§ 169 ⇨ 140

Pflichtwidrigkeitszusammenhang
⇨ 62, 71, 164, 171

Pornografie
§ 184 ⇨ 147

Präzedenzfall
Ein für andere Fälle als Vorbild oder Beispiel dienender Fall

Privilegierung
⇨ 24, 160, 255

Prozessbetrug
§ 263 ⇨ 210

Putativnotwehr
Irrige Annahme einer Notwehrlage ⇨ 45

Putativnotwehrexzess
Irrtum über das Vorliegen der Notwehrlage und intensivere Verteidigung als notwendig, § 17 ⇨ 99 f.

Qualifikation
⇨ 24, 155, 163, 165, 166 ff., 181, 187, 195, 247, 255

Raub
§ 249 ⇨ 192 ff.

Raub mit Todesfolge
§ 251 ⇨ 196 f.

Räuberische Erpressung
§ 255 ⇨ 200 f.

Räuberischer Angriff auf Kraftfahrer
§ 316a ⇨ 240 f.

Räuberischer Diebstahl
§ 252 ⇨ 197 f.

Rauschtat
Verwirklichung eines Straftatbestandes im berauschten, schuldunfähigen Zustand, § 323a ⇨ 52, 242

Reaktionsschnelligkeit
⇨ 6

Realkonkurrenz
Tatmehrheit, § 53 ⇨ 114 f.

Rechtfertigender Notstand
Rechtfertigungsgrund, § 34 ⇨ 45 f., 154

Rechtfertigungsgründe
Bei deren Vorliegen entfällt Rechtswidrigkeit ⇨ 39 ff., 123, 152, 173

Rechtsanwendung
⇨ 16 ff.

Rechtsfähigkeit
Fähigkeit, selbst Träger von Rechten und Pflichten zu sein, § 1 BGB

Rechtsfolgen der Tat
⇨ 6, 101 ff.

Rechtsgut
Rechtlich anerkanntes, besonders schützenswertes Interesse des Einzelnen oder der Allgemeinheit ⇨ 5, 13, 41

Rechtshandlung
Jedes menschliche Verhalten, das rechtlich von Bedeutung ist

Rechtskraft im Strafverfahren
Es gibt keine Rechtsmittel mehr; Voraussetzung für die Vollstreckung der Strafe, § 449 StPO ⇨ 12, 109

Rechtsquellen des Strafrechts
⇨ 9 f.

Rechtsstaatsprinzip
Art. 20 III, 28 I GG ⇨ 6, 9

Rechtswidrige Tat
§ 11 I Nr. 5 ⇨ 8, 21 f., 39

Rechtswidrigkeit
Tatbestandsmäßiges Handeln, das nicht gerechtfertigt ist ⇨ 39, 123

Relative Fahruntüchtigkeit
§ 315c I ⇨ 238

Relative Straftheorien
⇨ 3 f.

Resozialisierung
Positive Spezialprävention ⇨ 4

Reststrafenaussetzung
§§ 57 ff. ⇨ 104 f.

Revision
Rechtsmittel gegen Urteil; sie kann nur auf Rechtsverletzungen gestützt werden ⇨ 12

Risikoerhöhungslehre
⇨ 71

Rücktritt vom Versuch
§ 24 ⇨ 76 ff.

Rücktritt vom Versuch der Beteiligung
§ 31 ⇨ 90

Rückwirkungsverbot
§ 1 ⇨ 18

Sachbeschädigung
§ 303 ⇨ 227 ff.

Sachbetrug
§ 263 ⇨ 209

Sache
Körperlicher Gegenstand, § 90 BGB ⇨ 181, 205, 228, 235

Sachverhalt
Konkretes tatsächliches Geschehen ⇨ 16, 254

Sanktionen
⇨ 101 ff.

Sanktionswahrscheinlichkeit
⇨ 5

Schaden
⇨ 207, 209, 215

Schadenersatz
Zivilrechtlicher Ausgleich eines Schadens, §§ 249 ff., 823 ff. BGB ⇨ 2

Schadenswiedergutmachung
§ 46a ⇨ 4, 111

Schuld
Persönliche Vorwerfbarkeit des tatbestandlichen und rechtswidrigen Handelns ⇨ 8, 48 ff., 111

Schuldunfähigkeit
Von Kindern bzw. wegen seelischer Störungen, §§ 19, 20 ⇨ 49 f., 108, 239

Schusswaffe
⇨ 187, 196

Schutzbereich der Norm
⇨ 71

Schutzgut
⇨ 8

Schwangerschaftsabbruch
§ 218 ⇨ 160 f.

Schwarzfahren
§ 265a ⇨ 6, 214

Schwere Brandstiftung
§ 306a ⇨ 231

Schwere Körperverletzung
§ 226 ⇨ 167 f.

Schwerer Raub
§ 250 ⇨ 195 f.

Selbständige Strafbarkeit des Beteiligten
§ 29 ⇨ 88

Sexualdelikte
§§ 174 ff. ⇨ 144 ff.

Sexuelle Nötigung
§ 177 ⇨ 146

Sexueller Missbrauch von Jugendlichen
§ 182 ⇨ 147

Sexueller Missbrauch von Kindern
§ 176 ⇨ 145

Sexueller Missbrauch von Schutzbefohlenen
§ 174 ⇨ 144 f.

Sittenwidrigkeit
Verstoß gegen die guten Sitten, wenn ein Verhalten gegen das Anstandsgefühl aller billig und gerecht Denkenden verstößt, § 138 BGB

Sonderdelikte
Täter kann nur eine Person sein, die über die im Tatbestand genannte Eigenschaft verfügt (z.B. Amtsträger, § 331 I) ⇨ 31, 87, 165, 169 f., 216, 246

Sozial adäquates Verhalten
⇨ 47

Spenden-, Bettel- oder Schenkungsbetrug
§ 263 ⇨ 210 f.

Sperrbezirk
§ 184d ⇨ 148

Spezialität
Der Grundtatbestand tritt hinter das qualifizierte Delikt zurück (z.B. § 223 im Verhältnis zu § 224) ⇨ 115

Spezialprävention
⇨ 3 f.

Spezielle Strafbarkeitsvoraussetzungen bzw. -hindernisse
⇨ 55 f.

Staatsschutzdelikte
§§ 80 ff. ⇨ 120 f.

Stoffgleiche Bereicherung
§ 263 ⇨ 208, 211

Strafantrag
§§ 77 ff. ⇨ 56, 171, 191, 229

Strafaufhebungsgrund
⇨ 57

Strafaussetzung zur Bewährung
§§ 56 ff. ⇨ 102 f.

Strafbarer Eigennutz
§§ 284 ff. ⇨ 226

Strafbefehlsverfahren
Diskretes, schnelles Verfahren ohne Hauptverhandlung, §§ 407 ff. StPO

Strafen
§§ 38 ff. ⇨ 101 ff.

Straferlass
§ 56g ⇨ 104

Strafgewalt des Staates
⇨ 2

Straflosigkeit des Schwangerschaftsabbruchs
§ 218a ⇨ 161 f.

Strafprozessordnung
Regelt den Gang des Strafverfahrens ⇨ 2, 12, 47

Strafrahmen
Vom Gesetzgeber dem Richter vorgegebener Ermessensspielraum ⇨ 11

Strafrecht
Gesamtheit aller Rechtsnormen, die Inhalt und Umfang der staatlichen Strafbefugnis bestimmen ⇨ 2

Straftat
Tatbestandsmäßige, rechtswidrige und schuldhafte Handlung, an die das Gesetz eine Strafe knüpft ⇨ 7 f., 27 ff.

Straftatbestand
Paragraf im Strafrecht, der die tatbestandsmäßigen Voraussetzungen einer Straftat abstrakt aufzählt ⇨ 14

Straftaten gegen den Wettbewerb
§§ 298 ff. ⇨ 226

Straftheorien
⇨ 3

Strafvereitelung (im Amt)
§ 258 (§ 258a) ⇨ 201, 203 f.

Strafverschärfung
§ 18 ⇨ 24, 174

Strafzumessung
§§ 46 ff. ⇨ 11, 111, 159, 185

Strafzwecke
⇨ 3

Struktur der Straftat
⇨ 7, 29

Subjektiver Tatbestand
⇨ 37 ff.

Subsidiarität
Ein Straftatbestand ist dem anderen untergeordnet, subsidiär ⇨ 116

Subsumtion
Unterordnung eines Sachverhaltes unter eine Norm ⇨ 17

Subsumtionsirrtum
§ 16 ⇨ 95, 99

Sühne
⇨ 3

Tagessatzsystem
§ 40 ⇨ 106

Tatbestand
⇨ 31

Tatbestandsirrtum
§ 16 ⇨ 94 ff., 99

Tateinheit
Idealkonkurrenz, § 52 ⇨ 112

Tathandlung
⇨ 32

Tatherrschaft
Das vom Vorsatz umfasste »In den Händen Halten« des tatbestandsmäßigen Geschehens ⇨ 80, 83 f.

Tatkomplex
⇨ 16, 254

Tatmehrheit
Realkonkurrenz, § 53 ⇨ 112, 114 f.

Tatmittler
§ 25 I 2. Alt. ⇨ 81 f.

Tatort
§ 9 ⇨ 20

Tatsachen
Alle konkreten äußeren Vorgänge oder Zustände der Vergangenheit oder Gegenwart ⇨ 149, 208

Tatsubjekt bzw. -objekt
⇨ 31

Tatzeit
§ 8 ⇨ 19, 20

Täter
Wer eine Straftat selbst oder durch einen anderen begeht, § 25 I ⇨ 79 ff.

Täter-Opfer-Ausgleich
§ 46a ⇨ 4, 111

Tätige Reue
⇨ 121, 231

Tätigkeitsdelikte
Tatbestand verlangt nur eine bestimmte Tätigkeit, keinen bestimmten Erfolg (z.B. falsche Aussage bei § 153) ⇨ 24

Täuschung
§ 263 ⇨ 208

Teilnahme
Anstiftung oder Beihilfe, §§ 26, 27 ⇨ 79 ff., 84 ff.

Territorialitätsprinzip
§§ 3 f. ⇨ 19

Tod
Hirntod, das irreversible Erlöschen der gesamten Hirntätigkeit ⇨ 155

Tötungsdelikte
§§ 211 ff. ⇨ 155 ff.

Tötung auf Verlangen
§ 216 ⇨ 159 f.

Totschlag
§ 212 ⇨ 158 f.

Trickdiebstahl
⇨ 211

Trunkenheit im Verkehr
§ 316 ⇨ 13, 239 f.

Überholende Kausalität
⇨ 33

Überlegenes Wissen
⇨ 72

Überschreitung der Notwehr
§ 33 ⇨ 53

Überwachungsgarant
§ 13 ⇨ 36

Üble Nachrede
§ 186 ⇨ 150

Umweltstraftaten
§§ 324 ff. ⇨ 245

Unbeendeter Versuch
Täter hat nach seiner Vorstellung noch nicht alles Erforderliche getan, um den Erfolg herbeizuführen, § 24 I 1 1. Alt. ⇨ 76

Unbefugter Gebrauch eines Fahrzeugs
§ 248b ⇨ 191 f.

Unbewusste Fahrlässigkeit
⇨ 70

Unechte Unterlassungsdelikte
§ 13 ⇨ 34, 78 f.

Unerlaubte Handlung
Eingriff in ein geschütztes Rechtsgut, der einen Schaden verursacht und zu zivilrechtlicher Haftung führt, §§ 823 ff. BGB ⇨ 2

Unerlaubtes Entfernen vom Unfallort
§ 142 ⇨ 132 f.

Unglücksfall
§ 323c ⇨ 243 f.

Unrechtsbewusstsein
⇨ 48, 53, 98

Unrechtsvereinbarung
⇨ 246

Untauglicher Versuch
Täter ist untaugliches Subjekt, geht gegen untaugliches Objekt vor oder benützt untaugliche Mittel, § 23 III ⇨ 75

Unterbringung in einem psychiatrischen Krankenhaus
§ 63 ⇨ 107 ff.

Unterbringung in einer Entziehungsanstalt
§ 64 ⇨ 107 ff.

Unterbringung in der Sicherungsverwahrung
§ 66 ⇨ 107 ff.

Unterlassen
⇨ 30, 34, 235

Unterlassene Hilfeleistung
§ 323c ⇨ 242 ff.

Unterlassungsdelikt
Aufbauschema ⇨ 64 ff.

Unterschlagung
§ 246 ⇨ 180, 189 f.

Untreue
§ 266 ⇨ 214 ff.

Urkunde
§ 267 ⇨ 221, 224

Urkundenfälschung
§ 267 ⇨ 95, 220 ff.

Urkundenstraftaten
§§ 267 ff. ⇨ 220 ff.

Urkundenunterdrückung
§ 274 ⇨ 225

Urteil
Die Hauptverhandlung abschließende gerichtliche Entscheidung, § 260 StPO ⇨ 2, 12

Verabredung eines Verbrechens
§ 30 II ⇨ 89

Register

Verbotsirrtum
Fehlendes Unrechtsbewusstsein, § 17 ⇨ 49, 53, 98, 100

Verbrechen
Rechtswidrige Taten, die im Mindestmaß mit Freiheitsstrafe von einem Jahr oder darüber bedroht sind, § 12 I ⇨ 8, 22, 73

Verbreitung pornografischer Schriften
§ 184 ⇨ 147

Verein
Personenvereinigung, die auf eine gewisse Dauer angelegt, vom Wechsel ihrer Mitglieder unabhängig ist und einen gemeinsamen Zweck verfolgt, §§ 21 ff. BGB

Vereinigungstheorie
⇨ 4, 184

Vereiteln der Zwangsvollstreckung
§ 288 ⇨ 226

Verfahrensabschnitte im Strafverfahren
⇨ 11

Verfall
§§ 73 ff. ⇨ 110

Vergehen
Rechtswidrige Taten, die im Mindestmaß mit einer geringeren Freiheitsstrafe als ein Jahr oder die mit Geldstrafe bedroht sind, § 12 II ⇨ 8, 22, 73 f.

Vergeltung
⇨ 3

Vergewaltigung
§ 177 ⇨ 146 f.

Vergiftung
§ 224 ⇨ 166 f.

Verjährung
§§ 78 ff. ⇨ 57

Verkehrsdelikte
§§ 315 ff. ⇨ 233 ff.

Verletzung der Fürsorge- oder Erziehungspflicht
§ 171 ⇨ 141

Verletzung der Unterhaltspflicht
§ 170 ⇨ 141

Verletzung der Vertraulichkeit des Wortes
§ 201 ⇨ 153

Verletzung von Privatgeheimnissen
§ 203 ⇨ 153 f.

Verleumdung
§ 187 ⇨ 150 f.

Verlust der Amtsfähigkeit, der Wählbarkeit und des Stimmrechts
§ 45 ⇨ 101, 106

Verminderte Schuldfähigkeit
§ 21 ⇨ 51, 239

Vermögen
Gesamtheit aller Güter einer Person mit wirtschaftlichem Wert ⇨ 209

Vermögensnachteil
Jede Wertminderung des Vermögens ⇨ 199, 209

Vermögensverfügung
Jedes Handeln, Dulden oder Unterlassen, das sich unmittelbar vermögensmindernd auswirkt ⇨ 198 ff. 207, 209

Vermögensbetreuungspflicht
§ 266 ⇨ 215 f.

Vermögensstrafe
§ 43a ⇨ 106

Versicherungsmissbrauch
§ 265 ⇨ 213

Versuch
Unmittelbares Ansetzen zur Tatbestandsverwirklichung, § 22 ff. ⇨ 23, 58, 73 ff.

Versuch der Beteiligung
§ 30 ⇨ 23, 88 f.

Versuchte Anstiftung zu einem Verbrechen
§ 30 I ⇨ 23, 85, 88 f.

Versuchtes vorsätzliches Begehensdelikt
Aufbauschema ⇨ 63

Versuchtes vorsätzliches Unterlassungsdelikt
Aufbauschema ⇨ 67, 78 f.

Vertrag
Zwei- oder mehrseitiges Rechtsgeschäft, das durch gegenseitige übereinstimmende Willenserklärungen zustande kommt, §§ 145 ff. BGB

Veruntreuende Unterschlagung
§ 246 II ⇨ 190

Verwahrungsbruch
§ 133 ⇨ 131

Verwarnung mit Strafvorbehalt
§§ 59 ff. ⇨ 110

Verwerflich
§ 240 ⇨ 175 ff.

Vier-Schritte-Methode (Vier-Takt-Methode)
⇨ 16

vis absoluta bzw. vis compulsiva
⇨ 28, 176, 200

Volksverhetzung
§ 130 ⇨ 128 f.

Vollendung
Vollständiges Erfüllen des gesetzlichen Tatbestandes
⇨ 58, 74

Vollrausch
§ 323a ⇨ 50, 52, 241 f.

Vollstreckungsvereitelung
§ 258 II ⇨ 203 f.

Vorbereitungshandlung
⇨ 74

Vorenthalten und Veruntreuen von Arbeitsentgelt
§ 266a ⇨ 216

Vorsatz
Wissen und Wollen aller Tatumstände in drei möglichen Formen: Absicht, Direkter Vorsatz und Eventualvorsatz
⇨ 37 ff., 58

Vorsatz-Fahrlässigkeits-Kombination
Vorsatz bezüglich Handlung, Fahrlässigkeit bezüglich Folge, § 11 II ⇨ 238 f.

Vorsätzliches Begehungsdelikt
Aufbauschema ⇨ 61

Vorsätzliches Unterlassungsdelikt
Aufbauschema ⇨ 64 f.

Vortäuschen einer Straftat
§ 145d ⇨ 134 f.

Vorteilsannahme
§ 331 ⇨ 247

Vorteilsgewährung
§ 333 ⇨ 248

Waffe
⇨ 167, 187, 195 f.

Wahndelikt
Handeln in der Annahme, es sei verboten ⇨ 75, 94, 100

Wahrheitsbeweis durch Strafurteil
§ 190 ⇨ 151

Wahrnehmung berechtigter Interessen
§ 193 ⇨ 151

Wegnahme
Bruch fremden und Begründung neuen Gewahrsams,
§ 242 ⇨ 74, 182

Werkzeug
Tatmittler, § 25 I 2. Alt. StGB ⇨ 81 f.

Wertzeichenfälschung
§ 148 ⇨ 137

Widerruf der Strafaussetzung
§ 56f ⇨ 103 f.

Widerstand gegen die Staatsgewalt
§§ 111 ff. ⇨ 121 f.

Widerstand gegen Vollstreckungsbeamte
§ 113 ⇨ 122 f.

Willensgetragenes menschliches Verhalten
⇨ 30

Wohnungseinbruchsdiebstahl
§ 244 ⇨ 11, 186 f., 189

Wucher
§ 291 ⇨ 227

Z

Zahlungserleichterungen
§ 42 ⇨ 105

Zechbetrug
§ 263 ⇨ 211

Zeugen
Beweismittel im (Straf-)verfahren, §§ 48 ff. StPO

Zeugnisverweigerungsrecht
Recht, Zeugnis im (Straf-)verfahren zu verweigern, §§ 52 ff. StPO ⇨ 154

Zivilrecht
Privatrecht (Gegensatz zu öffentlichem Recht) ⇨ 2

Zueignung
Anmaßung einer eigentümerähnlichen Stellung ⇨ 182 f., 189

Zuhälterei
§ 181a ⇨ 144

Zulässigkeit
Die rechtliche Erlaubtheit eines Verhaltens

Zusammengesetzte Urkunde
§ 267 ⇨ 221 f.

Zwangsvollstreckung
Durchsetzung von Ansprüchen durch staatlichen Zwang

Zweispurigkeit des Sanktionensystems
Strafen sowie Maßregeln der Besserung und Sicherung
⇨ 101

GPSR Compliance
The European Union's (EU) General Product Safety Regulation (GPSR) is a set of rules that requires consumer products to be safe and our obligations to ensure this.

If you have any concerns about our products, you can contact us on

ProductSafety@springernature.com

In case Publisher is established outside the EU, the EU authorized representative is:

Springer Nature Customer Service Center GmbH
Europaplatz 3
69115 Heidelberg, Germany

www.ingramcontent.com/pod-product-compliance
Lightning Source LLC
Chambersburg PA
CBHW071717100426
42873CB00016B/317